教育部人文社会科学研究规划基金项目资助

关于上市公司年报中研发活动文本信息披露的实证研究

贝洪俊　马春光　许文瀚　著

中国财经出版传媒集团

中国财政经济出版社

图书在版编目（CIP）数据

关于上市公司年报中研发活动文本信息披露的实证研究 / 贝洪俊，马春光，许文瀚著 . —北京：中国财政经济出版社，2021.12

ISBN 978 – 7 – 5223 – 0943 – 9

Ⅰ . ①关… Ⅱ . ①贝… ②马… ③许… Ⅲ . ①上市公司 – 科研活动 – 信息管理 – 研究 Ⅳ . ①F275.5

中国版本图书馆 CIP 数据核字（2021）第 238283 号

责任编辑：彭　波　　　责任印制：史大鹏
封面设计：卜建辰　　　责任校对：张　凡

中国财政经济出版社 出版

URL：http：//www.cfeph.cn
E – mail：cfeph@ cfeph.cn

（版权所有　翻印必究）

社址：北京市海淀区阜成路甲 28 号　邮政编码：100142
营销中心电话：010 – 88191522
天猫网店：中国财政经济出版社旗舰店
网址：https：//zgczjjcbs.tmall.com
北京财经印刷厂印刷　各地新华书店经销
成品尺寸：170mm×240mm　16 开　13.25 印张　220 000 字
2021 年 12 月第 1 版　2021 年 12 月北京第 1 次印刷
定价：68.00 元
ISBN 978 – 7 – 5223 – 0943 – 9
（图书出现印装问题，本社负责调换，电话：010 – 88190548）
本社质量投诉电话：010 – 88190744
打击盗版举报热线：010 – 88191661　　QQ：2242791300

前　言

　　创新发展是国家战略，企业作为创新发展的重要主体，其创新意识和研发投入对实现创新发展至关重要。上市公司加大研发投入、努力占领世界制高点、掌控技术话语权，是深入落实党的十九大创新驱动发展战略的重要举措。但近年来有关企业"伪研发"的报道频繁出现，引起社会各界广泛关注。上市公司年报中研发活动信息披露包括数字信息和文本信息两部分，其中以财务信息为主的数字信息，是学术界和实务界关注的重点且有会计准则所制约。而年报文本信息占据上市公司信息披露的绝大部分，却鲜少受到学术界关注。原因有两点：一是文本信息不属于强制性披露范围；二是由于语义多样性和文字丰富性，导致文本信息缺乏统一标准。管理层披露时有较大的酌情权，可以"策略性"地披露；监管部门难以对文本信息进行实质性控制，会计师难以对文本信息做出审计判断。因此，如何从企业年报研发信息披露中甄别其研发投入的真实行为，成为实现创新发展亟待研究的重大理论与现实问题。

　　研发活动信息是年报文本信息披露的重要内容，也是投资者评价企业价值和成长性的重要因素之一。充分地披露研发活动文本信息可以提高年报的价值相关性，为利益相关者决策提供有用信息，有利于形成对公司未来业绩的合理预期，从而使上市公司的价值得到客观合理的评估。然而，上市公司管理层在研发活动文本信息的披露上却存在着矛盾，一方面，积极的信息披露有助于股权融资；另一方面，过于详细的信息披露有可能暴露公司知识产权信息和高风险体征。那么，上市公司管理层是否会策略性地通过文本内容与结构安排来影响研发活动文本信息使用者的知觉与决策，以期管理信息接收者对公司的评价？可靠性较低的研发活动文本信息是否成为大股东侵害中小股东利益的渠道？这种策略安排是否对信息接收者的认知具有一定的影响？擅长"听话听音"的中国市场投资者是否无偏地接受了研发活动的文本信息？因此，本书从规范研究和实证研究角度论证上市公司年报中研发活动的披露存在着策略性安排，甚至有一定的模糊性和误导性，同时借用文本分析技术对文本信息背后的管理层动机、文本信息策略及其经济后果进行有益的探索。

本书的创新点主要有：

第一，与以往从资产负债表、利润表和现金流量表等财务数据视角来考察评估财务报告披露质量不同，本书以A股上市公司为研究样本，重点研究了年报中研发活动文本信息策略性披露质量的识别。作者认为，基于中国背景来考察文本信息披露方式与披露质量具有一定优势，因为中国是一个高语境传播社会，一直有"听话听音，锣鼓听声"的习俗，人们之间的沟通比较含蓄委婉，字面意思往往与真实含义存在较大差异，需要阅读者用心揣摩。同时，汉语在遣词造句上的灵活性与复杂性也会给使用者正确解读公司研发活动信息造成很大障碍。因此，在中文语境下管理层借助年报文本信息可读性和语调进行策略性披露的空间更大、更为隐蔽，其产生的资本市场效应也更加复杂。本书基于中文语境，从研发活动文本信息披露的角度出发，丰富了财务报告策略性披露经济后果的相关文献，实现了研究视角与研究内容的创新。

第二，随着年报中研发活动文本信息策略性披露行为的日益增多，监管部门必须要厘清日趋复杂、带有主观色彩的年报文本是否能真正为投资者提供相关、可靠的会计信息。目前的现实情况是我国相关政策文件对会计文本信息的关注不足，证监会仅在2015年修订的《公开发行证券的公司信息披露内容与格式准则第2号——年度报告的内容与格式》中指出，"在不影响信息披露完整性的前提下，年报语言应表述平实，清晰易懂，力戒空洞、模板化，保持语言简洁""年报中不得使用祝贺、恭维、推荐性的措辞"。然而准则并未给出具体可操作的执行规范。那么，在资本市场相对缺乏文本信息披露准则规范的情况下，上市公司很可能会大规模地借助可读性及语调进行策略性披露。因此，本书实现了实践运用的创新。

第三，本书借助Python网络爬虫软件以及余弦相似度等方法进行研发信息的度量，为该领域研究提供了新的度量方式。结合中国语言背景，从计量层面为文本信息量化提供了新思路和方法。即借助计算机机器学习技术，将原有的单个词语抓取替换为语句结构提取，同时考虑会计术语和情感词汇，这样能基本排除语义反转对研究结果的影响。这种研究方式将显著提高文本信息研究结果的可信度，并可能预示着未来文本信息研究的主要发展方向。因此，本书实现了研究方法的创新。

由于上市公司所从事的经营活动不同，所承担的风险因素和社会责任也具有很大差异，因此很难有一个统一的文本信息量化办法适用于全体上市公司。目前实证研究中广泛使用的情绪词汇统计、字数统计、词频统计和逆接成分统计等方法虽然都具有一定的合理性，但不可否认的是，每种方法都有其局限性，无法极其准确地刻画公司真实的经营情况和未来前景。在未来的研究中需要进一步拓宽思路，构建年报文本信息复杂性指标，寻找更好、更合理的文本信息度量方法，并在实证研究中探求更好的研究方法和工具变量来减轻内生性问题，提高结论的稳健性。

本书是教育部人文社会科学研究规划基金项目"上市公司研发活动对年报文本信息的影响研究：动机、策略及经济后果"（18YJA790006）的主要研究成果，感谢教育部基金委的资助。本课题的研究参阅了国内外大量文献，并得到了学术界和实务界等专家学者们的大力支持和协作，尤其是在前期调研和访谈过程中，得到了相关人员的帮助，开拓了研究思路和研究视野，在此表示衷心感谢！同时，要感谢对本书出版给予支持的宁波财经学院、财富管理学院以及出版社的鼎力支持与帮助。

由于作者水平有限，书中的缺点、错误在所难免，殷切希望读者不吝赐教、指正，谨致衷心感谢！

作者
2021 年 6 月

目　　录

第一章　绪论 ··· 1
　第一节　研究背景和意义 ··· 1
　第二节　国内外研究现状及简要评述 ······························ 10
　第三节　主要研究内容、框架结构和研究方法 ···················· 19
　第四节　主要创新点和研究价值 ···································· 22

第二章　研发活动信息披露的理论透视 ···························· 26
　第一节　研发活动及其信息披露的内涵 ··························· 26
　第二节　研发活动信息披露的理论解释 ··························· 33
　第三节　研发投入模式及其主要特征 ······························ 38
　第四节　研发活动信息披露的制度演变 ··························· 43

第三章　文本信息的度量方法、制约因素与经济后果 ············ 54
　第一节　文本信息的特点与披露要求 ······························ 54
　第二节　文本信息的度量方法 ······································ 59
　第三节　文本信息的制约因素 ······································ 64
　第四节　文本信息披露的经济后果与策略性选择 ················· 67

第四章　研发活动的投资决策及信息披露的成本效益分析 ······· 72
　第一节　研发活动信息披露的经济主体及动机分析 ·············· 72
　第二节　研发活动的要素投入及其投资决策 ······················ 76
　第三节　研发活动信息披露的成本效益分析 ······················ 78
　第四节　本章小结 ·· 81

第五章　上市公司研发活动对年报文本信息披露的影响机制 …… 83
　　第一节　研究背景与研究现状 …… 83
　　第二节　研究设计与模型构建 …… 87
　　第三节　实证结果与分析 …… 94
　　第四节　本章小结 …… 102

第六章　上市公司研发活动年报文本信息披露与风险传递 …… 104
　　第一节　研究背景与研究现状 …… 104
　　第二节　研究设计与模型构建 …… 108
　　第三节　实证结果与分析 …… 115
　　第四节　本章小结 …… 119

第七章　家族企业研发活动文本信息披露的偏好与特征 …… 121
　　第一节　研究背景与研究现状 …… 121
　　第二节　研究设计与模型构建 …… 124
　　第三节　空间分布特征对本文假设的影响 …… 128
　　第四节　实证结果与分析 …… 132
　　第五节　本章小结 …… 135

第八章　上市公司模板化研发披露与实际研发投入的关系 …… 137
　　第一节　研究背景与研究现状 …… 137
　　第二节　文献回顾与研究假设 …… 141
　　第三节　研究设计与模型构建 …… 143
　　第四节　实证结果与分析 …… 150
　　第五节　本章小结 …… 156

第九章　加速折旧抵税、研发投资与企业金融化 …… 157
　　第一节　研究背景与研究现状 …… 157
　　第二节　研究设计与模型构建 …… 158
　　第三节　实证结果与分析 …… 164
　　第四节　本章小结 …… 171

第十章　研究结论与展望 …………………………………………… 172
　第一节　研究结论 …………………………………………………… 172
　第二节　政策建议 …………………………………………………… 175
　第三节　研究展望 …………………………………………………… 177

参考文献 ………………………………………………………………… 179

第一章

绪 论

第一节 研究背景和意义

创新是一个国家经济持久发展的核心推动力,党的十九大报告提出"加快建设创新型国家",明确"创新是引领发展的第一动力,是建设现代化经济体系的战略支撑"[①]。企业是国家创新战略的主力军,同时创新也能够帮助企业获得持久的生命力。研发活动是公司经济活动的重要组成部分,是技术创新的主要载体,研发投入水平不仅关乎企业自身生存与发展,也决定了我国经济改革成效。研发活动可以创造企业的未来价值,也会影响市场绩效、预期盈利和未来现金流量。因此,公司研发活动成为投资者以及政策制定者关注的焦点。在宏观层面上,研发投入作为建设自主创新型国家的重要措施,对一国的自主创新能力影响巨大,这已经在一些发达国家得到充分体现;而在微观层面上,研发活动是企业技术创新能力形成的过程,是企业创新和进步的源泉,是核心竞争力的代表,关乎企业生存与持久发展。企业只有重视研发活动,加大研发投入力度,才能不断提高核心竞争力,获得持久高效的发展与繁荣。因此,研发活动信息也逐渐成为市场参与者对企业进行估值的重要信息。

一、研究背景

(一) 选题的现实背景

对于资本市场而言,公司从事研发活动是一项重大利好消息,有助于增强

---

① 引自《人民日报》(2017年11月2日10版)

投资者信心，提升公司估值。但从资本市场的实际情况来看，高新企业更倾向于隐瞒而不是披露研发信息，这就造成了公司与外界的信息不对称。有观点认为，这种现象是源于公司的知识产权保护主义。高科技型公司相比于一般公司拥有更多无形资产，这些无形资产和核心商业机密，在我国知识产权相关法律法规尚不完善、对知识产权侵权案件执法力度较弱的现实背景下，公司管理者为了确保无形资产的安全，倾向于隐瞒与创新活动相关的信息。比较常见的手段是模糊披露和推迟资本化等方式。

1. 可理解性对年报文本信息的影响

随着证监会不断强化相关披露规范，公司被迫提高了年报中研发活动的披露。但对于一般投资者而言，专业性较高的研发活动数字信息无法起到很好的解释作用，他们需要借助与数字相匹配的文本信息来帮助理解。这就造成了一个悖论：数字信息由于受到监管和审计的双重约束，因此可靠度较高。但由于专业性导致可理解性较低；而文本信息受到较少监督，因此可靠性较低。但语言文字的可理解性较高，在这种情况下，公司高管是否在被迫公布研发活动相关数据后，利用文本信息干扰外界对公司研发活动的解读呢？

信息披露是缓解资本市场信息不对称的重要因素，年报信息披露作为连接上市公司与利益相关者的纽带备受学术界关注。已有研究表明，信息披露有助于上市公司优化治理结构并促进资本市场完善，最终实现市场对资源的有效配置。上市公司年报信息披露包括数字信息和文本信息两部分，其中以财务信息为主的数字信息，近年来在财政部对会计准则多次修订完善下得以逐步规范，也是学术界和实务界关注的重点。但与数字信息不同，年报文本信息虽然占据上市公司信息披露的绝部分篇幅，却鲜少受到学术界关注。而且，相比数字信息，文本信息也较少受到会计准则的约束，不属于强制性披露范围，管理层披露时难以规范化，使之有较大的酌情权，可以"策略性"地披露。

在上市公司信息披露中，年度财务报告（以下简称"年报"）具有较高的可靠性，它能为资本市场各参与方提供比较安全的公司内部信息。但是，专业性较强的年报会计信息也无法快速地实现信息的传递，从而使得整个资本市场的信息传递效率始终停留在一个较低的水平。相对而言，以文本信息为主的非财务信息一般具有更高的可读性与可理解性，它能加快资本市场各参与方的信息解读速度，最终对信息做出反应。国内外学者如 Li（2010）以及林乐和谢德仁（2016）等均为此提供了比较稳健的实证证据；信息披露与管理者动机紧密相关。实证会计三大假说中的政治成本假说指出，当管理者需要达到一个订立契约的最佳条件时，他们就会对真实信息进行有计划的调整。近几十年来的会计研究也都发现，无论是基于有效契约观还是机会主义观，管理者都有动机对信息披露进行操纵。

2. 管理层对文本信息披露的动机存在差异

对于上市公司来说，年报信息反映了管理层在过去公司经营过程中决策以及对未来发展前景的展望。在完备的市场中，年报中的财务信息应能够反映公司本年度投资、融资和经营活动的各项指标。而文本信息则应该对这些数字化的指标做出说明和进一步解释，同时还需要反映出管理层对未来公司经营和市场情况的态度。此时，理性的管理层在进行信息披露时应使得财务信息与文本信息相辅相成，以文本信息较高的可理解性弥补数字信息的专业性；以数字信息的较高安全性弥补文本信息的低可信度。然而，现实情况并不满足"完全市场"有关管理层理性以及信息完全对称等假设。这意味着，信息披露将受到管理层动机以及公司内外部治理环境等各种因素的影响。

在实证会计的相关理论中，管理层在信息披露中的态度被区分为有效契约观和机会主义观两类。从有效契约观的角度看，王跃堂等（2000）指出，在现实的经济决策过程中，几乎所有市场参与主体都希望实现自身利益最大化。在订立契约时，许多条款的设定是依据公司财务指标，此时管理层可以通过会计政策选择的方式在短期内提升相关财务指标，以达到对公司最有利的契约；从机会主义观的角度看，由于所有权和经营权分离是现代股份制公司的一个基本特征，这导致公司存在代理问题。根据代理理论，由于管理者的目标函数和所有者不一致，使得公司管理者和所有者之间存在潜在的利益冲突。为了实现个人利益最大化，当管理者面临分红、奖金和期权等薪酬计划时，都会有目标的调整公司盈余。而信息不对称进一步导致管理者偏离所有者目标函数的这些机会主义行为难以被观察和监督。无论管理者基于上述哪种动机，都会影响盈余数字信息的真实性，进而影响数字信息与文本信息的关系。但动机的不同将使得二者关系存在明显差异。

3. 上市公司的产权保护动机对年报文本信息的影响

信息披露虽然能够优化公司治理结构，降低市场信息不对称，但并不利于公司的知识产权保护。现阶段，公司相比于过去拥有更多的无形资产，例如高新技术、知识产权和商业秘密。这些资源是公司核心竞争力和未来发展保障，在我国知识产权相关法律法规尚不完善的背景下，对这些知识产权信息的披露将可能引起技术外溢风险。对于上市公司而言，相比于披露这些信息所能够带来融资便利，技术外溢风险更为严重。因此公司更倾向于隐瞒这些信息。然而，在证监会不断强化相关信息披露规范的情况下，上市公司需要对涉及研发活动的信息在年报中进行公开。但目前证监会的强制披露规定并不适用于年报文本信息。许文瀚和朱朝晖（2019）发现，管理者可以借助文本信息来减轻外界对于公司研发活动的关注。也就是说，在知识产权保护动机的作用下，公司研发活动会计信息指标越好，用以对其进行解释说明的文本信息就越有可能与之发生背离。

在管理者动机和内外部环境的共同作用下，年报会计信息和文本信息并不总是一致的。当两者发生背离时，哪种信息更为有效仍是一个有待讨论的问题。有观点认为年报会计信息的产生过程受到企业会计准则和会计人员职业道德的双重约束，其最终结果更是受到税务部门、证券监管部门和外部审计机构的监督，因此会计信息具有更高的可信度。然而自从2001年"安然"事件以来，针对企业会计信息失真的批评也屡见不鲜。与此同时，对于高度格式化、专业化的会计信息是否具有可理解性，投资者能否读懂其真实内涵的问题也见仁见智。但可以确定的是，近10年来，IASB AICPA、FASB、CICA和中国证监会都出台了相应规定要求，鼓励上市公司披露有关未来发展前景的文本信息，并增加对专业化会计信息的文字解释，这在监管的层面上肯定了文本信息的作用。

（二）选题的理论背景

研发活动既可以创造企业的未来价值，也会影响市场绩效、预期盈利和未来现金流量。因此研发活动是企业创新和进步的源泉，是核心竞争力的代表，关乎企业生存与持久发展，研发活动信息逐渐成为市场参与者对企业进行估值的重要信息，并将其作为判断企业发展前景的重要因素。近年来，随着计算机文本分析技术的发展，对大样本的上市公司年报进行文本提取与分析得以实现，学术界一致认为年报文本信息能够对公告后股价波动做出解释。尽管如此，文本信息是否正确地反映了公司真实情况，学术界仍存在着较大争议。因此，文本信息的重要性，其产生过程和经济后果成为金融学、会计学等学科领域研究的热点问题之一。

1. 上市公司研发活动信息披露的市场反应

上市公司的研发活动已经成为利益相关者评价企业价值的重要渠道（Brown，2011）。企业的研发活动在广义上包括在研项目和已形成的研发成果，前者是管理者前瞻性和企业资金实力的体现，后者是企业已形成的竞争优势。从决策价值的角度看，研发活动信息对于利益相关者的决策意义与企业的会计盈余一样，容易受到管理者的歪曲，范海峰和胡玉明（2013）认为，盈余管理的重要手段之一就是调整研发支出。由于企业的研发活动具有不确定性和收益滞后性，这使得管理者对于研发活动的披露拥有较高的自主性，他们可以通过模糊披露、资本化和费用化的选择等方式去调节企业的开发支出科目的金额（Markarian and Pozza，2008；王艳，2011；谢德仁、廖珂和郑登津，2017）。由此可见，研发活动对于利益相关者的决策作用是具有噪音的。鉴于研发活动信息对利益相关者的重要性，我国证监会不断出台针对上市公司研发活动的信息披露规范。证监会在 2001～2019 年多次修订《公开发行证券的公司信息披露内容与格式准则》以及《公开发行证券的公司信息披露编报规则》等文件，对上市公司披露专利及企业研发活动的具体信息进行了更细化的要求。从这些披露要求来看，监管层旨在为信息使用者提供更多的研发活动相关信息，这些规定的出台为规范我国上市公司研发信息披露做出了贡献，同时也有效维护了利益相关者的合法权益。

2. 上市公司研发活动信息披露的真实动机

Dechow（1995）指出，上市公司对于研发活动的披露作为一种积极的信号，能够缓解上市公司与投资者之间的信息不对称，提高了企业股权融资效率。除此之外，对研发活动信息的披露还能够起到降低债务融资成本的目的。研发活动需要持续充足的现金流作为支持，但是对于上市公司而言，通过股权进行融资将削弱控股股东对公司的控制权，增加公司被恶意收购的风险。相比之下，债务融资是更好的选择，然而企业的研发活动具有较高的风险性，为了缓解银行对风险的顾虑，企业需要对研发活动信息进行详细、乐观的披露。

上市公司对待研发活动信息的披露存在两种基本考量，一种是降低股权融资成本动机，另一种是知识产权保护动机。当前者的程度较强时，研发活动的信息披露将趋于乐观，披露内容也将更加详细，且言简意赅。当后者的程度较强时，研发活动的信息披露将趋于悲观或中性，披露的信息内容较少，且可理解性较差。从这些特征上来看，传统的数字信息研究并不能很好的解释这两种动机所形成的信息披露差异，因为数字信息只具备说明作用而缺乏解释作用（Baginski，2016），并且受到来自审计师和监管者的制约（Huang，2014），这些特点使得不同上市公司在进行研发数字信息披露时趋于格式化，难以从中探寻管理者的真实动机。而文本信息能够弥补数字信息的不足，对解释力较强且不受监管约束的文本信息进行研究，能够帮助我们更好的理解管理者进行研发活动信息披露的真实动机。

3. 上市公司研发活动文本信息披露的内在价值

长期以来，学术界对于企业信息披露的研究局限于数字信息的视角，即年报中的会计数字，然而在年报当中，数字信息所占的比重较小，同时又具有较强的专业性。因此会计信息对于缺乏会计专业知识的中小投资者而言决策参考作用有限，这使得投资者需要借助文本信息描述来辅助决策。近年来，随着计算机文本分析技术的兴起，对大样本的年报进行文本分析得以实现，国内外学者通过研究均发现文本信息能够体现公司的内在价值，并对投资者的决策产生影响（Li，2010；Lov，1996；Dechow，1995；谢德仁和林乐，2015；林乐和谢德仁，2016）。尽管企业对研发活动文本信息的披露能够有效提高融资效率，但事实上，上市公司对研发活动文本信息的披露更多是为了履行证监会的信息披露要求（李莉、闫斌和顾春霞，2014）。他们所披露的文本信息内容具有一定的模糊性，甚至是为了配合盈余管理而进行的误导性披露（范海峰和胡玉明，2013）。有学者认为，这种现象的成因是源于上市公司对知识产权的保护意识。袁东任和汪炜（2015）认为，研发活动与销售、生产和其他企业活动相比具有更高的信息风险、资金风险和经济风险。其中信息风险表现为知识产权外部性，竞争者可能通过上市公司对研发数据的披露与描述进行仿制，甚至提前进行与专利相关的后续研发；资金风险表现为研发投入最终可能无法形成专利成果；经济风险表现为研发活动失败给上市公司带来的不利后果。以上原因造成了上市公司对研发活动文本信息系披露意愿度不高。

二、研究目标及意义

（一）研究目标

研发活动信息是年报文本信息披露的重要内容，也是投资者评价企业价值和成长性的重要因素之一。充分地披露研发活动文本信息可以提高年报的价值相关性，为利益相关者决策提供有用信息，有利于形成对公司未来业绩的合理预期，从而使上市公司的价值得到客观合理的评估。上市公司加大研发投入、努力占领世界制高点、掌控技术话语权，是深入落实党的十九大创新驱动发展战略的重要举措。然而，上市公司管理层在研发活动文本信息的披露上却存在着矛盾，一方面，积极的信息披露有助于股权融资；另一方面，过于详细的信息披露有可能暴露公司知识产权信息和高风险体征。非财务风险信息在披露时相比于财务信息而言更好理解，一些中小投资者可能会直接将其解读为坏消息，甚至还会曝光公司商业秘密，这对公司而言是不利的（贝洪俊，2019）[①]。

那么，上市公司管理层是否会策略性地通过文本内容与结构安排来影响研发活动文本信息使用者的决策，以期干扰信息接收者对公司的评价？可靠性较低的研发活动文本信息是否成为大股东侵害中小股东利益的渠道？这种策略安排是否对信息接收者的认知具有一定的影响？擅长"听话听音"的中国市场投资者是否无偏地接受了研发活动的文本信息？因此，本书从实证角度证实上市公司对年报中研发活动的披露存在着策略性安排，甚至有一定的模糊性和误导性，同时借用文本分析技术对文本信息背后的管理层动机、文本信息策略及其经济后果进行有益的探索，进而改善资本市场的信息不对称并最终实现资本市场信息披露制度的完善。帮助投资者了解上市公司对研发活动披露的真实动机，避免被策略性的信息披露所误导，从而对上市公司做出正确的价值判断。同时也为我国监管层提供监督上市公司文本信息披露真实性的新路径，帮助监管部门进一步规范上市公司的信息披露，从而更好地保护中小投资者的利益。而对上市公司而言，也为他们如何进行正确的文本信息披露提供借鉴，有助于上市公司修正研发活动披露方式，以达到正确传递企业价值的作用。

（二）研究意义

在现代经济业务日趋复杂的背景下，资本市场对公司研发活动信息披露逐渐多元化，单纯的数字信息已无法满足投资者对公司研发活动的信息需求。相比于数字信息，文字信息的信息含量更高，但却较少受到来自监管的约束（Baginski，2016）。当意识到文本信息能够影响投资者信念预期时，管理者会不会将语言作为一种工具来歪曲投资者对研发活动的认知呢？根据过往学者对

[①] 贝洪俊. 论风险披露与传媒上市公司融资的关系［J］. 中国出版，2019（10）：45-49.

管理层披露信息的研究成果，管理者有很强烈的动机对披露内容进行安排以达到自利性目的。从融资活动的角度看，管理者的乐观披露能够提高公司股票的流动性、降低公司的资本成本（Verrecchia，2001）；增加债权人信心，从而取得更高的贷款量和更低的信贷成本（Hirst，2008）；发现当公司陷入媒体负面曝光漩涡时，乐观的披露有助于增加投资者和债权人信心，缓解企业面临的融资压力（Brown et al.，2005）；从经营活动的角度看，管理者也似乎更加愿意进行乐观的披露。由于管理者薪酬体系中含有股权部分，同时可获得的奖金与公司业绩也挂钩，管理者有动机抬高业绩以获得更高的报酬（Rogers and Stocken，2005）。郭娜和祁怀锦（2010）发现披露乐观信息的公司盈余管理程度比不披露乐观信息的公司更高，即说明管理层在信息披露时也有一定程度迎合本期盈余管理的动机。由此可以推断，管理者有动机对文本信息进行语言管理，以达到自利性目的。因为与数字信息相比，文本信息的可操作性更强：第一，由于投资者对于公司的基本情况有着一定的了解，对盈利数值也有自己的大致估计，这导致管理者对数值进行歪曲将承担更高的风险；第二，市场分析师有信息挖掘和信息解读能力，对于公司本经营期间的经营业绩有了一定的预测，这形成了一种外部监督力量来限制管理者歪曲数字信息的能力；第三，监管层对于企业经营业绩的数字信息真实性具有严格的要求，必须遵守会计准则，而虚假的会计数字信息，即会计造假，一旦被曝光将承担严重的经济后果和法律制裁，而策略性安排文本信息似乎并不受到外部监管的制约，其事后可验证性也较差。

相比于融资活动和经营活动，公司投资活动具有更高的重要性，它关系到公司未来前景。若放松对公司存在代理冲突的假设，可以认为公司的主要目标是实现公司整体价值的最大化。那么此时，公司所进行的一切决策都应围绕着这一目标而开展。在绝大多数情况下，投资活动中的研发活动属于公司商业秘密的一部分，若进行无保留的信息公开，则将不利于公司价值的最大化。有众多学者指出，由于知识产权保护动机，上市公司有较弱的动机对研发活动进行信息披露。对于披露研发活动所能够带来的负面效应，现阶段主要有以下几种观点：第一，知识产权侵权风险，我国知识产权保护法对于侵权行为的界定尚以"被侵权的知识产权项目是否获得专利认证"为标准，但对于尚在专利认定期间和未申请专利的知识产权项目，则缺少相关法律条款保护。由于研发活动具有外部性，容易引起竞争对手"搭便车"（Upadhyay and Zeng，2017）。

若公司对研发活动进行披露，就会使得一些具有雄厚实力的竞争对手了解研发项目进程，并分析项目未来市场前景，若具有良好的发展潜力，则他们就会利用资金和技术优势抢先一步对项目进行研发和注册。第二，技术外溢风险。研发活动的外部性使得其具有较强的溢出效应，公司很难独占成果的全部收益和市场份额（杨兴全等，2016）。即使公司获得了专利认定，我国知识产权保护法还缺少对仿制品和替代品的相关处罚条款，而且专利认定需要对专利的配方等内容进行公开，这些内容的公开在某种程度上为仿制品和替代品的出现打开了方便之门。这样一来，公司研发出的产品在进入市场后立即会出现仿制品和替代品，并以低价与公司产品展开竞争（寇宗来等，2007），这一特点在生物、电子和食品等行业体现得尤为明显。第三，法律诉讼风险，对研发活动的公开可能会暴露公司的后续研究进程，吸引"专利流氓"的关注。有国外学者发现近几年"专利流氓"向法院提起专利侵权诉讼的数量激增（Hagiu，2011；Geradin et al.，2011），"专利流氓"是指不从事研发活动，但聚集一些具有专业背景的技术人员通过剽窃、间谍活动窃取知识产权信息，并抢先注册类似专利或技术的公司。当受害公司在后续研发阶段涉及这些被提前申请专利的内容时，"专利流氓"就会提起法律诉讼，并要求对方赔偿。由于各国监管部门均对上市公司的研发活动做出了信息披露要求，而研发活动的外部性使得这些"专利流氓"可以方便地获取这些信息（潘越等，2016）。第四，披露研发活动还会产生"黑暗森林"效应。由于研发是公司在未来市场竞争中占得先机的关键因素，对研发活动的如实披露很有可能会显现利润空间（Chen et al.，2017）。研究表明，有不少公司持有大量现金从事"捕食行为"，他们关注于高新技术行业的研发活动，一旦发现某项研发活动具有利润空间，他们就会快速介入，与目标公司展开竞争。而从事研发活动的公司将被迫持有更多的现金进行防御，这不仅不利于研发活动的进程，还会因公司治理的不完善而导致由增加现金持有所带来的经营风险和代理问题。此外，当暴露利润空间后，公司将承受更大的政策性负担和社会责任，这对于一些成长型企业是不利的。

然而，在现阶段监管规则日趋严格的背景下，上市公司必须对研发支出以及专利获取情况进行说明，否则将被视为信息披露违规，将遭到证监会问责，损害公司声誉。但是证监会的信息披露规定尚未涉及年报文本信息。年报文本信息是补充与解释数字信息的文字内容，与数字信息相比，它的信息含量更高。一方面是由于语言文字的多样性使得文本信息能够传递更多数字信息难以表达的公司内部信息,如未来前景、社会责任、并购重组、风险等(Li,2010);另一方面由于文字相比于数字而言更具可理解性,尤其是在广大中小投资者不具有财务专业背景的情况下,他们在接受财务数字信息时通常需要文本信息描述或是市场分析师的解读(Hauspie et al.,2016)。但是在可靠性方面,文本信息相比于受到严格监管与审计的数字信息处于劣势,有研究表明文本信息是带有较强管理者主观成分的,其真实性受到管理层动机的制约,存在机会主义的上市公司管理层可以借助年报文本来传递误导性信息,以达到其目的(Baginski et al.,2016)。

第二节 国内外研究现状及简要评述

与本书研究内容比较相关的有三类文献,第一类是年报文本信息披露的动机研究;第二类是研发活动信息披露的市场反应;第三类是研发活动文本信息的策略性披露与使用者解读的研究。本部分将围绕以上三类文献的现状进行梳理与简要述评。

一、本课题国内外研究现状

1. 年报文本信息披露的动机研究

年报文本信息具有以下三个方面的丰富内涵。第一,年报的文本中包含诸如会计政策、会计方法等重要信息,管理层在制定会计政策和选取会计方法上又往往具有一定的主观性和灵活性,需要信息使用者具备较高的专业素养进行判断;第二,年报文本是管理层与报告使用者进行沟通的重要载体,很可能蕴含着管理层的特征和动机,报告使用者若无法对这些文本信息进行正取解读就难以做出准确的决策判断;第三,年报中包括"董事会的讨论与分析""现任董事、监事、高级管理人员的主要工作经历及兼职情况""重大风险提示""内部控制情况""财务报表附注"等大量文本信息,而这些信息对于使用者全面了解公司基本面特征来说极为重要。

现有研究认为,管理层自利是影响可读性和语调披露的一个重要因素。持这一观点的代表性人物是布龙菲尔德（Bloomfield，2002），他提出由于信息搜寻成本的存在，股价对公司披露信息的反应是不完全或滞后的。因此，在公司业绩差时，管理层有更强烈的动机混淆公司所披露的信息。布龙菲尔德（2002）的研究为后续文本信息策略性披露动机的实证研究提供了理论基础。李（Li，2008）采用"迷雾"指数度量年报可读性，实证检验了年报可读性与盈余质量的关系。研究发现，盈利状况不佳的企业往往会披露复杂的财务报告，如使用烦琐的语言与冗长的句子进行表述。黄等（Huangeta，2014）的研究发现，管理层为进行正面印象管理会在业绩新闻发布会文本中披露较高比例的积极语调。李和张（Liand Zhang，2015）利用卖空制度的实施作为外生事件研究发现，卖空压力会导致管理层策略性地增加年报中坏消息的复杂度。罗等（Lou et al.，2017）以当年进行盈余管理来赶超上年盈余的企业为样本，发现这类企业往往拥有更复杂的管理层讨论和分析，表明传统的盈余管理与文本操纵之间可能存在一定程度上的替代关系。国内方面，近几年也有少量学者考察了年报可读性及语调披露行为的自利动机。王克敏等（2018）系统研究了年报可读性与管理者自利的关系，发现相比于业绩较好公司，业绩较差公司年报文本信息的复杂性更高，且年报文本信息复杂性越高，管理者获得的超额薪酬越高；进一步地，相比业绩较好公司，业绩较差公司年报文本信息复杂性的短期、长期市场反应更积极。以上结果表明，通过操纵年报文本信息复杂性，管理者能够获取更高超额薪酬、并提高公司市场估值。曾庆生等（2018）探讨了年报语调对内部人交易行为的影响，发现年报语调越积极，公司高管在年报公布后一段期间内的卖出股票规模越大，净买入股票规模越小，表明年报语调成为除会计报表以外另一种可以被内部人管理或操纵的信息。

  年报可读性和语调披露与管理层自利的实证研究面临的一个挑战是如何测度年报可读性和语调。现有研究主要使用年报的字数、句子长度和Fog指数等指标来测度年报可读性（Li，2008；You and Zhang，2009；Lee，2010；Merkley，2014），其中Fog指数是最常见的一种方法，衡量的是文本中单词和句子的复杂程度，其计算公式为：平均每句话包含的词数×0.4＋平均每个词包含的字母数×0.4。洛克伦和麦克唐纳（Loughran and McDonald，2014）对Fog指数提出了质疑，认为由于年报中有大量多音节的常用商业词汇，而投资者解读这些词汇并不困难，因而Fog指数并不能较好地衡量文本的复杂度，有鉴于此，他们采用年报内存大小这一更加客观的指标作为年报可读性代理变量。测度年报语调的一种常用方法是基于特定的情感词典，并使用计算机文本分析方法从年报文本中挖掘出制定的情感词汇进行语调数据统计，这其中最为广泛使用的词典有《哈佛词典》等（Davis et al.，2008；Kothari et al.，2009）。然而，也有研究指出《哈佛词典》并不是专门针对财务领域，因而并不适用于分析公司财务报告（Loughran and McDonald，2011）。在此基础上，洛克伦和麦克唐纳（2011）构建了一套完整的《金融情感英文词汇》，用于检验语调对收益波动、超预期盈利等的影响，发现使用《金融情感英文词汇》能够有更好的效果。国内的研究也多是基于《金融情感英文词汇》的英文版本，然后采用有道词典、金山词霸等进行翻译来构建中文语境下的年报语调指标（曾庆生等，2018）。

2. 上市公司研发活动披露披露的市场反应

研究活动信息涉及企业战略方向与技术前沿，具有高不确定性和高风险性，影响公司资本市场流动性与竞争地位，披露到何种程度，取决于管理层在资本市场与产品市场间对披露收益与成本的权衡。Dechow（1995）指出，上市公司对于研发活动的披露作为一种积极的信号，能够缓解上市公司与投资者之间的信息不对称，提高了企业股权融资效率。除此之外，对研发活动的披露还能够起到降低债务融资成本的目的。研发活动需要持续充足的现金流作为支持，但是对于上市公司而言，通过股权进行融资将削弱控股股东对公司的控制权，增加公司被恶意收购的风险。相比之下，债务融资是更好的选择，然而企业的研发活动具有较高的风险性，为了缓解银行对风险的顾虑，企业需要对研发活动进行详细、乐观的披露（Cornaggia and Mao，2015）。

尽管企业对研发活动的披露能够有效提高融资效率，但事实上，上市公司对研发活动的披露更多是为了履行证监会的信息披露要求（李莉、闫斌和顾春霞，2014）。他们所披露的信息内容具有一定的模糊性，甚至是为了配合盈余管理而进行的误导性披露（范海峰和胡玉明，2013）。有学者认为，这种现象的成因是源于上市公司对知识产权的保护意识。袁东任和汪炜（2015）认为，研发活动与销售、生产和其他企业活动相比具有更高的信息风险、资金风险和经济风险。其中信息风险表现为知识产权的外部性，竞争者可能通过上市公司对研发数据的披露与描述来进行仿制，甚至提前进行与专利相关的后续研发；资金风险表现为研发投入最终可能无法形成专利成果；经济风险表现为研发活动失败给上市公司带来的不利后果。以上原因造成了上市公司对研发活动披露意愿度不高。

上市公司的研发活动已经成为利益相关者评价企业价值的重要渠道（Block，2012）。企业的研发活动在广义上包括在研项目和已形成的研发成果，前者是管理者前瞻性和企业资金实力的体现，后者是企业已形成的竞争优势。从决策价值的角度看，研发活动信息对于利益相关者的决策意义高于企业的会计盈余。然而，也有学者对此持相反态度，他们认为企业的研发活动与会计盈余一样，容易受到管理者的歪曲。Bushee（1998）、范海峰和胡玉明（2013）认为，盈余管理的重要手段之一就是调整研发支出。由于企业的研发活动具有不确定性和收益滞后性，这使得管理者对于研发活动的披露拥有较高的自主性，他们可以通过模糊披露、资本化和费用化的选择等方式去调节企业的开发支出科目的金额（Markarian and Pozza，2008；王艳，2011；谢德仁、廖珂和郑登津，2017）。因此，他们认为研发活动对于利益相关者的决策作用同样是具有噪音的。

鉴于研发活动信息对利益相关者的重要性，我国证监会不断出台针对上市公司研发活动的信息披露规范。2006年证监会发布《信息披露内容与格式准则第11号》第23条规定，上市公司应当如实地披露专利相关信息；该内容在2009年发布的第17号文件中再次被强调；此后，在2014年修订的《公开发行证券的公司信息披露编报规则第15号》中，证监会对企业研发活动披露进行了更细化的要求。这些披露规定的出台为规范我国上市公司研发信息披露做出了贡献，同时也有效地维护了利益相关者的合法权益。

3. 上市公司研发活动文本信息的策略性披露与使用者解读的研究

长期以来，学术界对于企业信息披露的研究局限于数字信息的视角，即年报中的会计数字，然而在年报当中，数字信息所占的比重较小，同时又具有较强的专业性。因此会计信息对中小投资者的决策参考作用有限，这使得投资者需要通过文本信息描述来辅助决策。近年来，随着计算机文本分析技术的兴起，对大样本的年报进行文本分析得以实现，国内外学者通过研究均发现文本信息能够体现公司的内在价值，并对投资者的决策产生影响（Li，2010；Loughran and McDonald，2011；Davis，2012；谢德仁和林乐，2015；林乐和谢德仁，2016；曾庆生，2016）。现阶段，学术界对于文本信息的度量方式主要是情感倾向（正负面词频统计）。

上市公司对待研发活动的披露存在两种基本考量，一种是降低股权融资成本动机;另一种是知识产权保护动机。当前者的程度较强时,研发活动的披露将趋于乐观,披露内容也将更加详细,且言简意赅。当后者的程度较强时,研发活动披露将趋于悲观或中性,披露的信息内容较少,且可理解性较差。从这些特征上来看,传统的数字信息研究并不能很好的解释这两种动机所形成的信息披露差异,因为数字信息只具备说明作用而缺乏解释作用(Baginski, 2015),并且受到来自审计师和监管者的制约(Huang, 2014),这些特点使得不同上市公司在进行研发数字信息披露时趋于格式化,难以从中探寻管理者的真实动机。而文本信息能够弥补数字信息的不足,对解释力较强且不受监管约束的文本信息进行研究能够帮助我们更好地理解管理者进行研发活动披露的真实动机。

梳理现有文献发现,大多学者从投资者、分析师和债权人等视角考察了财务报告可读性对资本市场参与者决策的影响。

第一,从投资者角度来看。经典的财务理论认为,投资者从资本市场中提取信息的难度与市场效率有关(Grossman and Stigltz, 1980)。进一步地,有经验证据证实,信息披露的格式可能会影响投资者信息获取和解读能力(Hodge et al., 2004; Ellott, 2006)。之后,大量学者开始探讨年报可读性是否可以引发同样的效应。由和张(You and Zhang, 2009)研究发现,财务报告越长,资本市场的反应越慢。比德尔等(Biddle et al., 2009)基于投资效率的角度研究发现,可读性高的年报可以通过增加信息透明有效抑制过度投资和投资不足行为。米勒(Miller, 2010)考察了文本可读性对交易行为的影响发现,复杂的文本信息降低了交易量,特别对小规模投资者这种效应尤甚。伦内坎普(Rennekamp, 2012)在考察投资者对披露可读性的反应时,认为导致投资者对复杂文本反应不足的原因是,复杂的文本信息会增加投资者的信息处理成本,导致投资行为趋于保守。近年来实验研究方法的运用为这一领域的研究开辟了全新视角。例如,谭等(Tan et al., 2015)采用实验模拟技术研究了可读性与业绩标准一致性如何影响投资者的决策判断,实验结果显示,在上市公司披露的业绩信号与实际业绩不一致的条件下,信息披露的可读性可以提高投资者对公司当前季度业绩的理解,继而有助于对公司未来业绩做出更准确判断。

第二,从分析师角度来看。传统观点认为,由于分析师具备金融财务的专业知识,因而对企业披露的信息能够进行较好地解读,同时分析师还可从政界、商界的人脉资源中获取大量私有信息提升预测精准度（Lang and Lundhom, 1996; Healy et al., 1999）。但近年来大量研究却发现，复杂的信息披露形式会增加分析师的信息处理与解读成本，尤其当面对复杂财务报告，分析师的作用会受到极大限制，并对其预测的准确性造成负面影响。例如，莱哈维（Lehavyeta, 2011）在检验年报复杂度对分析师行为的影响时发现，年报的迷雾指数越高，分析师盈利预测分散度越高，准确性越低。同时洛克伦和麦克唐纳（2014）以年报内存数衡量年报可读性也得到了类似结论。反观国内，丘心颖等（2016）基于中国市场的研究也发现，年报复杂性与分析师关注存在显著正相关关系，但并没有发现年报复杂性与分析师预测质量之间具有正相关性的经验证据，表明分析师对复杂年报的专业解读作用有限。

第三，从债权人角度来看。过往文献主要着眼于定量会计信息如何影响债务契约、而对文本信息的研究相对缺乏。邦索尔和米勒（Bonsall and Miller, 2017）借助1998年SEC颁布简明英文项目（Plain English Project）这一外生事件实证检验了年报可读性对债券评级和债务成本的影响。研究发现，相比于不受影响的控制组，被要求提高可读性的实验组企业在外生冲击后获得了更有利的债券评级和更低的债务成本。埃尔图格尔等（Ertugrul et al., 2017）的研究表明，上市公司年报的内存数和模糊词汇的比例越大，与债权人签署的贷款合同条款越苛刻，意味着复杂和含糊不清的年度报告不仅会增加债务市场的信息不透明程度，还会导致股东承担更高的外部融资成本。

当前，关于语调与资本市场参与者决策的研究，学者们持两种对立观点。语调信息有用观认为，文本语调中包含了公司未来经营业绩的增量信息，有助于提高盈余预期准确性。特洛克等（Tetlck et al., 2008）考察了语调对企业收益和股票回报的影响，发现企业特定新闻报道中负面词汇比例越高意味着公司盈利能力越低，这说明投资者可以利用文本中的语调信息了解公司基本面的其他难以量化的信息。李（2010）则采用贝叶斯机器学习算法区分语调，检验了管理层分析与讨论部分中前瞻性陈述的语调特征，发现业绩越好、规模越小、波动率越低的公司会使用更多的正面语调进行信息披露，另外，前瞻性信息的语调也与公司未来盈利能力和流动性显著正相关，这说明年报的语调对未来盈利同样具有增量解释力，有助于预测公司未来盈余信息。在总结前人的基础上，洛克伦和麦克唐纳（2011）通过构建新的语调词典发现，管理层披露文本的语调会引起股票价格的波动，说明市场投资者会识别并利用年报中的语调信息。戴维斯（Davis et al.，2012）以业绩新闻稿为研究样本，通过构建每篇业绩新闻稿的净积极语调，也发现类似的结论：管理层语调越积极，累计异常收益越高。桑多列斯库（Sanduleau，2015）则从内部人行为的视角研究文本语调的有用性，发现年报中管理层分析与讨论的文本语调能反映内部人的交易行为，文本语调越积极，内部人买入股票越多，卖出股票越少。我国学者谢德仁和林乐（2015）同样使用"词袋"方法，以上市公司业绩说明会的文本信息为研究样本进行研究，结果表明，管理层语调有助于预测公司未来业绩，管理层积极语调及净积极语调与下一年业绩显著正相关，管理层负面语调与下一年业绩显著负相关，这意味着管理层披露的文本语调具有信息含量。

然而，也有学者对语调有用性存在质疑。语调信息无用观认为，与年报可读性一样，文本语调同样可以作为管理层信息操纵的工具。布罗克曼等（Brock-man et al.，2013）以电话会议作为管理层语调的文本分析基础，发现电话会议中积极的语调预示着内部人卖出股份的行为，反之则反，这表明文本语调是内部人管理或操纵信息披露的一种手段；黄等（Huang et al.，2014）以年度盈余公告文本信息为研究对象，将语调情感倾向分为适应当期业绩的正常语调和偏离实际业绩水平的异常语调，研究发现，公司异常积极的语调与公司未来负向盈余和负向现金流正相关，这表明管理层对语调存在策略性管理行为。阿利和迪安吉里斯（Allee and DeAngelis，2015）研究语气离散度与业绩的关系，结果表明，语调离散度语气分散与公司业绩、财务报告的选择以及管理层认知动机有关，分散的语调具有放大好消息或坏消息的作用。曾庆生等（2018）以中国上市公司年报语调数据为样本得到同样的结论，研究发现，年报语调越积极，高管在年报披露后卖出股票规模越大，净买入股票规模越小，这表明中国上市公司年报同样存在语调管理行为，成为除财务报表以外可以被管理层操纵的另一种形式。王华杰和王克敏（2018）研究了盈余管理对年报语调管理的影响，发现年报文本语调管理方向与盈余管理方向相同，说明管理层会通过操纵文本语调辅助其盈余管理行为，揭示出语调管理可以作为盈余管理的一种补充手段。

二、现有文献简要评述

截至目前，学术界对于上市公司研发活动和文本信息的研究已取得部分成果，然而现有的研究主要从数字信息的视角来对研发活动进行的研究，缺乏对文本信息的关注；对于文本信息的研究亦未从研发活动背后的动机来进行挖掘，缺乏二者的联动研究使得现有成果存在着一些不足。综合上述文献回顾，目前学术界的研究状况可以总结为以下四个方面：

第一，现有文献在考察研发活动年报使用者信息解读的资本市场效应时多聚焦于分析师和媒体的视角（Baber and Odean，2008；Bushee et al.，2010；Bradshaw et al.，2012；谭松涛等，2015；丁慧等，2018），而鲜有研究研发活动文本信息策略性披露是否会影响投资者和审计师的信息解读能力，以及事务所变更期间事务所和客户之间弱关系是否影响文本信息策略性披露。不完全相关假说认为，投资者等年报使用者并不像有效市场假说中的那么理性，他们是具有极强主观判断能力的个体（Bloomfield，2002）。同时，大量研究信息不对称影响因素的文献证实，信息不对称不仅与研发活动信息披露者所披露信息本身的质量有关，还取决于使用者的信息解读（Chang et al.，2006；Liu，2011）。基于此，我们拟对研发活动文本信息策略性披露是否为影响使用者信息解读能力的一个重要因素进行研究，然后回答不同的年报使用者会对研发活动文本信息做出怎样不同的反应这一问题。

第二，现有文献仅从数字信息的角度来解读研发活动披露并不能很好的体现管理者信息披露策略，尤其是在证监会对研发活动的披露要求日渐加强的背景下。学者们关于研究研发活动文本信息是否有用这一问题得出的结论并不一致，持有研发活动文本信息有用观和无用观两种观点。一方面，有研究证明管理层策略性地进行研发活动文本信息披露可以给投资者提供增量信息（Li，2008），如在年报中使用复杂的语言有助于向投资者解读错综复杂的经济事项和专业性较强的技术信息（Bloom feld，2008），同时披露的语调也能够较好地预测公司的未来业绩（Boch kay and Levine，2013）。另一方面，也有部分文献证明，在资本市场相对缺乏研发活动文本信息监管的情况下，研发活动文本信息的策略性披露相较传统的数字信息来说更加隐蔽且经济，因而年报研发活动文本中很可能充斥着操纵后的信息，这不仅严重误导了信息使用者的决策判断

(You and Zhang, 2009; Lehavy et al., 2011), 还会降低资本市场效率 (Loughran and McDonald, 2014; Lou et al., 2017; Bushee et al., 2018)。可见, 对于研发活动文本信息的有用性学术界尚存争议。本书拟从使用者信息解读的角度, 为解释上述争议提供一种可能的视角。

第三, 虽然研究单一文本策略性披露方式的文献有很多, 如可读性、语调、文本相似度、文本主题、图表呈现等, 但同时考虑将可读性和语调作为策略性披露方式的文献较少。国外学界只有两篇相关的学术论文; 而国内学者对于文本信息的度量方式较为单一, 目前仅限于情感倾向, 尚未通过可理解性这一角度来进行度量。例如, Muslu (2014) 以 142 个 MBA 学生作为实验对象研究了语调、可读性和投资者信息解读的关系, 发现当文本可读性较低时, 以更多积极语调进行披露会导致财务素养较低的投资者获取更高的投资收益, 但是当可读性较高时, 积极语调则不会影响投资者的判断。Aboody (2000) 考察了财务报告可读性和模糊语调对企业贷款的影响, 发现企业年报的文件越大和模糊语调越多, 其贷款合同越严格, 表明管理层配合使用年报可读性操纵和语调管理会导致企业承担更高的外部融资成本。然而, 基于中国背景来研究可读性联合语调的策略性披露具有一定优势, 这是因为中国是一个高语境传播社会, 尤为强调易经式的圆通文化, 人们之间的沟通更加含蓄委婉, 字面意思往往与真实含义存在较大差异, 需要阅读者用心揣摩, 因此、管理层借助可读性和语调进行策略性披露的空间更大, 也更为隐蔽, 若不给予有效监管与防范很可能会触发多米诺效应, 对资本市场的健康运行造成一定的负面影响。

第四, 梳理上述文献还发现, 现有的研发活动文本信息研究仅关注到了披露后的经济后果, 尚未从管理层动机的角度出发来研究文本信息的成因。文本信息会对投资者的决策行为产生重要影响, 而管理层有可能通过文本操纵影响公司信息, 误导投资者 (Huang, 2014)。然而, 现有关于研发投入的文献主要从可操纵性应计利润、股价走势等定量的角度探讨研发投入信息导致的经济后果, 而忽略了管理层可能采用更为隐蔽的文本操纵方式, 在文本语言上对投资者的影响。实际上, 与标准化的财务数字信息相比, 非标准化的文本信息在公司对外披露的信息中所占比重更大, 可以更形象的传递出公司的运营状况及未来潜在的风险, 并且其通常具有财务数字信息难以体现的丰富内涵 (Hall, 1976)。因此, 本书从财务报告年报文本的角度分析研发投入文本信息披露的经济后果及其动机。

第三节

主要研究内容、框架结构和研究方法

一、主要研究内容和框架结构

研发活动文本信息披露的研究是一个崭新领域，目前，国内研究者在实证研究以及理论研究方面虽然有依稀零散性的研究，但还缺乏系统性。本书是基于中国目前"转型经济与新兴市场"这一特殊的制度环境，研究我国上市公司研发活动对年报文本信息的影响，试图从管理者对上市公司研发活动文本信息披露的动机、策略出发，对具有更大隐蔽性的研发活动文本信息披露的形成机理及经济后果等进行较为系统的探索性研究，以期为公司外部投资者掌握公司发展路径、研发进展，并据此做出正确决策。具体而言，本书的主要研究内容和结构安排如下：

第一章绪论。本部分主要阐述本书的选题背景和研究意义，国内外研究现状及简要述评，研究内容和框架以及可能存在的创新点和研究价值。

第二章研发活动信息披露的理论透视。本部分在阐述研发活动与研发投入相关内涵的基础上，运用委托代理理论、信号传递理论、决策有用性、有效市场理论和技术创新理论对研发活动信息披露的根本动因进行阐述。在此基础上，分析研发活动的投入模式以及研发活动信息披露的基本概念和特点，并重点阐述研发活动信息披露的制度演变。

第三章文本信息的度量方法、制约因素与经济后果。本部分主要阐述信息披露概念、特点与披露要求，文本信息的度量方法，制约因素及经济后果。

第四章研发活动的投资决策及信息披露的成本效益分析。本部分在阐述研发信息披露的经济主体及动机分析基础上，对研发活动的要素投入与研发投资决策进行了科学论证，在此基础上，对研发活动信息披露的成本效益进行了理论分析。本章得出研发活动信息适度披露就是上市公司所披露的研发活动信息的最低披露量，同时又不导致泄露企业的商业秘密，从而达到双赢的目的。

第五章上市公司研发活动对年报文本信息披露的影响机制。上市公司的研发活动披露一直以来都是投资者关注的重点。本部分探讨了公司研发活动与年

报文本信息之间的关系，研究发现：上市公司的研发力度越大，年报文本信息就越保守；高新资质认定、融资约束和知识产权执法力度将影响这种关系；证监会出台相关政策对规范研发活动披露达到起到了预期政策效果。

第六章上市公司研发活动年报文本信息披露与风险传递。本部分实证研究发现，公司出于知识产权保护动机，所披露的信息存在着一定的误导性。最主要的手段是通过风险信息披露来减少外界对公司研发活动的关注，但也因地区知识产权保护力度而减弱。因此提出加强知识产权保护力度，建立各地区间的联动机制，对侵权行为加大打击力度，维护公司创新土壤。

第七章家族企业研发活动文本信息披露的偏好与特征。本部分结合区位空间尺度考察了创新活动、地区知识产权保护程度与年报情感特征之间的关系。研究表明：企业的创新程度越强、创新成果越多，年报情感特征就越趋于保守；当企业所在地区的知识产权保护程度较高时，二者的相关性程度将有所减弱；反之将增强；省份间知识产权保护程度具有显著的地域性差异，总体上纵向均衡、横向不平衡趋势。在创新活动相似的情况下，位于东部地区的家族企业的年报情感特征显著比其他地区乐观。

第八章上市公司模板化研发披露与实际研发投入的关系研究。本部分采用语义相似度测试方法来衡量研发内容的相似程度，并与企业研发投入和产出进行回归分析，深入分析模板化信息与实际研发活动的内在联系。研究表明，为了起到掩盖研发活动利润空间与市场前景的目的，公司将可能运用信息模板编制研发信息，以扰乱外界对公司研发活动的判断。即研发投入较高的高新技术企业，披露的研发信息与该企业过往年度的研发信息的相似程度较高；研发投入较低的高新技术企业，披露的研发信息与当年同行业企业的研发信息的相似度程度较高。

第九章加速折旧抵税、研发投资与企业金融化。本部分利用倾向得分匹配和双重差分方法（PSM－DID）对2014年以来，以我国固定资产加速折旧政策影响制造业企业研发投入和固定资产投资进而抑制制造业企业金融化的效应进行了实证研究。研究结果表明：固定资产加速折旧政策显著促进了企业研发投资和固定资产投资、降低了企业金融化水平；固定资产加速折旧地税政策，通过引导企业研发投资、固定资产投资和递延所得税获取，将企业的投资导向了实体经济领域，从而减少了企业金融资产方向的投资，抑制了实体企业金融化趋势。

本书研究内容的框架结构如图1-1所示。

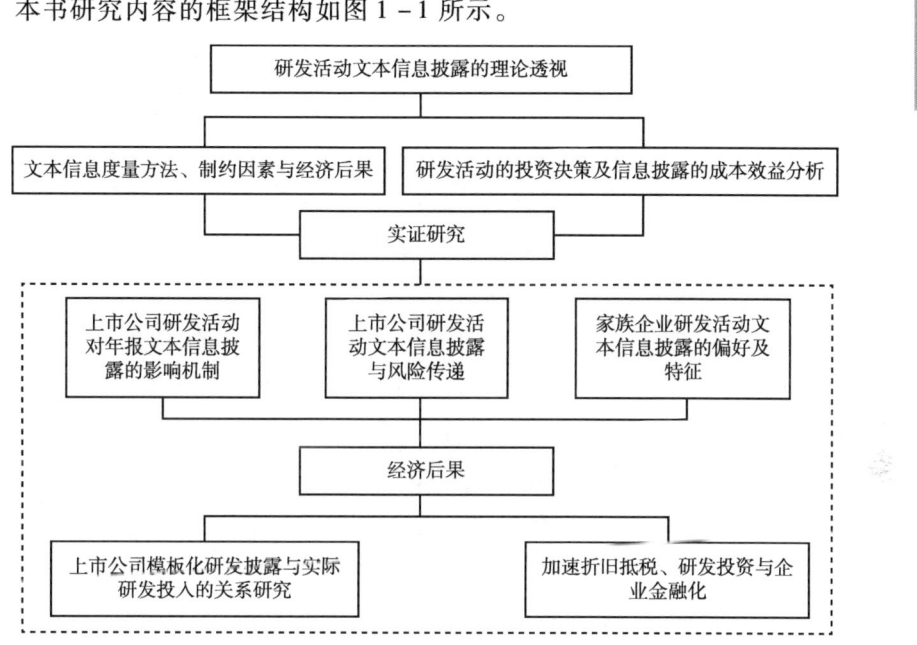

图1-1 研究内容的框架结构

二、研究方法

创新政策的研究是一门新兴交叉学科，目前在大数据研究中尚处于起步阶段（唐莉，2017），本研究综合应用了经济管理学、大数据和人工智能的研究方法，理论与实践并重，规范研究、实证研究与模型研究相结合。具体采用的研究方法包括：

（1）文献研究法。一方面，搜集国内外有关创新政策与企业创新方面的研究成果，并从创新政策理论内涵与效果研究，创新能力的概念测度与企业创新影响因素方面加以梳理，把握既有文献的基础上，明确当前研究的不足，结合现实需求，进而确定本书的研究内容。另一方面，对创新政策对创新能力影响的相关文献进行系统梳理，提出研究假设，构建创新政策对企业创新能力影响的微观效应模型。

（2）Python网络爬虫及文本分析技术。本项目的核心基础和技术难点是提取年报的文本信息并量化，使之成为可以与数字指标进行相关性研究的文本信息数据。该项工作是具有一定难度，在 2010 年之前有美国学者尝试利用人工阅读的方法来实现文本信息的量化，但是人工阅读的效率较低，且带有很大程度的主观性，导致研究样本数量不足、研究成果可信度不高。近年来，随着计算机编程技术的兴起，大样本的文本信息分析与量化得以实现。网络爬虫 (Web Crawler) 能自动地抓取网络信息，它从目标网站的资源网址（URL）开始，通过递增修改 Page Index 参数循环请求获得网页数据，在抓取网页的过程中，不断从当前页面上解析公司年报的 PDF 文件下载地址（URL）放入下载队列。通过下载进程树发起网络请求获取 PDF 文件流存到本地文件系统；再利用 Python 的文本信息分析模块批量解析 PDF 文件并转制成 TXT 文本格式，最后自动统计出文中关键词的频率导出到 Excel 表格，从而实现对大样本文本信息的量化工作。项目组前期已聘请专业计算机人员完成了程序编制和 2007~2019 年我国上市公司年报文本信息关键词的抓取。

（3）实证研究法。选择我国 2007~2019 年的非金融沪深 A 股上市公司来进行实证研究，通过广泛收集和深入分析多年度的我国资本市场上市公司年报文本，运用多元线性回归模型进行实证研究，模型主要通过 SAS、STATA 等计量经济学软件进行。

本书研究所用数据主要来自于国家专利局网站、CSMAR 数据库、同花顺 iFinD 和巨潮资讯网。在样本的处理上采用倾向得分匹配和双重差分方法（PSM–DID）解决样本的选择性偏误。同时，借助双重差分匹配，对相关政策的执行效果进行了实证研究。

第四节

主要创新点和研究价值

本成果的研究贡献体现在如下几方面：首先，对上市公司研发信息披露动机的相关研究提供了经验数据，丰富了公司研发信息披露相关领域的文献；其次，也支持监管部门应进一步加强对上市公司研发信息披露的监管；最后，应用爬虫程序搜集文本信息，相较于以往的研究较大幅度地扩充了样本数量和范围，也避免了人工检索文本信息时容易出现的疏漏，使得研究结论更具有普适性和说服力。

一、主要创新点

研究视角的创新。与以往从资产负债表、利润表和现金流量表等财务数据视角来考察评估财务报告披露质量不同,本书重点研究了更适合中文语境的年报文本信息策略性披露质量的识别。我们认为,基于中国背景来考察文本信息披露方式与披露质量具有一定优势,因为中国是一个高语境传播社会,一直有"听话听音,锣鼓听声"的习俗,人们之间的沟通比较含蓄委婉,字面意思往往与真实含义存在较大差异,需要阅读者用心揣摩。同时,汉语在遣词造句上的灵活性与复杂性也会给使用者正确解读公司信息造成很大障碍。因此,在中文语境下管理层借助年报文本信息可读性和语调进行策略性披露的空间更大、更为隐蔽,其产生的资本市场效应也更加复杂。本书基于中文语境,从文本信息的角度出发,丰富了财务报告策略性披露经济后果的相关文献,实现了研究视角的创新。尤其在研发活动文本信息披露质量识别的基础上,深入分析其对企业投资行为的影响效应,对把握研发活动文本信息披露质量深度影响企业过度投资和投资不足具有重要价值。

实践运用的创新。随着年报中研发活动文本信息策略性披露行为的日益增多,监管部门必须要厘清的一个问题是日趋复杂、带有主观色彩的年报文本还能否为投资者提供相关、可靠的会计信息。实际上,美国证券交易委员会早在1998年的时候就注意到这一问题,其在1998年颁布的Rule421(d)明确指出,上市公司在撰写招股说明书时应严格遵守"简明英语"规则(PlainEnglishRule),以向"最不精明(least-sophisticated)"的投资者清晰、简明地传递披露的财务信息。可是,我国的相关政策文件对会计文本信息的关注不足,证监会仅在2015年修订的《公开发行证券的公司信息披露内容与格式准则第2号年度报告的内容与格式》中提及,"在不影响信息披露完整性的前提下,年报语言应表述平实,清晰易懂,力戒空洞、模板化,保持语言简洁""年报中不得使用祝贺、恭维、推荐性的措辞",并未给出具体可操作的执行规范。那么,在资本市场相对缺乏文本信息披露准则规范的情况下,上市公司很可能会大规模地借助可读性及语调进行策略性披露。因此,本书实现了实践运用的创新。

研究方法创新。本课题借助Python网络爬虫软件以及余弦相似度等方法进行研发信息的度量,为该领域研究提供了新的度量方式。结合中国语言背景,从计量层面为文本信息量化提供了新思路和方法。现有大量文献主要基于关键词提取的文本信息情感倾向法。其原理是根据预设的标准将增加和提高等表示数量增长的词语定义为乐观;将减少和降低等表示数量减小的词语定义为悲观。再根据乐观词语总数减去悲观词语总数,除以两者之和,得到文本信息整体净乐观度。Demers(2011)、Baginski(2012)、Huang(2014)、谢德仁和林乐(2015)、Baginski(2016)、曾庆生(2018)等学者均采用了这种度量方式。然而这种度量方法存在着天然缺陷,即表示数量增长的词语在与某些特定词语结合后,将发生语义反转。例如,在会计信息的解释上,费用或成本的增加往往意味着利润率下降,这显然是一种非乐观的情形,而现有的度量方式却因"增加"等表示量增词语的出现而将其归纳为乐观一类,这显然是不合理的。本书借助计算机机器学习技术,将原有的单个词语抓取替换为语句结构提取,同时考虑会计术语和情感词汇,这样能基本排除语义反转对研究结果的影响。这种研究方式将显著提高文本信息研究结果的可信度,并可能预示着未来文本信息研究的主要发展方向。同时以问卷调查和访谈为补充,弥补了传统单一定性或定量分析的不足,使研究结论更客观,研究对策更务实。

二、研究价值

本书的研究结论丰富了中国资本市场中的信息披露领域的研究成果,尤其丰富了非财务信息披露方面的研究内容,具有一定的研究价值。

(1)丰富了行为财务理论。传统有效市场理论认为,上市公司将通过积极的信息披露来缓解市场参与者之间的信息不对称,从而获得更为低成本的股权融资;而行为财务理论认为,管理者有动机通过信息的策略性披露来误导投资者,从而实现自身利益最大化的目的。行为财务理论有效地解释了资本市场中存在的信息披露异象。然而现有的行为财务理论研究往往局限于数字信息的视角,而在年报当中数字信息所占的篇幅较小且受到严格的监督与审计,因此其研究成果的现实意义有限。本书从受约束较小的文本信息视角出发,借助心理学、语言学等学科的相关理论,探究信息披露中的文本信息形成机理及其经济后果,以进一步丰富行为财务理论研究。

(2)拓展了产权保护理论。产权保护理论认为,公司出于对知识产权的保护动机会尽量避免甚至歪曲对研发活动的会计信息披露。然而在证监会不断强化对研发活动披露规范的背景下，上市公司被迫对专利数量、研发投入进行如实披露。由于企业的研发投入信息具有较高的专业性，一般投资者难以从数字中获取核心内涵，他们往往依赖于用以解释研发投入的文本信息。与数字信息不同，文本信息到目前为止并不受到任何监管政策的约束，因此具有较强的灵活性。本课题通过对研发活动文本信息的研究证实企业产权保护行为同样在文本信息中得到明确体现。

第二章

研发活动信息披露的理论透视

研发活动信息披露，首先必须对研发活动和信息披露这两个概念做出界定，其次也要对上市公司进行研发信息披露的动机进行研究。本章在此基础上对研发信息披露的相关理论基础进行分析，主要包括委托代理理论、信号传递理论、决策有用观理论和有效市场理论。

第一节 研发活动及其信息披露的内涵

一、研发活动的概念及其主要内容

研发活动，包括所有科学研究与技术发展活动，是研究与开发活动的简称（Research & Development，R&D），它属于科学技术领域的术语。研发活动有广义和狭义之分，广义的研发活动指全社会的所有科研活动，狭义的研发活动则专指企业以盈利为目的而进行的技术创新行为。联合国教科文组织曾将研发活动定义为："为了增加知识总量，以及运用这些知识去创造新的应用而进行的系统性创造工作"；世界经济合作与发展组织（OECD）将其定义为："研究与开发是指为增加包括人类、文化及社会等在内的知识总量以及运用这些知识去创造新的应用而开展的系统性、创造性工作，研发活动分为三种类型：基础研究、应用研究、试验发展[①]"；中华人民共和国科技部发布的《科技统计公

[①] 见 OECD，Frascati Manual Proposed standard Practicefor Sxirveys on Research and Experimental Development，2002：29 - 30

报》也将研究与试验发展活动分为基础研究、应用研究和试验发展三大部分。具体如表2-1所示。

表2-1　　　　　　研发活动的主要内容及成果形式

序号	研发活动	主要内容	成果形式
1	基础研究	为了获得关于现象和可以观察事实的基本原理的新知识（揭示客观事物的本质、运动规律，获得新发展、新学说）而进行的实验性或理论性研究，它不以任何专门或特定的应用或使用为目的。	以科学论文和科学著作为主要形式，用来反映的只是原始创新能力。
2	应用研究	为了确定基础研究成果可能的用途，或是为达到预定目标探索应采取的新方法（原理性）或新途径而进行的创造性研究；它主要是针对某一特定的目的或目标所进行的研究。	以科学论文、专著、原理性模型或发明专利为主要形式，用来反映对基础研究成果应用途径的探索。
3	试验发展	也被称作试验开发，是指利用从"基础研究""应用研究"和实际经验中所获得的现有知识，为产生新产品、新材料和新装置，建立新的工艺、系统和服务，以及对已产生和建立的上述各项做实质性的改进而进行的系统性工作。	主要为专利、专有技术、具有新产品基本特征的产品。原型或具有新装置基本特征的原始样机等。

在《国际会计准则第38号——无形资产》（IAS 38）中，将研究活动定义为"以获取新的科学或技术知识和见解为预期而进行的独创性并有计划的调查"，将开发活动定义为"在开始商业性生产或使用前，将研究发现或其他知识应用于某项计划或设计，从而生产新的或具有实质性提升的材料、设备、产品、流程、系统或者服务"。研发活动与开发活动不同于企业其他经营活动，研究阶段是一个技术可行性的探索阶段，发生的研究支出是否能形成企业未来的经济效益具有较大的不确定性；而开发活动是将研究成巧及发现应用于企业实践，带来的经济效益的确定性较高，但在某些情况下，开发阶段中企业是否能够确定取得研究成果带来的未来经济利益的可能性无法保证。

在《美国财务会计准则第2号——研究与开发费用的会计处理》（SFAS No.2）中，将研究活动定义为"以发现能用于发展新产品、服务、流程、技术或对现有产品或流程进行显著改进的新知识作为目的进行有计划搜寻或关键性调查"，将开发活动的定义为"将研究成果或其他知识转化在用于销售或使用的新产品、新工序设计或现有产品与工序的显著改进的计划或设计上，包括概念模型形成、设计,产品方案的测试,模型的建造,小规模试验的运行,不包括常规的或周期的现有产品、生产线、生产流程的变更、市场研究及市场测试活动"。

我国财政部于2006年2月发布的《企业会计准则第6号——无形资产》及其实施指南中规定,企业应当根据研究与开发的实际情况加以判断。其中,研究阶段是探索性的,为进一步开发活动进行资料及相关方面的准备,已进行的研究活动将来是否会转入开发、开发后是否会形成无形资产等均具有较大的不确定性。比如,意在获取知识而进行的活动,研究成果或其他知识的应用研究、评价和最终选择,材料、设备、产品、工序、系统或服务替代品的研究,新的或经改进的材料、设备、产品、工序、系统或服务的可能替代品的配制、设计、评价和最终选择等,均属于研究活动;开发阶段相对于研究阶段而言,开发阶段应当是已完成研究阶段的工作,在很大程度上具备了形成一项新产品或新技术的基本条件。比如,生产前或使用前的原型和模型的设计、建造和测试,不具有商业性生产经济规模的试生产设施的设计、建造和运营等,均属于开发活动。

二、研发信息范围的界定及相关概念

(一) 研发信息范围的界定

一般与企业研发活动有关的信息都属于研发信息的范围,在现有的研究中,人们不自觉地将研发信息等同于研发支出信息。实际上,根据前面对研发活动的介绍,与企业的研发活动有关的信息都属于研发信息的范围,这样,研发活动就不仅仅包括研发支出的信息,还应包括与研发活动有关的其他信息。具体来说,可以将研发信息分为如下几类:

1. 研发活动投入信息。具体包括研发支出、研发人员、研发基础设施等信息。

研发支出信息一般包括研究与开发活动的设备设施费、材料费、人工费、合同服务费、外购无形资产费以及有关间接费用等。《美国财务会计准则第2号——研究与开发费用》中将其界定为以下几方面:(1) 材料、设备和设施。材料无论来自企业的日常存货还是为研发活动而特意订购的成本和为研发活动而外购或自建的以及以备将来使用的设备或设施的成本,应在外购或自建时以有形资产的形式予以资本化。这些在研发活动中消耗材料的成本以及这些用于研发活动的设备或设施的折旧就是研发成本;(2)人员费用。年薪、周薪和其他从事研究开发活动的人员有关的成本应归入研发支出;(3)从外部购入的无形资产。从外部购入的用于研究开发活动的无形资产应予以资本化,其摊销额构成研发支出;(4)劳务合同。由外部提供的与企业研究开发活动有关的劳务成本,包括为了该企业的利益而由外部执行的研究开发活动,应该归入研发支出;(5)间接成本。研发支出应包含一个合理的间接成本分配额。然而,管理费用与研究开发活动不是息息相关,不应归入研发支出。

然而,我国《企业会计准则第6号——无形资产》并没有明确界定研发支出信息的范围,但财政部在解释研发支出资本化条件时,将研发支出的核算内容界定为:(1)直接发生的研发人员工资、材料费,以及相关设备折旧费等能够对象化的部分;(2)从事多项研究开发活动的,所发生的支出能够按照合理的标准在各项研究开发活动之间进行分配;(3)研发支出无法明确分配的,应当计入当期损益,不计入开发活动的成本。

研发人员信息则包括研发人员的数量以及研发人员素质等信息。

研发基础设施指对企业研发中心、研发设施的建立等研发投资信息。

2. 研发活动产出信息。指由企业的研发投入所产生的研发成果,包括实际的研发成果以及潜在的研发成果,如企业研究开发成功的新产品、新项目名称以及获得的专利证书、企业研究开发的成果对企业的营业收入或利润的贡献程度以及对企业的市场份额的影响、企业新产品投放市场的时间等。

3. 研发战略、研发计划及未来支出信息。指企业的研发战略及未来研发计划、未来研发项目的投资方向及投资金额等信息。

4. 研发会计政策信息。对研发阶段的区分以及研发费用确认和计量政策,以及新旧准则对研发支出会计处理的衔接。

5. 研发资金来源信息。指企业如何对自己的研发活动进行融资,包括企业对过去、现在以及未来的研发资金来源渠道及金额等情况的信息。

6. 研发问题、风险及对策信息。指企业在研发过程中可能存在的主要问题、研发活动面临的风险以及企业拟采取的对策等。

从以上对研发信息范围的界定可以看出,笔者认为研发信息指的是广义的研发信息,既包括定量的研发支出信息,也包括定性的研发信息。既包括会计准则强制披露的信息如研发支出和研发会计政策等信息,也包括会计准则没有规定的自愿性披露信息如研发战略、研发计划以及研发风险等信息。

（二）关于研发活动的几个相关概念

在实际工作中，科研工作者、科技管理者以及负责研发经费专项审计的会计师事务所在科技项目申报和高新技术企业认定等工作中经常会遇到研发投入、研发支出、研发费用和开发支出等概念。这些概念在实际工作中经常被混淆，给研发费用的专项审计工作带来不便。作者根据现有的科技法规和新会计准则，从科研与财务的视角分析其存在的不同。

研发投入是指某一科研项目在研究阶段和开发阶段的经费投入。包括设备费（含仪器设备购置费、仪器设备试制费、仪器设备租赁费以及现有仪器设备的升级和改造费）、材料费、测试化验加工费、燃料动力费、差旅费、国际合作与交流费、出版/文献/信息传播/知识产权事务费、劳务费、专家咨询费、管理费和其他开支。

研发支出分内部研发支出和外部研发投入。内部研发支出按企业会计准则第6号——无形资产（财会〔2006〕3号）第二章第7~9条规定，企业内部研究开发项目的支出，应当区分研究阶段支出与开发阶段支出。研究是指为获取并理解新的科学或技术知识而进行的独创性的有计划调查。开发是指在进行商业性生产或使用前，将研究成果或其他知识应用于某项计划或设计，以生产出新的或具有实质性改进的材料、装置、产品等。企业内部研究开发项目研究阶段的支出，应当于发生时计入当期损益。企业内部研究开发项目开发阶段的支出，同时满足五项资本化条件的，才能确认为无形资产。从财务会计角度对研发支出做出了费用化处理和资本化处理；外部研发投入是指委托境内或境外的研究机构、高等院校或其他事业单位进行研发的经费投入。包括委托研发和合作研发中支付给外部单位的研发经费。现行高新技术企业认定管理办法规定，委托境内的外部机构投入的研发经费按80%计入研发支出总额。委托境外的外部机构投入的研发经费不计入研发支出总额；内部研发支出，包含人员人工、直接投入、折旧与长期待摊费用、设计费、装备调试费、无形资产摊销费、其他科目。

研发费用是指费用化的研发支出。包括研究阶段的支出和无法满足资本化的开发阶段的支出。在会计处理上，采用期末结转管理费用科目。

开发支出是指符合资本化条件的开发阶段的支出，在会计处理上，未达到预定用途时开发支出科目有余额,达到预定用途时,一次性结转到无形资产科目。

由此可见,研发支出、研发费用和开发支出均属于财务支出内容。而研发投入属于投入范畴。研发支出、研发费用、开发支出与研发投入的区别关键在于研发投入的仪器设备费,而研发支出、研发费用和开发支出不存在仪器设备费,它必须将研发投入中的仪器设备费以折旧形式分摊到研发项目。另外,有的研发项目研发投入可能涉及购入部分技术(即无形资产),而在核算该研发项目的研发支出时,购入技术(即无形资产)是以摊销形式计入。因此,基于前述的区别,对于购置研发仪器设备和购入与研发有关技术的研发项目,其研发投入必然大于研发支出。

三、研发活动信息披露的概念

研发活动信息的披露也简称为研发披露,是指企业通过正式或非正式渠道(如季报、半年报、年报或公司公告等)将企业研发活动相关信息向投资者与社会公众披露以缓解内部外信息不对称的行为。随着资本市场的逐渐完善,研发活动在企业中的重要性不断提升,相应地研发信息的披露越来越成为企业信息披露的重要组成部分。目前我国上市公司在年报中披露研发信息存在如下几种形式:董事会报告/经营情况讨论与分析、管理费用明细、开发支出、现金流量表附注等,其中董事会报告/经营情况讨论与分析与开发支出为专门的模块用于披露研发投入情况及无形资产资本化情况,而管理费用明细与现金流量表附注中列示的明细项可能会涉及研发投入金额的披露。上市公司会在上述形式中选择一种或多种形式进行研发活动信息的披露,披露的内容包括定量披露与定性披露,通常定量披露为监管方要求的强制性披露,内容应当包括研发投入的金额,研发投入占营业收入的比重、企业研发人员数量等,同时也存在专利数等非强制性披露的内容;尽管我国监管方对研发的部分定性披露提出了要求,但上市公司在这方面存在很大的自主性,因而披露的内容、形式、详细程度存在很大差异,比较普遍的定性披露包括研发项目进展情况、未来的研发重点与投资方向、研发项目面临的风险等信息。

上市公司信息披露分为自愿性与强制性两部分,强制性信息披露是按照证券法、会计准则、审计规范等强制性要求上市公司必须对外公开的信息,包括定期公告中的年报、半年报，重大关联交易等。强制性披露内容多以量化信息为主要表现形式；而自愿性信息披露则更多地体现为管理层在监管要求之外主动提供给外界的信息，多以定性信息规定为主，主要是指导性框架。至于如何披露，披露到什么程度也存在很大的自由裁量权，可以体现一定的自愿性披露动机。尽管上市公司量化的研发费用披露经历了自愿性到强制性披露的制度变迁，但文本形式的研发信息，如研发计划等内容一直在相关公告要求中有规定，只是管理层披露水平存在很大差异。对于企业研发信息的自愿披露与强制披露，企业应当用表内与表外相结合的披露方式对这两个部分进行详尽披露，包括定量披露和定性披露。然而事实上，投资者所关注的研发信息应当是与研发活动相关并且对公司价值具有潜在影响的所有信息的集合。披露的具体内容应当包括企业研发项目名称、研发投入、研发人员信息、研发项目进展状况、研发目的、研发风险、研发损失、研发成果应用前景、研发资金来源、研发组织形式、研发会计政策、研发激励、研发知识产权申报、研发强度以及下个年度研发计划等。只有在企业对这些项目进行了详细披露的情况下，投资者才能真正对企业的整个研发情况有个全面透彻的了解，才能据此部署更为理性的投资战略。

虽然对上市公司信息披露进行管制是目前国际上通行的做法，但理论界对是否管制以及如何管制仍存在不同的看法。在非管制论者看来，上市公司完全可以自愿披露信息而无须强制性信息披露。代理理论、信号理论和资本市场的竞争性、订立私人契约将支持会计信息的自愿性披露。在非管制论的支持者看来，为有效履行受托责任、争夺市场资源以及向市场传递良好的信号，上市公司会自愿披露绝大部分信息，至于不足的部分则可通过个人契约的方式加以弥补。但管制论者却从市场失灵和会计信息公共物品的性质入手，提出需要通过管制纠正市场失灵，消除资本市场上会计信息的不对称和会计信息质量的低下。吴联生（2001）则提出了介于两者之间的适度管制理论，适度管制要求规定上市公司信息披露的最低程度，但会计信息一经披露则必须具备规定的质量条件。适度管制实际上是自愿性信息披露与强制性信息披露的有机结合，是两者在实现资本市场目标过程中的均衡。

同样对于研发活动信息的披露，如果企业能自愿披露研发信息，投资者就可以充分了解企业所面临的风险和机会，投资的风险系数随之降低，投资者要求的风险酬报率也会随之下降，基于资本资产定价模型，投资者的期望报酬率也会相应降低，这样，企业就可以在资本市场上以较低的成本进行融资。因此，研发信息的自愿披露可以使外部信息使用者对企业未来的业绩形成合理预期，并正确判断企业的风险和投资价值，从而可以降低企业的融资成本。但因为市场失灵的存在，又有必要对研发信息进行强制性的披露。相对自愿性披露，强制性披露可以缩短上市公司自愿信息供给和投资者信息需求期望间的差距，并维持一个能兼顾公平与效率的理性水平。强制性与自愿性信息披露是一个整体系统，缺少任何一个环节都意味着较高的风险，信息披露应该朝着强制性披露与自愿性披露相结合的方向发展，以增强资本市场配置的效率。这也意味着对不同的会计信息内容应采取不同的措施，其中，强制性披露是主要的，这一点对我国的证券市场尤为重要，因为目前我国基本上还不具备自愿披露的条件。自愿性披露是重要补充，它主要针对商业秘密、容易导致法律诉讼的信息。

从投资者角度出发，投资者对企业的信息需求是全面而多层次的，研发信息直接反映了企业的研发创新能力以及企业的未来发展前景，自然在投资者信息需求之列。企业为得到投资者的信任并获取投资者的资金就应全面而翔实地披露企业的各类信息，包括企业的研发信息，满足投资者的信息需求，以便其做出正确的投资决策。这就要求企业的研发信息在财务报表及其附注上得到全面而详尽的披露。对于很多高新技术企业，研发实力在某种程度上比财务实力更被投资者看重。因此，企业研发信息的充分披露对投资者合理评估企业的活力和未来发展前景尤为重要，企业的研发水平已经成为投资者的重要的决策依据，这就要求企业不断提高研发信息的披露水平以及不断完善研发信息的披露方式。

第二节

研发活动信息披露的理论解释

委托代理理论、信号传递理论、决策有用性理论和有效市场理论是研发活动信息披露赖以存在的理论基础。其中，委托人与代理人的利益冲突是研发信息披露背后的根本经济动因，而委托代理双方的契约不完备和信息不对称使研发信息披露成为必然。

一、委托代理理论对研发活动信息披露的影响

20世纪60年代后,委托代理理论已经逐渐成为现代经济学的重要组成部分。现代企业制度中所有权和经营权相互分离,所有者拥有企业的所有权,但并不直接参与企业的日常经营活动,而是将其拥有的资源按照一定的条件委托给经营者经营,所有者按照出资比例享有最终的控制权和收益权,经营者则享有对企业财产的处置支配权,这就建立起了一种委托代理关系,委托代理理论也就应运而生。委托代理理论认为,企业是一个契约的结合体,而所有者与经营者间的契约关系则是最为典型的。所有者通过与经营者订立契约,将拥有的资源委托给经营者进行管理处置,进而获得收益。但由于委托人和代理人都会以各自效用最大化为目标,因此他们的目标是不一致的,股东追求的是企业价值最大化,而经营者追求的却是工资、奖金、地位、声誉的提高,同时规避风险,增加在职消费与休闲时间等,当所有者和经营者之间存在信息不对称时,由于经营者负责企业的日常经营管理,因此对企业更加熟悉,他们拥有更多关于企业生产经营活动的信息,而委托人则处于外部信息者的地位,其所获取的信息主要来自经营者的披露,因此经营者就可能会偏离委托人的目标,利用信息优势来牺牲委托人的利益从而实现自身的利益。委托代理理论的任务就是研究在信息不对称的条件下,委托人如何设计相关的激励合同来实现自身的利益最大化。为了保证合同的有效执行,所有者往往会对经营者在一定程度上进行监督,而这种监督是需要成本的,所有者倾向于通过降低经营者报酬的方式来补偿其进行监督的成本。因此监督成本的存在就促使经营者披露更多的信息,报告责任的履行情况以获取委托人的信任,从而降低监督的成本。由此可见,使监督成本最小化是经营者向所有者更为全面详细地披露公司信息的一个重要动力,监督成本越高,经营者就越会自愿披露与公司有关的信息。

研发活动信息最能体现企业的未来发展前景与竞争优势,外部信息使用者要想了解企业的价值,研发活动信息是不可或缺的。但企业的研发活动与生产活动不同,不容易使用常规的指标对其进行量化,研发人员的研发能力和创新思维难以用具体数据来衡量,同时其收益具有不确定性和滞后性,因此研发活动的这些特征都容易被代理人利用来进行短期的操作,增加委托人和代理人间的信息不对称,从而损害委托人的利益。要想减少这种风险,委托人就需要采

取一些措施对代理人进行制约,如监督和激励。但这些行为都会产生相应的成本,在一定程度上会减少企业的利润,经营者的报酬也就相应减少了。因此,代理人在降低监督和增加激励的期望下,会选择披露更多的研发活动信息。

二、信号传递理论对研发活动信息披露的影响

投资者在进行投资决策时,往往会依赖于所掌握的信息,一般掌握的信息越详细越全面,投资决策就会越趋于合理和准确。但证券市场往往会出现信息不对称现象,也就是说一方所拥有的信息多于另一方所拥有的信息。信息不对称理论最早是由经济学家 Akerlof 提出的,他通过对旧车市场进行研究发现,当市场中卖方对车子质量拥有的信息比买方多时,就会导致"劣币驱逐良币"现象,即市场上只剩下低质的产品。这个研究揭示了在信息不对称的情况下,可能会导致市场的无效,导致"逆向选择"。资本市场同样存在着信息不对称现象,主要表现为大股东与小股东之间的冲突问题,股权集中度越高,中小股东和大股东之间存在的利益冲突越大,大股东为了追求自身的经济利益,更容易产生利益侵占行为,损害中小股东的利益。他们往往会隐藏与企业战略发展密切相关的研发信息,采取不披露或少披露的策略,从而轻易获取较多的个人利益。

在信息不对称的情况下,企业通过常见的信号如利润、股利、融资宣告等向外界传递公司的内部信息,信号传递理论在财务方面的应用始于罗斯的研究,他发现拥有大量高质量投资机会的经理可以通过股利政策和资本结构等的选择向潜在的投资者传递信息。该理论研究的是当存在信息不对称时,企业内部人如何向市场传递有关企业价值的信号,从而影响投资人决策,而外部投资人如何根据企业披露的信息进行投资决策,从而影响证券的价格和企业内部人的决策行为。在资本市场中,信息在各主体之间的分布是不对称的,不仅上市公司和投资者之间的信息不对称,而且投资者之间的信息分布也是不对称的。由于投资者可分为机构投资者和个人投资者,机构投资者往往在信息时间、质量、数量上处于优势地位,可以提前知道公司的重大决策,并以此获得暴利。这种信息不对称为上市公司自愿性信息披露提供了理论基础,高质量或有好消息的公司可以通过信息披露向市场传递信号,从而显示自身的竞争优势,与其他公司区别开来。一般来说,业绩好但股票价格却被低估的企业基于自身利益

的考虑会更全面详细的披露自身的信息,向市场传递有关企业未来发展潜力和目前经营的情况,展示公司的竞争优势,从而提高公司的股价。公司对相关信息的披露能够减少投资者的不确定性,提升企业的形象,使投资者愿意投资购买公司的股票,但业绩差股票被高估的企业则没有动力无对更多的信息进行更全面的披露。

如果经营者对企业的研发信息披露较少,投资者对企业研发能力、未来发展前景、竞争优势、风险等就会缺乏必要的了解,也就无法准确评估企业的价值,这样他们就会采取平均定价的方式来应对,这就产生了劣币驱逐良币现象,使具有较强实力的企业得不到青睐。因此,研发实力雄厚的企业就会通过自愿性信息披露自发地向外部传递企业的研发优势,从而以较低的成本筹措到更多的资金,为企业更好地发展服务。当一个公司自主创新能力较强,研发投入较多时,它会主动披露研发信息,向市场传递积极的信号,投资者也会做出积极的反应,在这种情况下,公司就更有动力完善研发信息的披露,改善与投资者的信息不对称,获得投资者青睐,形成良性循环。因此不断完善研发信息披露无疑是吸引投资者对企业投资的一种有效方式。

三、决策有用性理论对研发活动信息披露的影响

上市公司对于研发信息的披露主要在年度报告中显示,作为企业管理层与利益相关者沟通的桥梁,财务报告编制的出发点就是满足投资者对相关信息的需求,为企业外部的利益相关者提供对决策有用的信息,定期向投资者展示企业的财务状况、战略计划、经营成果和发展前景,从而对潜在信息使用者做出正确的投资决策进行帮助。一份完整的财务报告所披露的信息是多方面的,对于反映企业未来竞争优势和发展前景的研发信息来说,完整的披露不仅应该包括研发投入与相关的资金来源,还应该包括研发项目名称、研发项目进行情况、研发项目可能出现的风险和收益,同时,对企业核心研发人员构成、研发基础设施、研发会计政策等方面也应该进行详细的披露。研发信息披露是企业信息披露不可或缺的一部分,为了全面真实地展示自己的核心竞争优势和未来的发展前景,企业应该加大研发信息的披露力度,扩大研发信息的披露范围,为投资者做出科学合理的经济决策提供详细的参考依据。对研发信息进行全面详细的披露能够有利于投资者对企业的未来价值进行客观合理的评价,同时有

利于降低投资者的风险。

四、有效市场理论对研发活动信息披露的影响

有效市场假说最早是由美国芝加哥大学的法玛教授提出的,他将有效资本市场定义为如下市场：即这个资本市场是健全的和有效的,商品的价格完全是由市场作用形成的,能充分体现和反映商品的所有信息,投资者也能迅速准确地获得与某个商品有关的全部信息,并根据这些信息进行合理正确的判断,以决定是否购买该商品。因此,当新的信息出现的时候,价格能够对其做出快速反应,反映出一切相关的信息。从定义可以看出,当一个市场的价格所反映的信息量越大,对信息的反应速度越快,信息披露的质量越高,市场就越有效。但此假说是建立在一系列假设之上的,包括信息披露不会产生任何成本,投资者能看透企业所披露的虚假信息,投资者对风险的偏好程度相同,等等。

同样,一个有效的证券市场中任意时段的证券价格都能够快速有效地反映出与该证券有关的各种信息,此时通过内幕来获得超额的收益的人是不存在的。由于证券市场的特殊性,其有效性与信息的充分披露与否是紧密联系在一起的。当公司的管理层拥有与公司相关的信息时,如果能以较低的成本,甚至无须任何成本对其进行披露,那么管理层就应该及时将这些信息披露出去。公司披露的信息越多越全面越详细,投资者对证券市场就会越有信息。有效市场存在着三种不同的类型,包括弱势有效市场、半强势有效市场和强势有效市场。当一个市场为弱势有效市场时,说明当前市场价格已经充分地反映了与证券有关的历史信息,此时人们无法通过对股票价格进行技术分析来获取超额收益,但还是有可能通过基本分析来获取利润。当一个市场为半强势有效市场时,市场价格已经充分反映了企业的各种信息,对股价的技术分析和市场分析都失去了作用,但内幕消息可以使投资者获取超额利润。强势有效市场是最有效的市场,此时的市场价格已经对企业的各种信息,包括已公布的和未公布的做出了充分的反映,不管通过任何方式,投资者都无法获得超额的收益。

目前,我国的证券市场还处于弱势有效市场的范畴,由于信息不对称的存在,投资者可以通过拥有的有关企业的各种信息优势来获得超额收益。此时,市场的有效性与信息披露的完整详细程度存在正相关关系,也就是说企业对信息披露的越完整详细,市场的有效性就会越高。要想提高证券市场的有效性,就需要

不断建立完善上市公司的强制性信息披露制度，同时也要对自愿性信息披露做出相关指引，这样才能够有效降低企业管理者与利益相关者之间的信息不对称程度。

第三节　研发投入模式及其主要特征

在本书的研究中，笔者认为，研发投入是指企业为保持自身的核心竞争力和独特的竞争优势，以获取经济利益为目的，利用现有的技术知识和人才设备，以研发项目为对象而发生的资金投入。因此，企业研发活动的关键要素是研发人员和资金投入。研发人员为研发活动提供有力的技术支持，而资金投入为持续的研发活动提供重要保障。企业研发投入实际上就是指企业在研发人员和资金上的投入问题。如果企业想要保持独特竞争优势并获取超额利润，加大研发投入提高自主创新能力是其必经之路。资金投入的充足性是企业持续投资研发项目的关键保证。

一、研发投入模式

研发活动过程具有多种组织形式，企业可以根据自身的能力和需求采取适合自己的研发组织形式，可以是单一的，也可以是组合的。企业需要根据自己的能力和需要选择不同的研发方式，常见的有以下四种方式：

（1）企业内部研发模式。也就是说企业将成立独立的研发部门，对研发成果有独享权、专利权和处置权，对研发的过程也能够进行自主的控制。当然，这种方式往往对企业有较高的要求，企业不仅要拥有充足的资金，还需要拥有自己的研发团队，同时能够很好地预测市场需求控制研发风险。

（2）企业合作的研发模式。也就是说企业提供资金，与高校或科研机构等单位合作，研究单位提供相关的设备和研发的人员，双方就利益如何分配、风险如何承担等问题事前做出详细说明。这种形式能够合理降低成本并规避风险，但企业却有可能无法完全获得研究的成果，不利于企业建立核心竞争力。

（3）外部购买模式。也就是说企业直接从外部购买所需的新技术、新产品，或将购买的技术成果进行再研发。这种模式最不利于企业提高自身的研发水平，同时使企业对外部造成依赖。

(4) 委托研发模式。企业与高等院校或者其他科研单位签订研发合同，这些研究机构根据企业的需求进行研发活动，企业负责投资但不参与研发过程，研发成果归企业所有。这种情况之下，企业与研发单位不易及时沟通，研发过程也难以控制，容易使研发成果不是很理想，不能完全适合企业和市场需求，最终影响到企业的研发成本和效益。这种模式对于实力不是很雄厚，自身研发能力不强的企业来说简单易行，不需要自身投入太多的财力，人力和物力，将精力集中在自己的擅长的领域，符合优势互补原则。研发成果的好坏关键要看选择的研发机构的实力以及相互沟通的效率。

二、研发投入模式的主要特征

在本书中，笔者主要研究的是企业内部研发模式，作为企业投资活动的一种，研发活动投入模式具有以下主要特征：

第一，研发活动具有创造性。研发活动是企业生产知识的活动，是企业对新产品、新技术、新工艺的开发和创新，因此创造性是研发活动的本质特征。由于研发活动是在一定市场环境下的创造性活动，因而必然受到市场需求的引导，其行为具有市场导向性。市场需求是创新理念的原动力，只有满足市场需求的研发活动，才能转化出适应市场需求的产品，才能通过市场的检验、获得市场的认可，也才更有可能获得各种融资渠道的资金支持。因此，市场需求既是研发活动的激励因素，也是研发活动的约束条件。

第二，研发活动具有高度的不确定性和风险性。因为研发活动是一种创造性、探索性工作，其结果具有高度不确定性，不仅技术本身具有不确定性，新产品和服务的市场需求、生产过程等都具有不确定性，因而具有天然的高风险性。同时也由于研发活动是建立在激烈竞争的基础上，同时它的成果只有在转化为产品或服务后才有可能产生收益，而目前的市场环境却复杂多变，行业风险、政治风险、技术风险和管理者的决策失误，都有可能导致研发活动半途而废或无功而返。

第三，研发活动具有高投入性。研发活动是一种智力活动，需要一定的资金和人才要素投入才能实现，从研发活动开始到生产出有价值的产品或服务，往往需要很长的一个过程，可能是几年也可能是几十年，因此需要大量的资金投入，而资金的可得性和充裕程度将会影响到研发活动的顺利开展。研发活动的人才要素包括企业家人才和技术人才两类，人才的积极性和才能的发挥程度是决定研发活动效率的重要因素。

第四，研发活动具有高收益性和金融性。虽然研发活动具有较高的风险，但是它一旦获得成功，就会创造出在行业中处于遥遥领先位置的研发成果，这将大大提高企业的核心竞争力，创造出企业的核心竞争优势，为企业带来超额的利益。但是即便在一定的要素投入下，研发活动并不能在当期产生效益，而是在未来产生或有收益。因此，从这个角度上说，研发投入是一种特殊的期权资本，具有金融性。研发活动的驱动力来自企业的未来预期利润，其外在表现则是研发资本的投入、获得的金融支持。资金的供求双方通过研发的金融性实现了实体经济与金融要素的结合。

第五，研发活动具有个体、集体和社会性。研发活动是一种智力活动，个人的灵感对于研发活动来说是至关重要的，因此在研发的过程中需要发挥个人的聪明才智；另外，由于现代研发活动的复杂性，个人的能力往往不能满足研发的需求，这就需要集体的配合；与此同时，研发活动需要依赖于社会的需求，依赖于相关的知识，因此它又具有社会性。

一般来说，为了获得生存和发展，所有的企业都要进行研发活动，只是形式有所区别。为了实现自身的研发目标，企业会对所有可能获取的资源进行有效的整合和安排，而整合和安排的方式就是研发的组织形式。它将对企业是否能够成功开展研发项目以及研发项目的周期长短、成本效益都具有深入的影响。要想判断一个企业的研发组织形式合理与否，就要从以下三个方面来衡量：即企业对研发的过程是否能够进行有效的管理、企业是否实现了研发所需资源与其他资源的优化配置、企业能否准确地把握市场方向并实现预定的研发目标。一旦企业选择了不适当的研发组织形式，企业的研发能力和未来发展机会都会受到较为严重的影响，研发成本会显著增高，企业将会承受较大的风险。

三、研发投入模式与社会环境之间的关系

前文指出研发活动具有社会性，因此企业研发活动面临社会环境约束，在一定程度上存在社会嵌入性风险。研发活动所包括的基础研究、应用研究和试验发展三部分均是围绕科学技术创新展开的一系列创造性活动。由于科学技术具有自然属性同时还具有社会属性，因此研发活动不仅受到自然规律的制约，

同时还受到各种社会因素的制约。研发活动的创新成果有可能推动社会的巨大进步，但同时也可能给社会带来一些潜在的威胁与灾难（例如原子能与核工业技术、转基因与生物克隆技术），可能会给人类社会关系带来巨大的变化，使得社会网络结构和关系发生剧变。因此各种社会环境因素必然会对研发活动提出一定的制约，使之始终处于社会可接受的范围之内。由此可见，研发活动是嵌入在特定的社会环境之中的，与社会环境存在互动，包括社会的政治、法律、经济、文化、生活服务等各种环境，而且总是处于这种社会环境因素的制约之中，这就是研发活动的社会嵌入性，如图2-1所示。

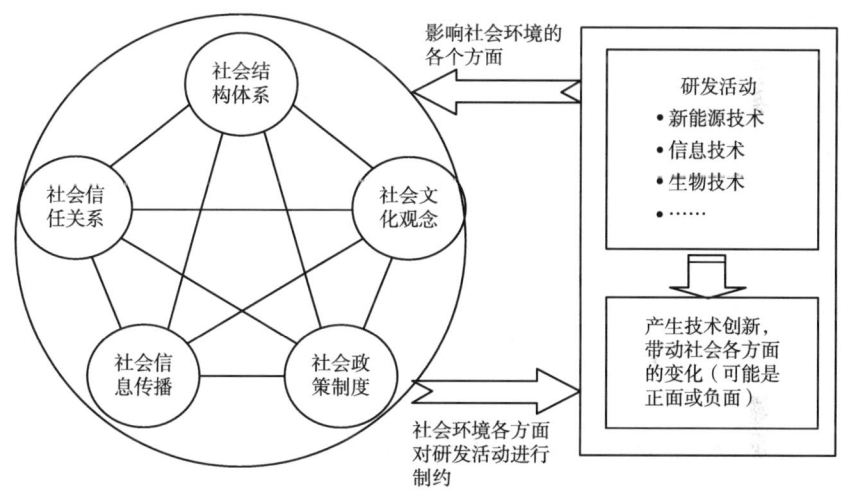

图2-1 研发活动与社会环境之间的关系

面对研发活动的社会嵌入性风险，我们必须建立相应的防范体系。我们首先需要认识到，研发活动具有"社会属性"，要充分意识到研发活动的社会嵌入性风险，对技术创新所带来的各种社会效应要有充分的认识，进而防患于未然。这种事先的防范，包括事先进行安全性检验、做好媒体沟通和普通社会公众教育，并主动接受社会各界的监督，尤其是主动配合政府主管部门建立监督检查机制。要认识到这种监督检查机制不是在制造麻烦，而是为未来更好的发展铺平道路。与此同时，政府监管部门应该负起相应的责任，主动了解技术发展的最新动向，与研发创新部门共同建立监督检查机制，并及时将检测结果向社会公众公开，树立政府的公信力。在媒体宣传管理方面，应该加强对公众的宣传和教育，让普通民众能够接收到多层次多渠道的科普宣传教育，培养人们对新技术产品及其安全性的科学认识。在这方面，媒体自身也应该树立公平公正的态度，提升自身的科学素养，用科学严谨的眼光审视事态的发展，客观公正地履行舆论监督职责。

研发活动具有周期长、风险大、投入成本高的特征，需要企业资源的持续投入。同时，研发活动具有高不确定性，一项研发投入到专利产出大约有 4 年的平均时滞，而从专利到商业化开发还需要 3 年的时间，最后是否能商业化成功还有很大的风险（朱平芳、徐伟民，2003）。任何一个环节的中断都会导致研发投资的巨额沉没成本。

四、我国会计准则关于研发投入的会计处理

我国《企业会计准则第 6 号——无形资产》规定，企业内部研究和开发无形资产，研究阶段的支出全部费用化，计入当期损益（管理费用）。开发阶段的符合条件的资本化，不符合条件的计入当期损益（管理费用）。无法区分研究和开发阶段的，应将所发生的研发支出全部费用化。研究开发项目达到预定用途形成无形资产时，应从"研发支出——资本化支出"转入无形资产。资产负债表中"开发支出"项目，应根据"研发支出"科目所属的"资本化支出"明细科目余额填列。在实际年报披露中，"研发支出——费用化支出"作为"研发费用"列示在利润表中。从 2012 年年报起，研发投入已经纳入"董事会报告/管理层讨论与分析"的强制披露范围。研发投入的相关会计处理流程如图 2-2 所示：

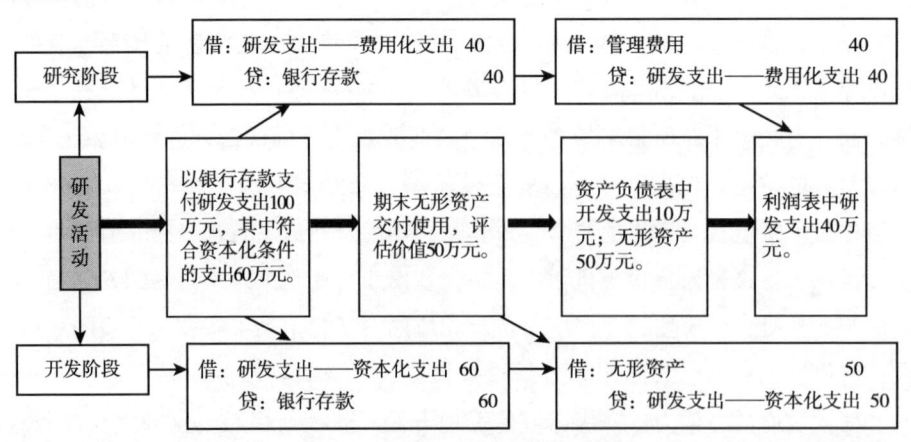

图 2-2 研发投入的会计处理流程

第四节

研发活动信息披露的制度演变

一、研发活动信息披露的制度演变

研发活动信息披露质量直接影响了市场资源能否合理配置。尽管上市公司量化的研发费用披露经历了自愿性到强制性披露的制度变迁,但文本形式的研发信息,如研发计划等内容一直在相关公告要求中有规定,只是管理层披露水平存在很大差异。我国目前对于研发信息强制披露的规则文件主要分为两个层次:财政部颁布的会计准则;证券交易委员会发布的信息披露规则。前者的法律效力强于后者。

(一)证券交易委员会发布的信息披露规则

1. 上市公司年报定期公告要求

主板上市公司年报披露主要依据《公开发行证券的公司信息披露内容与格式准则第2号——年度报告的内容与格式》,这一《准则》在2003~2020年经过多次修订,研发信息披露要求也经历了由定性信息发展到量化信息与定性信息相结合的发展历程,对于变动较大的年份需要追加说明原因。

2003年,《准则》"第三十九条:在公司董事会报告中可以披露新年度的经营计划,包括但不限于收入、费用成本计划,及新年度的经营目标,如销售额的提升、市场份额的扩大、成本升降、研发计划等,为达到上述经营目标拟采取的策略和行动"。2006在《公开发行证券的公司信息披露内容与格式准则第2号——年度报告的内容与格式》中"第八节董事会报告"开始要求企业披露研发活动的具体信息,如年度研发计划、研发活动进展及目标等;2012年在该《准则》的修订版中,明确了公司研发活动应当说明报告期内研发项目的目的、进展和拟达到的目标,预计对未来发展的影响。公司应当说明本年度研发支出总额分别占公司最近一期经审计净资产、营业收入的比例,如相关数据同比变化达30%以上,并且要说明变化的原因。证监会2015年再一次修订该准则,又进一步要求对"研发投入"进行单项披露;在2017年又一次对

《公开发行证券的公司信息披露内容与格式准则第 2 号——年度报告的内容与格式》进行修订，其中在经营情况讨论与分析的第二十七条中明确要求，上市公司应充分披露研发投入，要求公司应当说明本年度所进行研发项目的目的、项目进展和拟达到的目标，并预计对公司未来发展的影响。公司应当披露研发人员的数量、占比及其变动情况；说明本年度研发投入总额及占营业收入的比重，如数据较上年发生显著变化，还应当解释变化的原因；应当披露研发投入资本化的比重及变化情况，并对其合理性进行分析。

《公开发行证券的公司信息披露编报规则第 15 号——财务报告的一般规定》（2014 年修订）应制定与实际生产经营特点相适应的具体会计政策，并充分披露报告期内采用的重要会计政策和会计估计，并结合公司内部研究开发项目特点，披露划分研究阶段和开发阶段的具体标准，以及开发阶段支出资本化的具体条件。在合并财务报表附注中要分项披露开发支出期初余额、期末余额和本期增减变动情况，并披露资本化开始时点、资本化的具体依据、截至期末的研发进度等，以及期末无形资产中通过公司内部研发形成的无形资产占无形资产余额的比例。

《公开发行证券的公司信息披露编报规则第 24 号——科创板创新试点红筹企业财务报告信息特别规定》第八条第四款规定："在财务报告附注中披露开发支出时，需要披露重要开发支出项目的期初余额、期末余额和本期增减变动情况，对于不重要的开发支出项目可以按性质分类汇总披露。"

2. 主板招股说明书要求

主板上市公司招股说明书主要依据《公开发行证券的公司信息披露内容与格式准则第 1 号——招股说明书》，这一《准则》在 2003～2006 年经过两次修订，研发信息披露要求也经历了由定性信息发展到量化信息与定性信息相结合的发展历程。

2003 年《准则》"第八十二条 发行人应披露对其有重大影响的知识产权、非专利技术情况，主要包括：发行人所有或使用的知识产权、非专利技术的名称、用途、价值；发行人所有或使用的知识产权的保护状况，如发明、实用新型、外观设计是否已申请专利；发行人所有或使用的知识产权的剩余保护年限"。《准则》"第八十五条 发行人应披露研究开发情况，主要包括研究开发机构的设置，研究人员的构成，正在从事的项目及进展的情况、拟达成的目标，研发费用占主营业务收入的比重等。与其他单位共同进行研究的，还需说明合作协议的主要内容、研究成果的分配方案及采取的保密措施等。"2006 年《准则》"第四十七条 发行人应披露主要产品生产技术所处的阶段,如处于基础研究、试生产、小批量生产或大批量生产阶段。发行人应披露正在从事的研发项目及进展情况、拟达到的目标,最近三年及一期研发费用占营业收入的比例等。与其他单位合作研发的,还需说明合作协议的主要内容、研究成果的分配方案及采取的保密措施等。发行人应披露保持技术不断创新的机制、技术储备及技术创新的安排等"。

3. 创业板招股说明书要求

根据《公开发行证券的公司信息披露内容与格式准则第 28 号——创业板公司招股说明书》(2014 年修订)中规定发行人应披露以下几项核心内容:

"①主要产品或服务的核心技术及技术来源,说明技术属于原始创新、集成创新或引进消化吸收再创新的情况,核心技术与已取得的专利及非专利技术的对应关系,以及在主营业务及产品或服务中的应用,并披露核心技术产品收入占营业收入的比例;②与其他单位合作研发的,还需说明合作协议的主要内容、研究成果的分配方案及采取的保密措施等;③最近三年及一期研发费用的构成、占营业收入的比例;核心技术人员、研发人员占员工总数的比例,所取得的专业资质及重要科研成果和获得的奖项,披露最近两年核心技术人员的主要变动情况及对发行人的影响。"

《公开发行证券的公司信息披露内容与格式准则第 30 号——创业板上市公司年度报告的内容与格式》(2012 年修订)规定在董事会报告中研发投入项目部分,公司应说明本年度所进行研发项目的目的、项目进展和拟达到的目标,并预计对公司未来发展的影响。公司应说明本年度研发支出总额及资本化的比重、研发支出占营业收入的比重,如数据较上年发生显著变化,还应解释变化的原因。

(二) 会计准则的披露要求

研究开发费用的会计处理在 2007 年之前一直都是费用化处理,发生时直接计入当期损益。直到 2007 年我国颁布新《企业会计准则第 6 号——无形资产》才对研究开发费用作了明确的规定。对企业的研究与开发活动支出明确规定,"企业内部研究开发项目的支出,应当区分研究阶段支出与开发阶段支出。其中,研究阶段的支出,应当于发生时计入当期损益;开发阶段的支出,在同时满足五个条件的情况下可以资本化①,研发活动结束后转入无形资产"。"自行开发的无形资产,其成本包括自满足《企业会计准则第6号——无形资产》第四条和第九条规定后至达到预定用途前所发生的全部支出总额,但是对于以前期间已经费用化的支出不再调整。"另外,《企业会计准则第6号——无形资产》首次对企业研发支出的信息披露进行了规范,要求企业对研发支出金额进行披露,并分别对计入当期损益的和确认为无形资产的研发支出金额进行披露,并规定作为非流动资产的"开发支出"单独列示在企业的资产负债表中。就信息披露内容与格式的要求主要体现在定期公告、招股说明书中。

尽管我国《企业会计准则第6号——无形资产》对研发支出的处理分为研究阶段和开发阶段,研究阶段发生的支出计入费用化支出,开发阶段符合资本化条件的部分计入资本化支出。但在实际操作中,由于研发业务的复杂性,研究和开发阶段的区分存在一定主观性,开发阶段的支出是否满足资本化的五个条件也很难做出客观合理的判断。这会导致研发支出的会计数字很大程度上依赖于会计人员职业判断和企业管理者裁决,为企业盈余管理提供了操纵空间。

从会计准则关于研发信息披露的几次修订来看,研发费用资本化的历史从2007年新会计准则颁布开始,要求上市公司单独列示"研发支出"则是从2012年开始,而相关文字内容,如研发计划等信息的披露规定却早在2003年就有规定,只是文字性描述内容仅限于指导性框架,管理层是否披露,以及披露到何种程度存在自由裁量权,具有明显的选择性倾向。总之,从以上制度变迁可以看出,研发信息披露制度正在逐步规范当中,正在由自愿性披露向强制性与自愿性相结合的披露方向转变。而且监管部门对企业研发活动最低限度的披露内容也做出了强制性规定,要求企业更加全面地披露研发信息。

---

① (1) 完成该无形资产以使其能够使用或出售在技术上具有可行性;
(2) 管理层具有完成该无形资产并使用或出售的意图;
(3) 无形资产产生经济利益的方式,包括能够证明运用该无形资产生产的产品存在市场或无形资产自身存在市场;无形资产将在内部使用的,应当证明其有用性;
(4) 企业有足够的技术,财务资源和其他资源支持,以完成该无形资产的开发,并有能力使用或出售该无形资产;
(5) 归属于该无形资产开发阶段的支出能够可靠地计量。

二、研发活动信息披露的潜在风险

研发活动是企业价值的创造过程，具有极大的风险性和不确定性，研发项目的成败关系到企业的未来走向甚至生死存亡。研发活动的特殊性决定了研发信息披露不同于企业其他信息的披露，它具有自身的特点，大部分研发信息往往带有预测的性质，并且很多研发信息会涉及商业秘密。由于研发信息的特殊性，如果披露稍有不慎，就会给企业带来巨大利益损失甚至影响到企业的声誉。研发实际情况与披露信息有偏差可能误导投资者并造成投资者损失，结果让企业陷入法律诉讼。研发信息披露过多或者不得当，很可能让竞争对手有可乘之机侵害企业利益或者造成技术秘密和商业信息的泄露给企业造成严重损失。基于此，企业应当权衡利弊，保持积极且谨慎的态度，在不损害企业自身利益的条件下，对研发信息进行尽可能完整而详尽的披露，舞好研发信息披露这把"双刃剑"，既维护好企业的良好形象，又增长投资者对企业的信心，争取在市场竞争中占据优势地位，提高企业的未来价值。

研发投入是企业重要的投资活动，关系到公司未来发展与前景。研发活动属于公司商业秘密的一部分，若进行无保留的信息公开，则将不利于公司价值的最大化。有众多学者指出，由于知识产权保护动机，上市公司有较弱的动机对研发活动进行信息披露。对于披露研发活动所能够带来的负面效应或潜在风险，现阶段主要有以下几种观点：

第一，知识产权侵权风险。我国知识产权保护法对于侵权行为的界定尚以"被侵权的知识产权项目是否获得专利认证"为标准，但对于尚在专利认定期间和未申请专利的知识产权项目，则缺少相关法律条款保护。由于研发活动具有外部性，容易引起竞争对手"搭便车"（Upadhyay and Zeng，2017）。若公司对研发活动进行披露，就会使得一些具有雄厚实力的竞争对手了解研发项目进程，并分析项目未来市场前景，若具有良好的发展潜力，则他们就会利用资金和技术优势抢先一步对项目进行研发和注册。

第二，技术外溢风险。研发活动的外部性使得其具有较强的溢出效应，公司很难独占成果的全部收益和市场份额（杨兴全等，2016）。即使公司获得了专利认定，我国知识产权保护法还缺少对仿制品和替代品的相关处罚条款，而且专利认定需要对专利的配方等内容进行公开，这些内容的公开在某种程度上为仿制品和替代品的出现打开了方便之门。这样一来，公司研发出的产品在进入市场后立即会出现仿制品和替代品，并以低价与公司产品展开竞争（寇宗来等，2007），这一特点在生物、电子和食品等行业体现得尤为明显。

第三，法律诉讼风险。对研发活动的公开可能会暴露公司的后续研究进程，吸引"专利流氓"的关注。有国外学者发现近几年"专利流氓"向法院提起专利侵权诉讼的数量激增（Hagiu，2011；Geradin et al.，2011），"专利流氓"是指不从事研发活动，但聚集一些具有专业背景的技术人员通过剽窃、间谍活动窃取知识产权信息，并抢先注册类似专利或技术的公司。当受害公司在后续研发阶段涉及这些被提前申请专利的内容时，"专利流氓"就会提起法律诉讼，并要求对方赔偿。由于各国监管部门均对上市公司的研发活动做出了信息披露要求，而研发活动的外部性使得这些"专利流氓"可以方便地获取这些信息（潘越等，2016）。

第四，披露研发活动还会产生"黑暗森林"效应。由于研发是公司在未来市场竞争中占得先机的关键因素，对研发活动的如实披露很有可能会显现利润空间（Chen et al.，2017）。有研究表明，有不少公司持有大量现金从事"捕食行为"，他们关注于高新技术行业的研发活动，一旦发现某项研发活动具有利润空间，他们就会快速介入，与目标公司展开竞争。而从事研发活动的公司将被迫持有更多的现金进行防御，这不仅不利于研发活动的进程，还会因公司治理的不完善而导致由增加现金持有所带来的经营风险和代理问题。此外，当暴露利润空间后，公司将承受更大的政策性负担和社会责任，这对于一些成长型企业是不利的。

由于研发活动具有创造性、风险性、高投入性、高收益性等特点，研发活动项目的成败与企业的未来发展息息相关。而研发活动的这些特殊性也决定了研发信息披露有别于其他信息披露，具有其自身的特点。首先，披露企业研发信息有助于投资者了解企业研发投入水平及其研发产品技术的实力，并据此预测企业的发展潜力和未来的盈利能力，从而相对准确地评估公司的价值；同时展现企业的核心竞争力和发展前景，使企业以较低的成本获得大量资金以支持研发活动。其次，研发信息往往会带有预测的性质，如果披露的信息与企业实际情况有一定的偏差，企业就会因涉嫌误导投资者，造成投资者损失而陷入法律诉讼。最后，由于研发活动的重要性，研发信息往往也会涉及很多商业秘密，如果披露过多或者不当，就会被竞争对手得知并采取相应的应对措施，侵害企业的利益,这就会对企业带来巨大的损失,使企业陷入困境,甚至对企业的声誉造成巨大影响。因此,企业在对研发信息进行披露的时候往往会采取谨慎的态度,权衡利弊,希望能够增长投资者对企业的信心,提高企业价值,同时也尽可能地把对企业的损害降到最低。

三、研发活动信息披露的内容与形式

随着投资者的素质不断提高,他们对企业信息披露的要求也逐渐提高,往往要求企业全面详细地披露各种信息。而研发信息直接反映了企业的竞争优势和未来发展前景,自然得到投资者的广泛关注。为了取得投资者的信任并以较低的成本满足融资需求,企业就需要在年度报告中全面而详细地披露研发信息。对于上市公司中的高新技术企业来说,研发项目往往代表了它未来的发展前景和竞争优势,因此其自身的研发实力在很大程度上会被投资者所重视,企业研发信息披露是否详细、是否全面对于投资者合理评估企业的未来发展前景和收益进而做出重要的投资决策具有重要的意义。这些都需要企业不断地提高自身的研发信息披露水平,不断完善研发信息披露的各项目。目前,我国的信息披露主要以强制性信息披露为主,但强制性信息披露已经远远无法满足投资者对研发信息的需求,这就要求企业在此基础上增加自愿性信息披露的范围,但很多上市公司却狭隘地认为研发信息就是研发费用方面的信息,实际上它还包括研发项目进展、研发人员、研发风险、研发会计政策、研发基础设施、研发专利等其他内容,具体来说可分为如下几类:

(1)研发费用信息。研发费用不仅仅指企业为了研发活动所投入的资金总额,它还包括研发资金的构成情况,也就是说它的来源,同时,企业还应披露近三年研发支出占主营业务收入比,同时将自身的研发支出与竞争对手相比,从而让投资者对企业有详细的了解。

(2)研发项目相关信息。研发项目是指企业目前正在进行研究的项目,它反映了企业未来的发展前景,因此企业应对其进行详细披露,具体包括各研发项目的名称、具体支出金额、目前各项目的进展情况、预计完成时间、它将给企业带来的经济效益和风险、企业研发的专利等。

(3)研发人员信息。研发人员是企业的智利资本,企业研发能力的大小很大程度上取决于人员素质的高低,因此对研发人员的相关信息进行披露能够展示企业的竞争力,有利于企业的发展,具体包括研发人员数量、研发人员素质、研发人员培训等方面信息。

(4) 研发战略及计划。包括企业未来的研发战略、研发计划、未来研发项目描述和项目投资金额等信息。

(5) 研发基础设施相关信息。包括企业研发部门设置及职能描述、企业研发中心研发设施建立等信息。

(6) 研发会计政策。研发费用确认和计量所采取的政策,研发阶段的区分等信息。

综上所述,关于年报当中研发活动信息披露的内容与披露位置如表2-2所示。

表2-2　　　　　　研发活动信息披露形式

披露性质		披露内容	披露位置
定性披露	研发项目基本情况描述	项目进展,拟达到的目标和预计对公司未来发展的影响	管理层讨论与分析
		研发项目资本化时点	财务报表附注
	企业内部研发政策	研究开发阶段划分依据和研发支出资本化条件	财务报表附注
定量披露	研发投入情况	研发人员数量及比例	管理层讨论与分析
		研发投入及比例	管理层讨论与分析
		管理费用中包含的研发支出	财务报表附注
		现金支付的研发支出	财务报表附注
	研发支出资本化情况	资本化金额及比例	管理层讨论与分析
		开发支出列报期初和期末余额及按项目列示当期发生额	财务报表和附注
		研发形成的无形资产占无形资产期末账面价值的比例	财务报表附注

研发活动的信息披露相较于一般活动信息披露的难度更大。首先,过多的信息披露可能造成研发资源的外泄,更容易被竞争者获知和模仿。许文瀚等(2019)认为由于研发活动具有创造企业资源,因此应当具备独占性特征,即研发活动成果可以由企业独享。公司出于保护知识产权的目的,必然不希望披露过多研发活动信息。其次,杨汝梅等(1993)强调无形资产具有了高风险性和高不确定性的特征,这也与研发成果的特征相符合。企业在披露这类高风险性投资的过程中,必然会考虑不确定性对于市场和投资者的影响。最后,为

了促进企业提升研发信息披露质量,就必须要分析和了解企业研发信息披露的动机,才能有针对性地设计研发信息披露规定,引导企业积极规范地披露研发信息,辅助资本市场资源合理有效配置,为加快建设创新型国家的战略保驾护航。

然而,在现阶段监管规则日趋严格的背景下,上市公司必须对研发支出以及专利获取情况进行说明,否则将被视为信息披露违规,将遭到证监会问责,损害公司声誉。但是证监会的信息披露规定尚未涉及年报文本信息。年报文本信息是补充与解释数字信息的文字内容,与数字信息相比,它的信息含量更高。一方面是由于语言文字的多样性使得文本信息能够传递更多数字信息难以表达的公司内部信息,如未来前景、社会责任、并购重组、风险等(Li,2010);另一方面是由于文字相比于数字更具可理解性,尤其是在广大中小投资者不具备专业财务分析知识的背景下,他们在接受财务数字信息时通常需要文本信息描述或是市场分析师的解读(Hauspie et al.,2016)。但是在可靠性方面,文本信息相比于受到严格监管与审计的数字信息处于劣势,有研究表明文本信息是带有较强管理者主观成分的,其真实性受到管理层动机的制约,存在机会主义的上市公司管理层可以借助年报文本来传递误导性信息,以达到其目的(Baginski et al.,2016)。

四、我国研发活动信息披露体系存在的问题

研发活动是企业获得竞争优势的来源。研发活动信息披露具有提升资本市场定价效率的潜在能力,并能够间接降低企业研发活动的融资成本,提升研发活动效率。但是,我国上市公司研发活动信息披露起步较晚,有关研发活动信息的强制披露始于2006年的新会计准则,在此之前研发活动信息披露并没有受到公司的重视。之后尽管披露仍存在诸多问题,但总体来看研发活动信息披露的质量一直处于不断改善之中。从整体上看,研发活动定量信息的披露水平相对较高,而定性信息的披露水平较低。关于研发活动的信息披露大致存在以下问题:

1. 强制披露定义清晰度不足

从我国目前关于研发信息强制披露的法规体系来看,尽管对于研发信息的披露提出了最低强制披露标准,但对于研发信息披露项目的定义不够清晰。首

先，是会计准则中关于研发活动研究阶段与开发阶段的划分，只是给出了两个阶段的定义，可读性不强。相比之下《国际会计准则第 38 号——无形资产》（IAS 38）中采用了举例列举的方法对两个阶段做了明晰的界定。其次，我国会计准则中对研发支出的构成没有明确的分类界定，仅仅在第六条做出定性要求。因此我国上市公司研发支出的确认可操作性不强。而《美国财务会计准则第 2 号——研究与开发费用的会计处理》（SFAS No.2）中则对研发支出的构成进行了比较详细的分类界定。最后，我国会计准则虽然列出了开发支出资本化的条件，但这些条件均是原则性的软性条件，仍然有相当的自由裁量空间，这个方面国际会计准则也存在同样的问题。

比如，我国部分上市公司研发支出未按照准则规定进行资本化处理，将研发流程中调研阶段、立项阶段确定为研究阶段，但在部分研发项目已经进入验收试制阶段的情况下，近三年资本化支出金额却为 0。甚至有些公司研发项目已经进入到开发阶段，乃至进入到全国推广阶段的情况下，而近三年资本化支出金额也为 0。另外，研发支出的有条件资本化处理规定对上市公司财务人员的技能水平也提出了很高的要求，会计处理正确与否往往取决于上市公司财务人员能否严格执行准则，因此，研发信息的准确披露对财务人员的职业素养提出了更高的要求。

2. 自愿披露为主，强制披露为辅

对于上市公司的信息披露是采用强制披露还是自愿披露，不管是监管实践还是理论界均存在分歧。自由市场理论支持者相信在"看不见的手"的驱使下，通过理性投资者的交易活动，市场会实现均衡状态，此时信息会自动充分披露而自愿配置达到有效。而管制论者则认为由于会计信息的"公共产品"属性及市场失灵的存在，市场无法通过自身调节达到均衡，因而必须通过法律法规强制上市公司进行信息披露以降低市场的信息不对称，改善市场信息环境。"看不见的手"尽管听起来很完美，然而金融史上几次主要资本市场的大崩溃（如 1929 年纽约股票交易所）表明管制论者不无道理，因此实践中往往强制披露与自愿披露共同存在构成信息披露体系。而且强制披露与自愿披露之间可能会随着市场的发展而相互转换。而目前来看我国资本市场关于研发信息的强制披露内容覆盖面非常狭窄，基本以研发投入相关的数字化信息为主，如研发投入金额，资本化支出的金额，研发投入强度（研发投入金额与主营业务收入之比），其他资本市场如美国会计准则和国际会计准则的强制披露也同样如此。这样的强制披露信息量显然无法完全满足投资者的分析需要，美国财会准则委员会（FASB）也承认披露额外的更多研发信息应该会对投资者有帮助，而没有扩大研发披露范围的原因在于有的信息如"其他机构完成的研发成本"与"利润表中研发费用的具体细目及数额"等数据往往难以获取，而有的信息如"单个研发项目的实质内容、数据和成本；获取专利的内容与数据；研发项目的规划"等内容往往不存在客观标准，即便通过审计也难以核实其真实性而且有些超出了财务信息的范畴。基于这些原因，当前世界资本市场的研发信息披露体系中强制披露的内容少而单一，众多对于投资者更为有用的研发信息需要依赖于公司的自愿披露。但从我国资本市场的信息披露实践来看，资本市场的成熟度低，难以发挥"看不见的手"的调节作用，上市公司普遍存在自愿披露激励不足的问题。比如在2007年新的无形资产会计准则出现之前，很少有上市公司披露研发信息，少量公司的披露所采用的方式、格式都极为混乱，严重影响了研发信息作用的发挥。因此，对于我国的研发信息披露体系是否完全借鉴美国或欧洲的做法，尚需要进一步研究。

第三章

文本信息的度量方法、制约因素与经济后果

第一节 文本信息的特点与披露要求

一、文本信息披露的概念与披露载体

(一) 文本信息的概念

文本信息即非财务信息，主要以定性的文字描述为主。文本信息是与财务信息相对的概念，在上市公司披露的信息中，本书把以数值形式披露的内容定义为财务信息；而把所有以中文文本形式披露的内容定义为文本信息。从披露的要求上来说，文本信息既有属于强制性披露范围，如公司基本信息、股东信息、管理层讨论及分析等；也有属于自愿性披露的信息，如长期战略、社会责任、环境保护等。从披露的要求和限制条件来看，财务信息属于证监会强制规定披露的内容，相关财务数据的披露不仅有严格的要求同时还需要经过专业机构的严格审计，因此财务数据披露较为规范，披露的内容也较为真实和准确。而文本信息无论是否属于强制披露范围，由于其文本载体形式的特殊性导致无法设立明确和细致的标准进行限制，上市公司在进行披露时就可以有意识地组织语言和选择措辞。自愿性信息披露更无限制，全凭公司自己意愿进行披露。文本信息披露的种种特点使其具有更多的特征，也就更存在研究和分析的必要。

（二）信息披露的概念及分类

信息披露主要是指上市公司以招股说明书、上市公告书以及定期报告和临时报告等形式，把公司及与公司相关的财务状况、经营成果和现金流量，以及重大事件和未来发展等相关信息，向投资者、债权人及其他社会公众公开披露的行为。披露的地点为公司网站、证监会官方网站和权威网站（如巨潮资讯网、新浪财经网）等。

从信息披露的约束条件来看，信息披露分为强制性信息披露和非强制性（或称自愿性信息披露）。所谓强制性信息披露就是由证监会规定的必须披露的形式和内容，一般包括公司概况及主营业务信息、基本财务信息、重大关联交易信息、审计意见、股东及董事人员信息等基本信息内容；所谓自愿性信息披露就是公司根据自身情况可以自主选择披露内容及形式，如长期战略及竞争优势的评价、社会责任、环境保护、盈利预测、前瞻性预测、公司治理效果等信息。从披露的性质和内容上来看，信息披露又可以分为财务信息披露和非财务信息披露。其中，以数值形式披露的信息定义为财务信息披露，如年报中的经营、成本、盈利等数据信息；而把所有以中文文本为载体披露信息定义为非财务信息披露（本书称为文本信息披露，如公司基本信息、管理层讨论与分析、社会责任等）。

（三）信息披露的载体及范围

信息披露载体就是公司定期发布的年报、半年报和季报，尤其是年报中的财务报告是投资者、监管层、证券分析师等使用者最为重视的信息渠道。财务报告包括财务报表（资产负债表、利润表、现金流量表和所有者权益变动表）和报表附注，这些信息即为财务报告数据信息（简称财务信息）。此外，年报中还包括公司基本信息、股东变动及股东情况、董事会报告等信息，本书将这些财务信息之外的信息称为文本信息。随着信息披露规则的不断强化和细化，一方面很多自愿性信息逐渐纳入强制披露范畴，另一方面许多强制披露的信息由于定性描述、规则不详等原因，管理层在披露中虽然没有选择披露与否的权力，但可决定披露多少。比如从2012年的年报开始，企业必须在董事会报告一章的主营业务分析中必须披露研发投入等项目的同比变动情况及原因，在之前的年报规则中并无此要求。但在实际披露的2012年年报中，公司对于研发投入相关信息披露的详尽程度各不相同。

二、文本信息的披露要求

文本信息披露规则多强调披露的内容要点,而对于披露的形式、数量和准确程度都没有明确的规定,公司在进行披露时在这些方面都有很大的选择空间。在实际年报中,不同公司按照同一项规则披露出来的内容数量和形式会有很大差别。而且文本信息即非财务信息缺少财务信息那样的公开数据库,这极大地影响了研究样本的选择。因此,文本信息披露的实证研究面临的第一难题就是如何进行度量,早期的手工打分法效率低下,近期的研究借助计算机软件和专业词典,将内容分析法在信息披露研究中的应用推向了一个新的高度,字数、语句数、内容覆盖面、语气、可读性等都成为文本信息的特征维度。受限于国内披露实际,本书关注于文本信息中的前瞻性信息,通过前瞻性信息的字数、语句数、内容覆盖面来表示文本信息披露水平,并借助 Python 网络爬虫软件来实现对相关信息的提取、检索和统计。

由此可见,文本信息虽然也有明确的披露规则,但实际披露中更接近于自愿披露,所以研究中更多关注其披露决策。

三、文本信息披露的特点

随着计算语言学、文本挖掘和机器学习的研究取得重大进展,将定性的文本信息压缩为简单的文本特征有了可使用的工具,这不仅降低了文本信息的衡量成本,而且提高了文本信息的研究效率。基于文本内容分析法的研究显示,文本信息质量会直接影响投资者对公司价值的判断。

(一) 文本信息披露的有用性

Glosten and Milgrom(1985)建立了一个分析证券市场的理论模型,作者认为逆向选择本身可以解释买卖价格之间存在的价差,而这个价差的平均大小取决于许多参数,核心就是关于交易相关的"信息",而更多的信息披露将有助于降低信息不对称从而减少买卖价差。因此,无论是财务信息还是文本信息,都是公司对外传递的重要信号,投资者都会重点关注和认真分析并作为投资决策的重要依据。Amir and LEV（1996）研究了美国通信行业公司的财务会计信息和文本信息与公司价值的相关关系，发现财务信息在很大程度上与证券估值无显著相关关系；但是文本信息指标与公司价值却显著相关。同时，当结合公司披露的文本信息后，相关财务信息才能够更好地解释公司价值，因此作者强调财务信息和文本信息之间具有重要的互补性。Bryan（1997）的研究表明，结合财务报表中 MD&A 部分披露的文本信息，特别是披露的相关未来运营和资本支出信息，可以有助于评估公司的未来（短期）前景。此后的研究中大量文献从各个方面都证实了非财务信息披露的有用性。如 Davis et al.（2012）、Jegadeesh and Wu（2013）、Henry and Leone（2016）以披露文本的语气和语调作为研究对象，发现披露的这些文本信息和投资者市场反应具有显著的相关关系。Li（2010）和 Mus lu et al.（2014）则是以 MD&A 部分中披露的前瞻性信息为研究对象，证明了前瞻性信息和公司未来盈余具有显著的相关关系。Bozanic et al.（2018）研究发现以定性形式公布的前瞻性信息不仅会对公司未来经营产生影响，同时投资者和分析师也会对这部分信息产生显著的反应。Chen et al.（2018）以 1998~2011 年客户公司发布的 34648 个"非捆绑"前瞻性信息披露（MEFRs）文件为样本，研究发现客户公司盈余预测报告的文本披露质量（以可读性衡量）与供应商的投资效率呈显著的正相关关系。

在国内的相关研究中，大量的学者也进一步证实了文本信息所具有的"有用性"，如：李锋森和李常青（2008）证明了文本信息披露对未来销售收入和经营现金净流量的变化、每股盈余的预测可以起到显著的作用。孟晓俊等（2010）则证实了诸如"企业社会责任"等非财务信息的披露将有利于降低信息不对称问题，进而可以显著降低资本成本。程新生等（2012）和谭有超（2013）发现文本信息的披露可以缓解投资不足从而提升企业的投资效率，这种关系是通过"外部融资"来进行调节的。袁东任（2015）研究发现，企业信息披露质量的提高（包括财务信息和文本信息）还可以促进企业的研发投入。黄艺翔和姚铮（2016）以社会责任报告为研究对象发现：投资者会显著受到管理层文本信息披露时的有意识印象管理的影响林乐（2015）、丁弘（2015）和包燕娜（2017）等还证明了非财务信息的披露对公司未来业绩预测具有显著的正向作用，说明了文本信息披露有效传递了公司未来发展和可能业绩表现的相关信息。

（二）文本信息披露的可操作性

由于文本信息所具有的信息含量已经得到了理论界和实务界的公认，因此作为信息的披露者，上市公司在进行文本信息的披露时也就不得不引起重视。披露的内容、时机、策略等等方面都需要仔细斟酌，下一番功夫。而以文本形式为载体的文本信息的特点又决定了管理层可以在语言的组织和披露选择上"有所作为"，相关文献的研究也证实了这一点。

Adelberg（1979）用会计信息披露中以文本为形式的叙述性信息的可读性来衡量财务报告的可理解性，文章发现当公司的业绩较差时，管理层会有意识地在文本披露中加入更多的专业术语以降低其可读性，从而希望分散信息使用者的注意力，削弱业绩较差带来的不良影响。Clatworthy and Jones（2003）的文章也认为信息披露中对相关财务会计信息的文字描述已经成为一种日益重要的财务沟通手段，它们在公司年度报告中发挥着至关重要的作用，使公司管理层能够以便于解读的方式向用户展示年度绩效。文章研究表明，这种以文本形式展示的会计叙述是未经审计的，因此可能受到印象管理。作者发现被调查公司无论是业绩改善还是业绩下降，都倾向于强调其业绩的积极方面。此外，这两个群体更喜欢把好消息归功于自己，而把坏消息归咎于外部环境。赵敏（2007）发现，由于文本信息披露格式灵活，语言也可以有意识组织调整，因此管理层会试图通过语言的组织来达到影响信息使用者的判断和投资决策行为的目的。Li（2008）用FOG指数和文件长度作为上市公司年度报告可读性的衡量指标后研究发现，公司的业绩和对应年度报告的可读性显著相关。即当公司的业绩较差时对应的年度报告更难阅读（FOG指数更高，文本更长），而当公司有更为持久的正收入时年度报告也更容易阅读。Allee and Deangelis（2015）探讨了文本信息披露的语调离差与公司业绩之间的关系，以评估是否能通过语调离差来够洞察管理者的自愿披露和用户对这些披露的反应。结论表明，积极和消极语气词的语调离差与公司当前绩效和未来绩效、经理的财务报告决策、高管的激励和行动有关。黄艺翔和姚铮（2016）发现，公司的业绩是决定社会责任报告印象管理的重要因素，特别地，业绩较差的公司有更多的动机进行印象管理，这一结果在重污染行业表现得更加明显。进一步分析后发现，投资者会受到相关印象管理的影响。此外，Courtis（2004）、Jones（2011）和戴慧婷（2014）等学者还发现管理层还可以利用颜色、图表等工具和手段对披露的信息进行修饰,以期达到传递特定信息的目标。

通过对文本信息披露的有用性和文本信息披露的可操作性进行分析后可以发现,文本信息的信息含量、文本信息披露对信息使用者的价值、文本信息披露的投资决策有用性已得到了广泛认可,因此管理层在披露文本信息时有动机进行有意识调整和措辞选择来达到既定目的。从上市公司进行文本务信息披露的角度来说,其又可以通过措辞的选择、不同消息的组合、披露时机以及颜色和图表等工具的使用来达到对投资者印象管理的目的。基于文本信息披露的有用性及上市公司在进行文本信息披露时的可操作性,无论从信息披露理论研究还是资本市场实际应用角度上来讲,文本信息披露都值得深入研究和分析,同时也存在深入探究相关参与方(上市公司和投资者)行为特征的必要。

第二节

文本信息的度量方法

一、情感倾向的度量

从理论上说,如果上市公司在信息披露中传递出较高质量的会计盈余,就意味着公司本年度经营情况较好,从而会引起市场的正面反应,有助于公司股价的提升,降低公司股权融资成本。然而,随着投资者对上市公司盈余管理认识程度的不断加深,披露较高质量的会计盈余如果不能结合合理的业绩变动原因,那么投资者将减弱对好消息的反应。也就是说,更高质量会计盈余的披露,其所需要解释的内容也越多。因此,在信息披露当中,数字信息与文本信息是相辅相成的。

具体来说,文本信息并不是上市公司管理者随意发布的,而是通过公司在某一个较长观测时期里的经营情况而定的:当业绩上升时,造成业绩变动的原因必然是乐观的;当业绩下降时,造成业绩变动的原因必然是悲观的。然而,从实际情况来看,由于文本信息不受到会计准则的约束,并较少受到来自监管的压力,致使管理者可以根据自身需要,策略性地进行信息内容安排。例如,当公司遭遇业绩下滑时,往往是由于公司经历了不利的经营情况,文本信息将不可避免地表现为悲观。但管理者认为这种不利的经营情况只是暂时性的,在短期内就会有所缓解。那么在文本信息披露时,为了减少不利信息对公司股价产生的冲击,管理者就会向市场释放未来情况即将好转的积极信号,此时文本信息的悲观情绪将有所缓解。当管理者存在机会主义动机时,上述情形将更加严重,也就是说管理者明知道公司正处于内外部交困的环境下,还是发布了与实际业绩不相符合的文本信息,刻意渲染乐观情绪,以求稳定投资者情绪,为大股东的内幕交易赢得时间。

研发活动类相关关键词包括"研发支出""研发""创新""研究""开发""研制""科研""预研""设计""创造""实验""试验""技术""专利""工艺""新项目""新产品""新业务""知识产权""科技成果""科技投入"等词汇。鉴于文本信息情感倾向的重要性,国内外有众多学者对该指标进行了量化。借助 Python 等编程软件,学者们抓取了上市公司年报文本信息,分别提取乐观词汇和悲观词汇。其中,乐观情绪词语被定义为诸如:增加、增长、上升和提高等表示量增的词汇;悲观情绪词语被定义为诸如:减少、减小、下降和降低等表示量减的词汇。这种方法被称为"词袋法",国内研究一般选取 50 个词语作为词袋,利用 Python 在年报当中提取目标词汇。目前,国内外研究对文本信息情绪倾向的度量均是根据以下公式:

$Tone$ = (乐观词语数 – 悲观词语数)/(乐观词语数 + 悲观词语数)

这种方式的缺点在于无法判断情绪词语和某些专业术语结合后,语义是否发生反转。具体而言,当费用类会计科目与量增类情绪词汇结合时,原本定义为乐观的量增类词汇此时却表达着费用增加的语义,此时明显不应为乐观。

此外,Huang(2014)指出,由于情绪倾向可以刺激投资者情绪的上升,因此管理者可能会刻意散播乐观情绪来影响市场。学者将文本信息的这种异常情绪倾向定义为语言管理,即过度的使用乐观情绪词语,使得文本总体情绪倾向呈与数字信息不相匹配的乐观态度。在对语言管理的研究方面,Huang(2014)对美国上市公司的业绩快报进行了研究,他们将文本信息分为正常乐观情绪和异常乐观情绪,其中异常乐观情绪代表管理者的语言管理,他们发现异常乐观情绪程度越高,公司的未来业绩和现金流往往越差。这一现象在业绩表现与行业平均程度相当的公司中更加显著。曾庆生(2017)通过实证研究发现年报中的乐观情绪暗示着未来的内部人交易,即管理者是"口是心非"的,一方面在年报中使用乐观词语大肆渲染未来良好的发展前景,另一方面准备等公司股票上涨时进行抛售。

二、可理解性的度量

可理解性是学术界度量年报文本信息的另一个指标。在年报当中，可理解性反映了投资者对信息的接受和处理速度，代表着信息传递效率。如果年报的可理解性较低，则信息在市场上的传递效率就较低。此时对投资者来说，由于其面临的信息具有较高的不确定性，从而导致对公司价值的判断就更加离散，具体表现为信息发布后股价调整速度较慢和股票误定价。在正常情况下，根据会计准则中的可理解性原则，即使上市公司所面临的经营情况较为复杂，管理者也会为了提高信息传播效率去采用便于理解的语言文字来对复杂的经营情况进行阐述，以帮助投资者正确的认识公司现状以及未来前景。因此，若公司年报缺乏可理解性，就有可能意味着公司有一些不想被投资者深入了解的内容。有学者发现，当未来前景不乐观或是当期业绩不好时，管理者会将文本信息复杂化，例如使用专业性较强或模棱两可的词汇来进行描述，导致文本整体难以理解、情绪倾向不明朗，以达到扰乱视听，同时又相对真实披露的目的。Harbermas（1984）最早研究了公司信息披露的可理解性，将文本可读性定义为符合语言规范，言语双方能相互理解。根据此定义，我们可以认为，如果文本信息不具备以上特点，就意味着信息发布者不想让接受者了解真实情况。

近年来，随着计算机文本分析技术的发展，有众多的学者从文本信息可理解性的角度对上市公司信息披露进行了研究，并取得了丰硕的研究成果。Bloomfield（2002）最早对亏损公司的年报文本信息进行了研究，他发现亏损公司的年报文本信息往往比盈利公司更为复杂。对于该结果，Bloomfield 认为可能是管理者希望通过更多的语言表述来挽回投资者信心。然而，Li（2008）认为，当公司业已发生亏损后，管理者再通过操纵年报文本信息可理解性的方式来掩盖当前业绩的边际收益较低，因为投资者对于会计信息的反应远高于其他信息，若业绩亏损，则投资者会直接下调对公司的价值估计。Li 借鉴语言学研究文本内容丰富程度的迷雾指数（Fog Index），他发现迷雾指数越高，公司发生业绩亏损的可能性更高。该结论说明管理者对年报文本信息的操纵并不是为了掩饰当前经营情况，而是为了干扰投资者预测，避免他们发现公司即将发生的亏损。然而有学者指出，Bloomfield 和 Li 的研究可能存在内生性，即当公司亏损或预期发生亏损时，出于对信息披露及时性的考虑，必须对当前公司所面临的内外部环境进行说明，而陷入困境的公司所面对的形势本身就比较复杂。因此文本信息的复杂程度并不一定意味着管理者存在机会主义动机。Scott（2017）的研究支持了该观点，发现当公司未来业绩较好时，文本信息的可读性较高。反之，文本可读性较低。但这是因为年报文本信息反映了公司战略和经营决策等重要信息，当公司面临经营困境时，管理者需要向投资者表明公司在面对困境时所作出的努力。Lo（2018）的研究则从盈余管理的角度上证明了年报文本信息的复杂程度带有一定的管理者机会主义色彩，他发现应计项盈余管理和年报文本信息可理解性存在着显著的相关性关系。他研究了年报的经营情况讨论与分析部分，认为这部分包含了管理者对经营情况、财务状况和公司决策的解释说明。若公司在本年度实施了应计项目盈余管理来调高利润，那么为了对这种情况进行掩饰，管理者需要做出更多、更详细的解释。此时文本信息将比公司以往年报和当年其他较少盈余管理的公司更为难以理解。

西方学者在研究文本信息可理解性时通常采用迷雾指数（Fog Index）。该指数是由美国学者 Robert Gunning 于 1952 年提出的。该指数将文章具体分为词汇数量、词汇难度、逻辑结构和平均语句长度四个角度，并分别对这四个角度进行打分，根据分数估算读者读懂这篇文章，需要接受多少年的正规教育。一篇文章的迷雾指数越低，读者就越容易读懂。近年来，随着迷雾指数被运用到公司信息披露研究当中，有学者发现即使是对相同信息的披露，同行业公司之间也存在着较大差异。例如 Lehavy（2011）借助迷雾指数比较了 2003 年伯克希尔－哈撒韦（Berkshire Hathaway）公司和美国国际集团（AIG）对再保险业务的描述，发现伯克希尔公司文本信息迷雾指数为 17.23，美国国际集团的迷雾指数为 18.51，二者相差 1.28。这意味着在信息相似的情况下，读者读懂美国国际集团的年报需要比读懂伯克希尔公司的年报多接受一年以上的教育。由于度量方式科学，迷雾指数被西方学界所广泛接受，现有绝大部分年报可理解性研究均是采用该方法。

我国上市公司文本信息可理解性研究起步较晚，截至目前，在公开文献中仅有王克敏（2017）在第十六届实证会计国际研讨会中报告了一篇可理解性研究文献。在度量方法上，王克敏教授采用的是会计专业术语计数法。该方法是假定一般投资者不具备很强的相关专业背景，若年报中采用了较多会计专业术语，那么一般投资者将难以理解。借鉴此方法，许文瀚和朱朝晖（2019）

将会计专业术语进一步定义为会计科目,通过研究发现,年报中会计科目数量越多,则企业进行盈余管理的可能性就越大。

三、特征词语的统计

目前,学术界对于年报文本信息的研究多采用情感倾向和可理解性度量法。这两种方式虽然能够从不同的角度实现对文本信息的量化,但却无法深入挖掘文本信息中所蕴含的信息含量,例如企业文化、风险承担、公司战略等。对于投资者而言,这些信息才是能够影响投资决策的核心内容,因此若不能实现对这些有效信息的度量,那么文本信息研究就始终无法深入进行。长期以来,学术界一直努力尝试度量文本信息有用成分,Montemayor(1996)借鉴管理学科的研究方法,对200余名上市公司高管进行了访谈调研,发现公司企业文化中的奖励机制尤为重要,在公司业绩较好的调研组中,作者发现了公司所实行的薪酬制度与公司的成本领先战略、创新战略和差异化竞争策略直接挂钩,这极大地激发了员工积极性;而在公司业绩较差的调研组中,并未发现类似的企业文化。这一研究的优势在于弥补了二手数据所无法准确衡量的企业文化、公司战略等元素,通过直接访谈的方式来获取一手数据能够对这些信息进行有效的度量,从而产生新的研究发现。借鉴这一方法,Slater and Olson(2001)扩大了样本,对超过1000个上市公司CEO进行了访谈,发现当公司市场战略与经营战略相契合时,公司的业绩表现将更好。然而上述的这些研究可能存在较为严重的内生性问题,即存在样本选择性偏误,研究结论缺乏普适性。

特征词语还能够体现管理者的一些特定的心理偏差,例如归因偏差。存在该心理偏差的管理者会过多的将盈利的原因归因于自身卓越的领导能力,将亏损的原因归因于外部不利因素,例如宏观经济、市场竞争、需求萎靡等。利用内部和外部的概念就可以实现在文本信息中对于归因的度量。在对具体的研究方面,Larcker and Zakolyukina(2012)对美国CFO的电话会议文本进行了特征词语统计,他们发现事后被证明存在欺骗行为的CFO会过多的渲染不利因素,具体表现为带有"外部"语义的词汇占比提高。相反在公司盈利时,管理者存在自我归因倾向,将盈利的原因归因于自己的卓越能力和勤勉的工作,具体表现为"内部"语义的词汇占比提高。Hribar and Yang(2016)发现过度自信的 CEO 会更加倾向于在披露信息中提及带有"未来"概念的词语，同时也发现他们会将过往的成功归因于自身的"特殊才能"。这些研究证实了归因偏差现象在美国上市公司管理者之中是普遍存在的。姜付秀（2009）认为，在我国传统文化和外部约束机制不完善的背景下，上市公司管理者的自我归因倾向将更加严重。然而尚未有学者针对中国文化背景下的上市公司高管们是否存在自我归因现象进行实证检验。并且由于汉语言的特殊性，导致采用特征词语统计法的研究在我国并不常见。

第三节 文本信息的制约因素

有学者认为年报的数字信息表达的是公司实现的经营业绩，而文本信息等非数字信息则代表的是管理者对未来前景的看法（Li，2008）。这种对未来的看法具有较强的主观性，且在事后短期也无法进行验证，因此管理者在利益的驱使下会对文本信息进行歪曲（Huang et al.，2014）。然而，出于对诸多因素的考虑，这种歪曲不会过度。近年来，国内外有一些学者研究了年报信息的制约因素，这些制约因素研究虽然是针对会计信息所开展的，但可能同样会影响文本信息的生成。

一、会计信息

尽管文本信息的情绪倾向是难以证实、较少受监管约束的"廉价信息"，然而大量的国内外研究成果表明，当文本信息于与数字披露信息相一致时，文本信息是具有一定信息增量的作用的（Davis et al.，2012；Demers and Vega，2014；Baginski et al.，2016）。即数字信息可以被用来证实文本信息的可信度。Ajinkya and Gift（1984）认为管理者通过内部信息披露来改变市场对公司股价的预期。根据这一发现 Baginski（2016）推断，若管理者希望达到修正公司股价的目标，其发布的数字信息与文本信息不应有较大出入，他通过实证检验美国年报中文本倾向于数字信息的匹配程度证实了他的推断。这一发现同时也印证了 Dambra et al.（2013）提出的，非 GAAP 所规定的预测信息（可信度较低）若与 GAAP 所规定必须进行预测的信息（可信度较高）相符，则投资者也会将该信息视为可信度较高的信息。上述研究从管理者诚实披露的角度上发现文本信息与数字信息具有一致性。Huang、Teoh and Zhang（2014）则从管理者歪曲披露的角度上发现管理者会同时对文本信息与数字信息进行歪曲，以配合先前的盈余管理行为。这从另一个方面上说明，即便管理者在进行歪曲披露，其也会注意尽量使数字信息与文本信息相一致。此外，还有学者指出，会计信息可比性也是上市公司管理者在信息披露时所必须考虑的内容。行业会计信息可比性是指某企业的会计盈余与行业平均水平相比的差异程度，该指标越高意味着会计信息可比性越低。反之则越高。会计信息可比性高的公司其披露的信息质量也较高（De Franco et al.，2011）。陈翔宇、肖虹和万鹏（2015）研究了影响我国上市公司业绩预告准确度的因素，也得出类似的结论：公司的会计信息可比性程度越高，其预测盈余就越准确。由于管理者言论需要有一致性，其披露的数字信息和文本信息不应存在较大出入（Demers and Vega, 2014；Baginski, 2016）。因此我们可以认为，会计信息可比性程度越高，数字信息可信度就越高，同时其文本信息也会相对可靠，不会出现较严重的"语言管理"现象。

陈翔宇和万鹏（2016）研究了分析师行为，他们发现分析师倾向于跟踪与自己先前跟踪的公司相比，会计信息可比性程度较高的公司，因为这样会付出较少的认知成本。分析师跟踪可以被视为一种外部监督力量，跟踪数量越多，管理层越不会"口是心非"（曾庆生，2017）。因此，行业会计信息可比性程度高的公司将吸引更多的分析师跟踪，这又反过来促使管理者发布真实的信息披露，提高数字信息可靠性和文本信息的无偏性。

二、盈余质量

盈余管理将严重影响上市公司的盈余质量。无疑，管理层具有多种盈余管理的动机。从债务融资的角度来看，一旦公司的经营业绩下滑，或是未能达到债务融资条款所规定的利润额度，公司将面临债务违约的风险，此时债权人有权要求公司追加担保。其结果是不仅额外增加了债务融资成本，还为日后的债务融资带来了障碍，此时管理层将通过盈余管理的方式防止债务违约的发生（陆正飞等，2008）。从股权融资的角度来看，经营业绩的下滑将影响投资者信念，使得投资者降低对公司价值的估计，导致公司股价在短期内迅速下跌。

这既严重影响了公司的声誉，还会降低公司通过增发所获取的融资量，迫使公司为了达到融资额度而转让更多的股权，导致大股东控制权的进一步流失，为公司增加被举牌的风险，此时管理层将通过盈余管理的方式刺激公司股价上升，降低控制权流失风险（王克敏和刘博，2014）。从管理层利益的角度来看，经营业绩的下滑会直接或间接的影响管理层的薪酬，直接影响体现为绩效奖金与经营业绩挂钩；而间接影响体现为股权激励的价值会随着股价下跌而降低，而此时出于对自身利益的考虑，管理层将可能进行盈余管理（王克敏和王志超，2007）。除此之外，当公司本年度实现利润过高时，管理者也会为了平滑利润的需要去进行反向的盈余管理（吴联生等，2007）。

然而，随着审计制度的日趋完善和中小投资者对会计信息的解读能力逐渐加强，上市公司管理者对盈余管理的使用变得更为谨慎。为了降低盈余管理被识破的风险，现阶段上市公司的管理者在进行盈余管理的同时可能会进行针对年报文本信息的操纵，即通过文字所传递的信息来减轻投资者对会计信息操纵的怀疑（朱朝晖和许文瀚，2018）。虽然有不少西方学者认为年报文本信息具有较低的可验证性，因此将其认为是"廉价信息"，但近年来，随着计算机文本分析技术在资本市场投资分析中的运用，有众多的学者通过研究证实了年报中的文本信息与数字信息一样，具备信息含量，能够反映公司真实价值，同时也能够对股价波动起到解释作用（Li，2010；Baginski，2012；谢德仁和林乐，2015；林乐和谢德仁，2016）。尽管如此，迄今尚未有任何国家的监管部门出台针对文本信息的监管措施（肖浩等，2016）。监管力度的缺失使得文本信息具有较低的违规披露成本，管理者可以利用语调所传递的错误信息来达到操纵市场的目的，从而配合其动机的实现。

三、机构投资者

占有规模、信息和人才优势的机构投资者相比个人投资者而言，更有动机和能力对持股公司进行监督。他们能够显著的抑制公司歪曲披露、内幕交易和盈余管理等自利性行为（梅洁和张明泽，2016）。当公司的机构投资者持股比例较高时，上市公司信息质量会得到显著提高（万鹏，2016）。这些研究虽然没有直接涉及机构投资者对管理层文本信息的治理作用，但证实了机构投资者持股比例对规范上市公司信息披露行为有一定的作用，尤其是机构投资者能够通过外部监督效应来降低公司盈余管理水平（薄仙慧和吴联生，2009），而盈余管理程度降低所带来的会计信息质量提高也能够在一定程度上提高文本信息质量。

四、信息成本

公司在进行信息披露时是存在一定成本的，例如 Scott（2008）发现，规模较大的企业在披露所获得的超额收益后会引起社会机构例如绿色环保组织的关注，他们会关注到诸如税收、排放等问题，并游说政府部门和公众对企业实施管制。Brown et al（2005）对经常发布业绩预测的公司进行了研究，他发现经常发布坏消息预测的公司将面临更高的法律诉讼风险；Wang（2007）研究发现，美国证监会发布的消息披露守则（Reg FD）实行之后，先前还会对特定的市场分析师披露业绩预测信息的高 R&D 支出的公司选择了不再对业绩进行预测。因为面向公众的披露将泄露公司正在研发的项目，将吸引新竞争者进入，削弱未来公司的竞争力。由此可见，发布信息披露虽然可以缓解信息不对称现象，修正股票误定价，但随着信息披露的发布，被问责、被诉讼和竞争加剧等风险也会随之而来，这些都是公司的信息披露成本。由这些研究成果可以发现，公司披露的信息内容会受到公司所在行业、规模等因素的影响。虽然 Demers（2011）、Baginski（2012）、Baginski（2016）、谢德仁和林乐（2016）、曾庆生（2017）等学者都在他们的文本信息研究中加入公司规模作为控制变量，研究公司规模对文本信息产生的经济后果的影响，然而目前为止未有学者对公司规模、公司研发经费等因素对文本信息是否存在调节作用进行研究。

第四节
文本信息披露的经济后果与策略性选择

一、文本信息披露的经济后果

迄今为止，国内外已有一些研究证实了管理者所披露的文本信息会产生一定的经济后果。笔者通过对现有文献的整理发现，可能会产生的经济后果主要有三类：第一，披露后短窗口期的股价超市场水平波动；第二，披露后市场分析师预期变更；第三内部人交易。

（一）影响股价波动

文本信息的载体是上市公司所披露的各种报告，例如年报、季度报、业绩预告、业绩说明会和招股说明书等。这些披露信息在一定程度上暗示着公司未来业绩与发展战略（Li，2008；谢德仁和林乐，2015），由于信息不对称性的存在，这些披露成为大部分投资者获取公司信息的唯一途径。然而，投资者并非机械地等待上市公司的信息披露，他们会通过各种渠道去了解上市公司，并对所获取的不同消息进行估计，产生对公司未来股价和分红的预期。根据有效市场理论，这些预期都会形成投资者的买卖行为，最终反应在公司股价之中。当公司发布信息披露时，若新发布的有关盈利的数字信息与投资者先前掌握的信息相比出入不大时，投资者就不会对数字信息进行反应，转而对文本信息进行解读，从文本信息的情绪倾向中获取管理者对未来的态度。若新发布的盈利信息大大超出市场与投资者先前的预期，投资者也会通过对伴随数字信息发布的支撑消息进行解读，分析支撑消息的情绪倾向（Hirst，2008）。因此，文本信息的情绪倾向有股票价值增量作用（Baginski，2012）。Demers and Vega（2011）、Loughran and McDonald（2011）、Davis et al.（2012）、Baginski（2016）、谢德仁和林乐（2016）等学者通过计算净正面情绪词汇在季度盈利报告、管理层讨论与分析书、年报、业绩说明会中的占比来确定总体文本信息，发现其对发布后三日的股票价格变动有显著的解释作用。而 Jegadeesh and Wu（2013）比较了文本中乐观情绪词汇与悲观情绪词汇的市场反应，他们通过研究美国上市公司的 10 - K 年度报告的文本信息发现，市场对乐观情绪词汇的反应程度低于对悲观情绪词汇的反应程度，即说明投资者对乐观情绪持谨慎态度。这一发现进一步印证了 Hutton et al.（2003）、Rogers 和 Stocken（2005）等人提出的观点：投资者对管理层披露的坏消息普遍持相信态度，而对好消息持怀疑态度。来自我国的经验证据表明，文本信息质量越高，股价崩盘风险越低（孟庆斌等，2017）。这些学者的研究均证明了上市公司的文本信息披露是股价波动的重要影响因素，同时也为学术界进一步对文本信息进行研究提供了支撑。

(二) 影响分析师预期

在信息不对称的市场环境中,市场分析师充当了信息挖掘的角色和信息解读的角色。他们被视为理性投资者的代表,众多投资者在进行投资决策时会参考分析师的意见,且越是在信息不对称程度高的市场环境中,分析师对中小投资者的作用越大。Galariotis and Wu (2015) 对多个国家在股市危机时期的羊群效应进行了研究,他们发现分析师在投资者羊群效应中充当了"头羊"的角色。

当上市公司发布新的披露信息时,分析师会针对新信息更改先前的预测 (Waymire 1986; Jennings 1987; Cotter 2006)。更改的幅度与新披露信息的信息含量有关。然而,同一家上市公司可能会吸引众多的分析师的关注,这些分析师对信息的解读方式不一,导致了分析师意见可能会产生较大出入。Lang and Lundholm (1996)、Healy et al. (1999)、Botosan and Harris (2000)、Barber et al. (2001) 等学者通过研究发现披露信息质量较高的公司会吸引较多的分析师关注,同时分析师预测一致性程度也较高。但是他们的研究成果可能存在着内生性问题,即某些特定行业天然就会吸引较多的分析师及社会机构的关注,而社会关注度较高导致公司不得不发布真实、无偏的信息披露。Lehavy、Li and Merkley (2011) 研究了披露信息前后同一名分析师对预测的更改幅度,并以此作为因变量来评价上市公司披露信息质量。他们发现上市公司信息披露语言越是通俗易懂,分析师预测的正向变动幅度就越大。他们的研究一方面避免了研究变量互为因果的内生性问题,另一方面又证实了分析师的确会对披露文本的情绪倾向做出反应。来自我国上市公司研究的证据表明,分析师在荐股评级时会参考上市公司所发布的文本信息语调,但由于分析师具备专业财务分析能力和行业专长,因此对语调可靠性会做出辨别,可靠性将影响分析师对管理层语调的接受程度。这说明管理层语调是有信息含量的,且分析师对此进行了一定程度的利用(林乐和谢德仁,2017)。然而,现有研究尚未采用年报作为研究对象。探究年报文本信息对分析师行为的影响。

(三) 影响内部人交易

内部人交易回报是公司管理层最直接的切身利益(曾庆生,2017)。国外有众多研究表明,在发布年报时,若内部人有购买公司股票、公司股票回购计划、行使期权的计划，他们会增加坏消息预测数量，压低股票价格（Aboody and Kasznik, 2000; Cheng and Lo, 2006）。相反，在公司处于成本增加的困境时，管理层会进行向上的盈余管理，并在信息披露中增加好消息数量，以高价抛售所持有的股票（Lang and Lundholm, 2000; Beneish, 2012）。随着对文本信息研究的开展，曾庆生（2018）认为，若高管存在内部人交易动机，则其有动机更改年报的文本信息，即一方面渲染乐观情绪，另一方面准备抛售股票，属于典型的"口是心非"行为。这种现象在信息透明度低、社会监督力度低的公司尤为明显。

二、文本信息披露的策略性选择

信息披露涉及的相关内容比较广泛，从企业对信息的披露到信息的传导过程再到投资者对信息的解读等等都属于信息披露理论的核心研究范畴。此外，与信息披露相关的信息透明度、信息披露制度建设、信息披露质量等也是信息披露理论的重点研究内容（张微微，2016）。信息披露不仅可以有效地解决经济运行中的信息不对称问题，还可以有效缓解现代企业的委托代理问题。公司的股东及投资者通过对披露信息的解读评价管理层的作为；同时，有效的信息披露机制还可以通过各种会计制度和强制披露规范来限制管理层可能出现的操纵和隐瞒行为。因此，信息披露在现代经济运行及资本市场中的作用和意义是毋庸置疑的。监管层虽然对公司的信息披露进行了较为严格及细致的要求和规定，但从以往信息披露的实践来看，无论是披露的时机、披露的策略还是披露的内容选择上，都存在着较大的可调节和操作空间。

（一）"披露时机"的选择

许多文献都发现，我国上市公司大多都是在临近截止日前才公布年报，业绩好的公司一般有提早披露年报的动机。也就是说，管理层一般会把好消息提前发布，而把坏消息延后发布。公司在披露好消息时大多选择在交易时段，而且尽量选择在周一到周四的交易日；而坏消息的披露选择在非交易时段，一般选择在周五及非交易日的周末披露。

(二)"披露策略"的选择

许多文献都发现,管理层在进行信息披露时会将好消息分散披露,而把坏消息集中在一起披露,这样造成好消息较多坏消息少的错觉。还有文献认为当公司业绩相对较差时,管理层会以正面词语的集中分布和负面词语分散化处理、模糊化处理等手段来降低坏消息的影响;而当业绩较好时就会大大降低这个倾向(包燕娜,2017)。谢玲红等(2011)还认为,企业在进行业绩预告的信息披露时同时会考虑和参照其他企业对应信息的发布。此外有学者还发现业绩预悲的信息披露具有"群聚"效应,即不同公司会一起集中发布坏消息。

(三)"披露内容"的选择

上市公司在进行信息披露特别是以文本为载体的文本信息披露时,管理层不仅不会随意地组织措辞和语句,反而是非常谨慎地字斟句酌。管理层在进行信息披露特别是文本信息披露时,希望通过文本的选择有意识地传递信息,以达到对信息使用者知觉管理的意图。

由此可见,信息披露的主体即上市公司在信息披露过程中的策略选择及行为倾向值得深入地研究和分析。

第四章

研发活动的投资决策及信息披露的成本效益分析

第一节 研发活动信息披露的经济主体及动机分析

一、研发活动信息披露的经济主体

企业作为创新活动的主体,其研发行为及经济后果一直是财务会计研究的热点话题。作为企业创新活动的根源,研发投入在很大程度上决定了创新成果、公司业绩及企业价值(马春光、贝洪俊等,2020)[①]。美国会计学会(AAA)于 1966 年发表的《基本会计理论说明》将会计信息使用者区分为外部使用者和内部管理人员,其中,外部使用者包括目前和潜在的投资人、债权人、雇员、股票交易所、政府机构、顾客和其他人士或组织,也包括这些使用者的代表,如证券分析师、同业公会、资信评估机构和工会领导等。英国 1975 年发表的《公司报告》认为,公司报告的使用者包括权益投资者群体、贷款债权人群体、雇员群体、分析咨询者群体、商业契约群体、政府、公众等。国际会计准则委员会(IASC)在 1989 年 7 月发布的《编报财务报表的框架》中认为,财务报告的使用者包括现在和潜在的投资者、雇员、债权人、供应商、财务分析与咨询机构、社会公众等。为了适应我国企业和资本市场发

[①] Ma – chunguang, Bei – hongjun, Wang – chuner. Accelerated Depreciation Tax Credit and Corporate Financialization Based on the PSM – DID Model [J]. Wireless Communications and Mobile Computing(SSCI 检索)2020 DOI: 10.1155/2020/6622900, 2020. DEC 7.

展的实际需,实现我国企业会计准则与国际财务报告准则的持续趋同,财政部于 2006 年修订《企业会计准则——基本准则》,将会计信息使用界定为投资者、债权人、政府及其他部门和社会公众等。基于这些研究成果,笔者认为,上市公司会计信息披露的主体包括现有的和潜在的投资者、现有的和潜在的债权人、政府部门、职工、其他利益相关者(包括顾客、供应商、财务分析师与咨询机构、社会公众等),以及公司管理人员。这些经济主体又可以进一步分为信息供给主体和信息需求主体。因此,研发信息披露的供给主体包括公司管理人员、审计人员以及相关的财务分析师等;研发信息的需求主体则包括股东、债权人和政府监管部门等利益相关者。

二、研发活动信息披露的动机分析

与一般商品一样,会计信息的供给与需求也存在矛盾,而且矛盾的基本形态是"供不应求",表现形式为宽型信息需求结构与窄型信息供给结构的矛盾,高质信息需求与低质信息供给的矛盾。当然,研发信息也不例外。对研发信息需求主体来说,研发信息与公司价值有很强的价值相关性,真实而充分的研发信息有助于投资者和债权人形成对公司未来业绩的合理预期,充分辨认公司投资价值,并做出正确的投资判断,从而使上市公司的股票得到合理定价,减少市场摩擦,提高市场效率。对于政府监管部门来说,真实而充分的财务信息披露有助于监管部门提高监管水平,维护资本市场的公平和公正,提高投资者对于资本市场的信心。因此,对于研发信息需求者来说,他们需要的是研发信息的充分披露以及高质量的研发信息。

研发信息供给方的披露动机分析如下对于公司管理人员来说,他们不愿意充分披露研发信息,一方面,他们担心研发信息的披露会导致企业商业秘密的泄露,从而被竞争对手所利用,损害公司的竞争优势,尤其是对于那些产品生命周期比较短,且机会很有限的公司,这种竞争优势很关键;另一方面,公司管理人员不愿意对公司研发支出的具体金额进行充分披露,隐藏研发支出的信息,可使他们有机会利用支出进行盈余管理并向外部信息使用者隐瞒企业研发投资失败的情况对外部审计人员来说,减少研发信息披露可以降低资产负债表中的资产风险,从而减少他们的法律诉讼风险对于财务分析师而言,他们往往可以从关系紧密的经理人员那里获知公司的研发信息,如果这些信息被公开披露反而会影响他们的信息优势并减少获得内部高额收益的可能性。

美国布鲁金斯无形资产特别工作组的报告分析了会计信息供给主体不愿意披露无形资产信息的原因,他们认为,公司高级管理人员反对增加无形资产信息的披露,其原因是披露相关信息会削弱企业的竞争优势以及管理人员害怕承担法律责任。而资本市场中介机构对企业是否需要披露更多无形资产信息产生质疑的原因包括一些证券分析师由于掌握了评估无形资产价值的独特模型和工具而形成了自己的竞争优势,他们担心会因无形资产信息的充分披露而弱化,因此,对于分析师来说,选择性披露对他们更有利,所以也就不会有动机努力使无形资产信息披露方式更系统、更正规。因此要改变研发信息披露不足的状况,必须改变研发信息披露的内部和外部环境,增强研发信息供给的激励。

三、研发活动信息披露与商业秘密保护

2010年4月30日,国资委发布了《中央企业商业秘密保护暂行规定》,这是我国第一部关于商业秘密保护的部门规章。该文件规定,商业秘密,是指不为公众所知悉、能为中央企业带来经济利益、具有实用性并经中央企业采取保密措施的经营信息和技术信息。更值得业内人士关注的是,这一规定将从企业战略计划到财务信息诸多方面定为商业秘密。

研发信息涉及企业的核心竞争力,对研发项目、研发项目的进展情况、研发投入金额等的披露都会涉及企业核心的商业秘密,如果这些商业秘密被企业的竞争对手所知悉,将会对企业的竞争能力和竞争优势带来不利影响。但是另一方面,监管当局会对企业会计信息的充分披露做出规定,企业又不得不披露相关的信息。如何对研发信息披露的成本效益进行均衡,选择适当地披露就成为企业管理层必须要考虑的问题。

研发信息充分披露与保护商业秘密之间的冲突随着企业所有权与经营权的分离,企业所有者不再直接从事企业的经营管理活动,他们只能利用管理层所提供的信息来对他们进行监督和评价,并做出买、卖或持有的决策。因此,企业对外提供的会计信息就成为投资者与管理者沟通的桥梁,成为现代企业存在的基础。信息的充分披露是资本市场正常运行的关键,充分披露的程度已成为衡量资本市场是否成熟的标志之一。但信息的充分披露与保护企业的商业秘密之间却存在着一定的冲突。为了保护企业核心商业机密,部分家族企业选择放

弃对低成本股权融资的追求，选择不进行创新活动信息披露（贝洪俊、许文瀚 2018）①。

1. 保护投资者利益与保护企业利益之间的冲突

证券法是维护资本市场正常运行的重要法律之一，它以"公开、公正、公平"理念为原则，以保护广大投资者的利益为宗旨，会计信息的充分披露原则正是"公开"理念的体现而商业秘密保护则属于反不正当竞争法的范畴，体现的是保密原则，通过赋予企业法律上的权利来鼓励企业进行技术创新，保护企业长期经营的成果，从而维护企业的合法权益。

从上面的分析可以看出，信息充分披露旨在保护广大投资者的利益，但企业的研发信息很多都是属于企业的商业秘密。因此，研发信息的充分披露很有可能会泄露公司的这些机密，从而给公司带来不利影响，这就与保护企业利益相冲突。

2. 信息披露理念的冲突

会计信息的充分披露原则要求企业尽可能披露与证券价格相关的所有重大信息，倾向于多对外披露信息，其目的是尽可能减少管理者拥有的私人信息，提高公共信息的数量，通过降低信息不对称来促进市场交易的公平。但商业秘密保护则恰好相反，它通过限制对外公开的信息数量，来保护企业长期经营过程中形成的技术和管理诀窍，其目的是减少公共信息量，提高企业拥有的私人信息量，依靠信息不对称来提高和保护企业的竞争优势。

3. 保密权与股东知情权的冲突

从企业的角度来看，企业所拥有的商业秘密能为企业带来未来经济利益，其本质上是企业的一项财产，保护商业秘密也就是保护企业的财产权利。当企业通过资本市场公开发行股票或债券时，其保护商业秘密的财产权利就会受到股东知情权的挑战，因为从投资者的角度来分析，他们只有在充分了解企业过去的业绩和未来发展前景后才可能进行投资。这就要求企业充分披露其所有重大的信息，在信息披露的过程中，企业将逐步放弃对一部分信息的保密权。随着企业对外披露的信息不断增加，商业秘密被泄露的可能性也随之增加，一旦商业秘密泄露，企业将为此付出巨大的代价，Wagenhofer（1990）的研究表

---

① 贝洪俊，许文瀚. 家族企业创新、知识产权保护空间差异与年报情感特征 [J]. 会计之友，2018（22）：18–24.

明，强制性披露与竞争对手相关的信息将会使公司付出极其昂贵的代价。这实际上又与满足股东知情权要求、保护股东利益相违背。

第二节 研发活动的要素投入及其投资决策

研发活动是一项重要的投资决策，在日常经营中投入了大量的资本性支出、研发费用和技术人员来从事研发活动（许文瀚等，2019）。在本书的研究中，笔者认为，研发活动的要素投入是指企业为保持自身的核心竞争力和独特的竞争优势，以获取经济利益为目的，利用现有的技术知识和人才设备，以研发项目为对象而发生的研发人员和资金的投入，因此，企业研发活动的关键要素是研发人员和资金投入。研发人员作为项目研发的主体，为研发活动提供技术支持，而资金投入为持续的研发活动提供重要保障。企业研发投入实际上就是指企业在研发人员和资金上的投入问题。如果企业想要保持独特竞争优势并获取超额利润，加大研发投入提高自主创新能力是必经之路。资金投入的充足性是企业持续投资研发项目的关键保证。在技术创新过程中，企业是研发活动的主体，其面临的生存压力和市场需求动力是研发活动的原动力。企业为了应对市场竞争的压力，同时为了从市场需求中获得更多的利益，必然要提升自身的生产效率，需要对新技术新产品进行探索性的开发活动。为此，企业要对自身所掌握的生产要素进行组合，优化自身的投资行为。在技术水平恒定的情况下，一般的企业生产函数为：

$$Y_t = F(K, L, t) \tag{4.1}$$

式中，Y 表示产出；K 表示资本投入；L 表示劳动投入；t 表示时间。生产的两个基本要素投入分别是资本和劳动。

如果考虑技术积累对产出的影响，则生产函数可表示为：

$$Y_t = A \cdot F(K, L, t) \tag{4.2}$$

式中，A 表示代表一段时间内的技术积累。由于资本和劳动的产出弹性是有限的，所以增加资本、劳动的投入不是保持经济持续增长的核心要素，技术的不断创新和累积才是经济增长的原动力。

对于研发活动的产出，也同样需要投入相应的要素。在企业的研发实践中，最重要的投入要素仍然是资金和人才的投入，研发活动总是需要一定的资金和人才要素投入才能实现。同时,研发活动天然地伴随着不确定性,因为研发活动是探索性的,是在研究一项过去没有过的东西,即使在研发前进行充分的调研分析和准备,也无法消除这种不确定性。新的发现仍然是无法准确预测的,新技术的出现仍然是随机的,最终的研发产出也由于随机因素带来不确定性和风险性。因此,研发产出具有较强的随机性和不连续性,所以研发投资的产出函数形式与生产函数完全不同,具有更多的不连续性和不确定性。如果把随机因素引入研发投入产出函数中,可以表示为:

$$\tilde{Y} = F(RD, L) + \varepsilon \tag{4.3}$$

式中,$\tilde{Y}$ 表示研发产出,RD 表示研发活动投入的资金要素,L 表示投入的人才要素,ε 表示研发活动面临的随机因素,其数学期望为 0。令 $Y = E(\tilde{Y})$,则有研发期望产出函数:

$$Y_t = E(\tilde{Y}) = F(RD, L) \tag{4.4}$$

尽管研发产出具有不确定性和不连续性,但假定研发活动的期望产出函数具有连续性是可以接受的。类似生产函数的性质,可以提出研发产出函数的两个性质:

性质 1:$\frac{\partial y}{\partial RD} \geq 0$,即研发活动的期望产出随研发投资的增加而增加。

性质 2:$\frac{\delta^2 y}{\partial RD^2} \leq 0$,即研发投资具有边际产出递减性。

进而考虑研发活动给投资人带来的效用。由于研发活动的产出是一种预期会给企业带来经济利益的资源,因此是一种资产。杨忠直(2008)对资产的效用函数进行了归纳,提出了资产效用函数的两个性质:资产的不满足性和边际效用递减性,即有:

性质 3(研发资产的不满足性):

$$\frac{\partial U}{\partial Y} = \varphi(Y) \geq 0$$

性质 4(研发资产的边际效用递减性):

$$\frac{\delta^2 U}{\partial Y^2} = \varphi'(Y) \leq 0$$

利用复合函数的性质,可以比较容易地得到研发投资给投资人带来的效用满足以下性质[用 $\varphi(RD)$ 表示发投资的边际效用函数)]。

性质5(投资人对研发投资的不满足性):

$$\frac{\partial U}{\partial RD} = \varphi(RD) \geq 0$$

性质6(研发投资的边际效用递减性):

$$\frac{\delta^2 U}{\partial RD^2} = \varphi'(RD) \leq 0$$

对于企业来说,如果资产所有人根据自己的效用最大化原则来进行投资决策,其最优投资决策问题为:

$$P1: \max U = U(RD) \tag{4.5}$$

根据研发投资效用函数和边际效用函数的性质,可知最优研发投资条件为 $\varphi(RD=0$。因为边际效用递减性,边际效用函数存在反函数 $\varphi^{-1}(\varepsilon)$,求解 P1 可得到无约束条件下的最优研发投资为:

$$RD^* = \varphi^{-1}(0) \tag{4.6}$$

由此可见,企业在进行研发投资决策时,会根据自身效用最大化原则决定一个最优的研发投资水平,从而决定企业研发活动的活跃程度。

第三节

研发活动信息披露的成本效益分析

当研发回答信息充分披露与商业秘密保护发生冲突时,到底是信息充分披露优先?还是商业秘密保护优先?仁者见仁,智者见智。有人主张商业秘密保护优先,有人主张信息充分披露优先。作者认为,研发回答信息充分披露与保护商业秘密之间的抉择应以两种行为的成本效益之间的权衡作为取舍的标准。

一、研发活动信息披露的净收益函数

企业研发活动信息披露的收益包括微观收益和宏观收益两个方面,企业作为一个微观经济主体,微观收益是其关注的重点,微观收益与信息披露程度正相关,主要体现在资本成本和代理成本的降低上。这是因为企业披露的信息量(Q)越多,透明度越高,投资者就可以充分了解企业所面临的风险和机会,

投资者的期望报酬率就会相应降低,因此,企业就可以降低其融资成本。与此同时,因为对外公布的会计信息是投资者监督企业管理层的主要工具,企业披露的信息越多监督就越容易,代理成本自然会随之降低。分析了研发信息披露收益后,我们再来看研发信息披露成本。

研发回答信息披露成本不仅包括信息生成成本、发布成本等实际成本项目,还包括因信息披露导致商业秘密泄露而引起或有成本,如竞争劣势成本、诉讼成本、行为约束成本等,并且,随着研发活动信息披露数量的增加,这些成本也会随之增加。因此,研发回答信息充分披露的净收益(B)等于信息披露收益(I)与信息披露成本之差(C)。用函数可以表示为:

$$B(Q) = I(Q) - C(Q) \tag{4.7}$$

且 $\dfrac{DI(Q)}{d(Q)} > 0$,$\dfrac{DC(Q)}{dQ} > 0$,即两者都是信息量的单调递增函数。信息披露的收益函数如图 4-1 所示。

由于信息披露的边际收益递减,边际成本递增,因此有:

$$\dfrac{d^2 I(Q)}{dQ^2} < 0, \dfrac{d^2 C(Q)}{dQ^2} > 0$$

对函数(4.7)两边求二阶导数,可得出

$$\dfrac{d^2 B(Q)}{dQ^2} = \dfrac{d^2 I(Q)}{dQ^2} - \dfrac{d^2 C(Q)}{dQ^2} < 0$$

所以 B(Q)是一个单调的凹函数如图 4-2 所示。从图 4-2 可以看出,随着研发信息披露量的增加,信息披露的收益和成本都在增加,开始时收益增加的速度大于成本的增加速度,但达到一定程度后,信息收益的增速将降低,而信息的机会成本将快速增加,信息披露的净收益开始下降。从图 4-2 可以看出,为信息充分披露的最佳点。

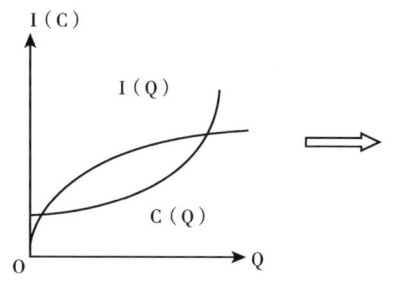

图 4-1 研发信息披露的收益函数

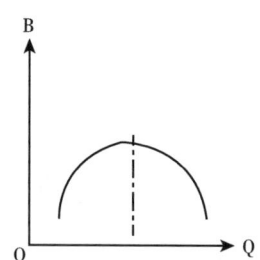

图 4-2 研发信息披露的最佳点

二、商业秘密保护的净收益函数

我们在进一步分析保护商业秘密的收益和成本。商业秘密保护的净收益函数是一个分段函数。当信息披露数量较少且未导致商业秘密泄露时,商业秘密保护的净收益是一个常数。当企业披露的信息数量突破一定的限度并导致商业秘密泄露时,商业秘密保护的净收益就成为信息量的函数,等于商业秘密的经济价值(V)与所付出保护成本($C1$)以及泄密后所带来的净损失之差。商业秘密的经济价值是信息披露数量(Q)的减函数,因为随着信息披露数量的增加,企业的商业秘密减少,商业秘密所带来的经济价值也随之降低;商业秘密保护成本($C1$)是经济价值的增函数,泄密后的净损失则由泄密后给企业可能带来的损失($C2$)和泄密的可能性 p 两者共同决定,泄密的可能性是信息披露量的增函数。商业秘密保护的净收益函数可表述为:

当 $Q \leq Q_0$ 时:

$F = F_0$(常数)

当 $Q > Q_0$ 时:

$$F = V(Q) - C_1(V) - C_2(V)p(Q) \tag{4.8}$$

其中,$\dfrac{DV(Q)}{dQ} < 0$,$\dfrac{dC_1(V)}{dV} > 0$,$\dfrac{dC_2(V)}{dV} > 0$,$\dfrac{dp(Q)}{dQ} > 0$。

对函数两边(4.8)求 Q 上位一阶导数,可得出:

$$\dfrac{dF}{dQ} = \dfrac{dV(Q)}{dQ} - \dfrac{dC_1 V}{dV}\dfrac{dV(Q)}{dQ} - p(Q)\dfrac{dC_2(V)}{dV}\dfrac{dV(Q)}{dQ} - C_2(V)\dfrac{dp(Q)}{dQ}$$

$$= \dfrac{dV(Q)}{dQ}\left(1 - \dfrac{dC_1 V}{dV} - p(Q)\dfrac{dC_2(V)}{dV} - C_2(V)\dfrac{dp(Q)}{dQ}\right)$$

由于企业进行商业秘密保护的前提条件是 $F > 0$,即

$F = V(Q) - C_1(V) - C_2(V)p(Q) > 0$,两边对 V 求一阶导数,可得出:

$1 - \dfrac{dC_1 V}{dV} - p(Q)\dfrac{dC_2(V)}{dV} > 0$,此外,$C_2(V) > 0$,$\dfrac{dV(Q)}{dQ} < 0$,$\dfrac{dp(Q)}{dQ} > 0$,所以 $\dfrac{dF}{dQ} < 0$,即当 $Q > Q_0$ 时,F 是信息披露数量 Q 的单调递减函数(如图4-3所示),Q_2 点是商业秘密保护的临界点。

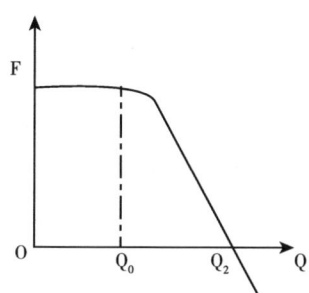

图 4-3　信息披露的递减函数

如果我们将图 4-1 和图 4-2 结合起来看，就会出现如下几种情况：

第一，当 $Q_1 = Q_2$ 时，企业披露 Q_1 或 Q_2 的研发信息量。这样，企业既能满足充分披露的要求，又不需要承担泄露商业秘密的净损失，这是最理想的状态，但在现实中很难做到。

第二，当 $Q_1 > Q_2$ 时，企业披露的研发信息量应为 Q_2。由于充分披露已导致大量商业秘密的泄露，商业秘密保护成本巨大，保密的净收益为负，因此抵销了充分披露所实现的部分净收益，此时，企业最佳的披露量应小于充分披露的信息量 Q_1，即在商业秘密净收益为零的点 Q_2。

第三，当 $Q_0 < Q_1 < Q_2$ 时，企业应披露的研发信息量为 Q_1，也就是满足充分披露的要求。在此种情形下，虽然充分披露导致了部分商业秘密的泄露，但商业秘密保护的净收益仍然为正，因此，企业没有因为泄密而承担净损失。

第四，当 $Q_1 < Q_0$ 时，企业只需披露 Q_1 的研发信息量，这只是理论上的情形，在现实中不可能存在，因为随着资本市场的不断发展，要求披露的信息会越来越多，不会越来越少。

第四节

本章小结

从会计信息披露管制的角度来看，企业外部的信息使用者总是希望企业所披露的信息越多越好，但从成本效益的角度来分析，信息披露不仅有社会效益和私人效益，也会产生相应的社会成本和企业成本，对于研发信息的披露而言，可能成本更高，因为过多的研发信息披露将导致企业商业秘密的泄露，由此带来的竞争劣势将会让企业付出巨大的代价。王雄元、严艳（2003）对上市公司信息披露强制程度的定量分析发现，企业对一些基本面信息如公司简介、会计与业务数据摘要、股东大会等不涉及商业秘密的信息披露积极性较高，但对可能涉及商业秘密的重要事项、董事会报告等信息不愿披露的比例较大。在美国财务会计准则第号《研究开发成本的会计处理》的背景信息中也提到，有些研发活动的信息不应包含在财务报表里，因为这些信息要么是不够客观，要么在性质上是机密的，要么就是超出财务会计信息的范围。因此，以下的一些信息都不要求提供：（1）单个研究开发项目的性质、地位和成本；（2）专利的性质和地位；（3）有关新产品、改进产品、新流程或改进流程的计划；（4）企业在研究开发方面的原则。所以笔者认为如何把握研发信息强制性披露的度非常重要，即建立研发信息的适度披露制度，具体来说，研发活动信息适度披露就是要规定上市公司所披露的研发信息的最低披露量，同时又不导致泄露企业的商业秘密，从而达到双赢的目的。

第五章

上市公司研发活动对年报文本信息披露的影响机制

第一节 研究背景与研究现状

一、研究背景

研发投入是公司最为重要的投资决策,即使在国家层面,创新也被视为优先战略。在当今社会,只有掌握了自主创新能力才能够获得持久的企业生命力和市场竞争力。然而,创新活动也是一把双刃剑,表现为机遇与风险并存。大量研究和现实经验表明,创新活动存在极高的资金风险和经济风险。首先,资金风险是由于创新活动需要持续现金流用以支持,若现金流断裂,则创新活动就会被迫终止。而不同于一般投资项目,创新投资若失败,那么净残值几乎为零,可以说此时企业将"血本无归"。其次,经济风险是由于创新活动具有外部性,容易导致其他企业"搭便车"。若其他企业通过抄袭、模仿的手段抢先于本企业注册专利,那么企业之前的努力也将付诸东流,创新活动将以失败告终。基于以上原因,企业对待创新活动信息披露上存在着矛盾,一方面积极的披露能够帮助企业获得出资方信任;但另一方面又会增加技术外溢风险。因此,本章拟研究在进行创新投资时,文本信息有何具体表现。

企业的研发活动是积极响应国家科技创新号召的举措,同时也是加速转型升级和增强市场竞争力的关键。尤其对于上市公司来说,积极投身于研发活动应该是一项重大的利好消息,有助于在证券市场上的融资。然而从事实上看,高科技型上市公司对研发活动的披露意愿并不强,这加剧了上市公司与投资者之间的信息不对称。有学者指出,这种现象的成因是由于公司的知识产权保护意识(李莉、闫斌和顾春霞,2014)。对于高科技型企业来说,他们与传统企业相比拥有更多的无形资产,例如高新技术、知识产权和商业秘密,这些无形资产是公司的核心竞争力和未来发展保障,在我国知识产权相关法律法规尚不健全的情况下,公司管理者为了确保这些资源的安全,并不愿意吸引外来投资者的介入,因此他们在进行信息披露时会有所保留,避免对公司研发投入和专利信息的具体披露。已有学者发现高科技型企业会通过模糊披露和推迟资本化等方式来隐瞒公司的知识产权信息(Markarian and Pozza,2008;王艳,2011;谢德仁、廖珂和郑登津,2017)。

作者认为,在证监会不断强化对研发活动会计信息披露规范的背景下,年报中研发投入数据的可信度得到了提高。然而对于投资者而言,专业性较高的研发投入数据无法起到对企业研发活动的具体解释作用,他们需要借助管理者在年报中的文字描述来获取更为具体的信息。但是与数字信息不同,文本信息并不受披露规范的约束(Li,2010),在这种情况下,管理者是否会通过对文本信息的策略性安排来干扰外界对企业研发活动的判断呢?

为了研究企业的研发活动对年报文本信息披露的影响,本章参考谢德仁和林乐(2015)的方法,通过计算机文本分析工具来提取并聚类分析上市公司的年报,通过乐观程度来衡量年报文本的信息含量。本章样本选取了2007~2019年在我国A股上市的高新技术企业,从企业年报文本信息的角度出发来研究企业的研发活动对信息披露行为的影响。研究发现,企业新增专利数量越多、研发投入越大,管理层在信息披露中的表述就越保守,而这一特点在得到高新资质认证的企业、受到较少融资约束的企业和所在地区知识产权执法力度薄弱的企业样本中更加明显。

二、研究现状

研发活动是公司的一项重要的投资决策,具有高风险和高回报性。其中高风险性体现在研发活动具有信息风险、资金风险和经济风险(袁东任,2015等)。信息风险表现为公司研发活动具有高度的不确定性,即使是从事研发的公司也无法准确地预测研发活动的时间表,因此无法准确及时地向外界披露相关信息，这就造成了信息不对称（唐清泉和徐欣，2010），而信息不对称又将引发资金风险：一方面，作为直接利益相关者的投资者无法准确地判断研发活动的成败对于公司的价值影响，这就会引起部分投资者"用脚投票"，撤资离场，这会造成公司的股权融资成本上升。另一方面，在信息不对称的情况下，作为间接利益相关者的债权人也无法了解研发活动的成败是否会造成公司的债务违约。出于对资金安全的考量，他们将拒绝为公司提供低息贷款，这就造成了公司的债务融资成本上升。解维敏和方红星（2011）的研究表明，资金将直接影响公司研发活动的成败，因为研发活动是需要持续的资金用以维持的，若资金链断裂，则研发活动将难以为继，这就造成了公司的经济风险。

研发活动的高回报性一方面体现在项目研发成功为公司带来的巨大经济利益。第一，研发活动最终转化形成的新产品和新服务能够市场当中取得领先优势，从而增加公司利润。有众多研究表明，公司的研发投资与经济收益呈显著正相关关系（Cohen，1989；Chan，2011；程宏伟，2006）。第二，取得专利后，公司还能够通过技术转让或有条件加盟享受专利所带来的租值回报（袁晓东，2004）。另一方面，研发活动的高回报性还体现在研发的过程中公司能够享受到国家对从事创新研发公司的一系列支持性政策。首先，是高新资质认定政策。该政策于2008年出台的，全称是《高新技术企业认定管理办法》，其中规定公司最近一年的研发投入总额达到销售收入的4%以上时可以被认定为高新资质。获得高新资质后，能够享受更多的政府补贴和融资便利等优惠政策。其次，是加计扣除政策，该政策是针对企业所得税的一种税基优惠。国家税务总局于2008年颁布《企业研究开发费用税前扣除管理办法（试行）》（国税发〔2008〕116号）中规定，公司的研发费用可按150%抵扣所得税，这能够在很大程度上降低公司的所得税负担，为公司保留更多的现金用以支持研发活动。

鉴于研发活动这种收益与风险并存的特性，有学者指出，公司不总是从事以最终获得专利为目标的"真研发"，有不少公司实际上在从事"伪研发"活动，其目的在于规避研发活动的风险，而享受研发活动所带来的各项收益。通过对现有文献的梳理，我们总结了以下几种"伪研发"类型。第一，"认定型"伪研发。安同良等（2009）发现部分上市公司为了获得国家高新资质认定。具体表现为在认定前虚增研发费用，而在获得认定后，立即削减了研发费用。第二，"避税型"伪研发。Chen（2014）发现一些上市公司的增列研发费用的目的在于获得税收优惠，享受加计扣除政策所带来的所得税减免，这些公司通常表现为研发绩效较低。第三，"盈余管理型"伪研发。谢德仁和廖珂（2017）、杜瑞和李延喜（2018）等学者研究发现，会计准则对于研发活动分阶段披露的规定一方面有助于缓解信息不对称，另一方面给予了公司管理者盈余管理的空间。存在自利性动机的管理者可通过研发支出资本化或费用化的选择，调节公司利润。从而可以达到提升股价（Gunny，2010）、保住管理层任期内的业绩承诺（朱红军等，2016）、便于融资（Cohen，2010）、构建"企业帝国"（刘慧龙等，2014）等目的。第四，"窃取型"伪研发。国外学者发现近几年"专利流氓"向法院提起专利侵权诉讼的数量激增（Hagiu，2011；Geradin et al.，2011），"专利流氓"是指不从事研发活动，但聚集一些具有专业背景的技术人员通过剽窃、间谍活动窃取知识产权信息，并抢先注册类似专利或技术的公司。当受害公司在后续研发阶段涉及这些被提前申请专利的内容时，"专利流氓"就会提起法律诉讼，并要求对方赔偿。由于各国监管部门均对上市公司的研发活动做出了信息披露要求，而研发活动的外部性使得这些"专利流氓"可以方便地获取这些信息（潘越等，2016）。还有证据表明，公司与国家一样，能够通过吸收技术外溢来获得超额收益。市场上存在一些公司专注于吸收研发型公司的技术外溢，并根据所学习到的内容抢先申请专利或进行后续替代品的研发（靳巧花和严太华，2017），这就能起到回避研发风险而享受研发收益的作用。

综上所述，文献对公司研发活动的真实性做出了一系列研究，但并未关注到"真研发"公司与"伪研发"公司在信息披露方面的差异。学术界普遍认为，信息披露能够缓解信息不对称，有效降低资本市场对于研发活动的风险感知，从而缓解研发活动为公司带来的风险。由此可以推断，从事研发的公司更倾向于对研发活动进行乐观的信息披露。然而从实际上看，在2014年《公开发行证券的公司信息披露编报规则第15号——财务报告的一般规定》出台之前，每年仅有不到10%的上市公司披露了研发数据，这说明公司在对待研发信息披露的问题上存在着矛盾。然而，随着更严格信息披露规则的出台，大部分公司还是公开了研发数据，而我们从数据上并无法看出公司对待研发活动的态度。因此现有关于"公司是否自愿公开研发信息"的研究陷入了困境。

第二节

研究设计与模型构建

一、理论分析与研究假设

1. 企业研发投入与文本信息披露

随着我国对科技研发和技术创新重视程度的加深,高新技术企业在科研人才和研发支出方面的投入力度越来越大。根据万德资讯的统计数据显示,截至2017年,在研发支出投入方面,我国沪深主板上市公司的研发支出占营业收入比重平均为4.57%;创业板的比重为6.14%。Dechow(1995)认为上市公司对于研发投入的披露能够缓解上市公司与投资者之间的信息不对称。然而也有学者对此持相反意见,他们认为企业对于研发投入的披露不仅没有减缓,反而加剧了信息不对称性。Low(2009)指出,研发投入会降低盈余质量。与企业其他费用相比,研发支出具有收益滞后性和不确定性。收益滞后性表现分多阶段投入的研发支出需要等到形成成果并获得专利授权之后才能为公司带来回报;不确定性表现为研发支出最终既可以资本化也可以费用化。这些特点就给了管理者进行盈余管理的空间,使投资者无法判断企业是在进行真实的研发活动还是在进行盈余管理(范海峰和胡玉明,2013)。

除此之外,上市公司对研发活动的披露意愿不强也是造成信息不对称的原因之一。张健(2014)认为,企业对于正在研发的项目进行无保留的披露将在一定程度上暴露企业的后续研究计划,吸引"专利流氓"和竞争者的介入,从而引发未来的专利诉讼。例如,2011年7月,美国微软公司在年报中披露了对手机业务的研发计划,此后"专利流氓"Viringo公司用2200万美元从诺基亚公司收购了包括通信技术与信号服务在内的500余项专利,并在2013年5月对微软公司提起诉讼,最终结果是微软公司向Viringo公司赔偿100万美元。此外,规模较小的高新技术企业对研发投入和未来前景进行全面的披露会吸引大型企业的关注,此时拥有雄厚资金、人力和技术的大型企业有可能会后发制人,先于高新技术企业申请该专利(漆苏,2014)。综上所述,高新技术企业的知识产权保护动机将驱使他们对研发活动进行隐瞒,然而这将加剧上市公司与投资者之间的信息不对称，致使投资者不能正确的了解研发投入对企业价值的贡献，最终导致上市公司与投资者的利益共同受损。

为了保护中小投资者对公司研发投入的知情权，证监会在2014年修订的《公开发行证券的公司信息披露编报规则第15号——财务报告的一般规定》规范了上市公司对于研发投入的披露：上市公司必须在财务报表附注中对开发支出的划分标准分成研究阶段与开发阶段在"重要会计政策与会计估计"部分进行说明，从而帮助投资者更好的评价企业的研发活动。由此可见，对于研发投入的隐瞒或含糊披露将为企业招致违规的风险，但是出于对企业研发投入的保护目的，企业有动机在财务报告中对研发情况进行补充性描述。例如，企业可以在公布研发投入的具体数据之后，对研发项目的前景做出保守甚至悲观的估计，这样既符合了证监会的信息披露要求，又可以起到保护公司的专利研发和后续研究的作用。本节推断，上市公司将利用年报的文本信息来达到此目的。为检验此推断，本节提出以下假设：

假设5-1：企业的研发投入越多，年报中的文本信息就越保守。

2. 企业专利数量与文本信息披露

专利数量是企业技术创新能力的体现，同时也是未来持续盈利的保障。从理论上看，上市公司对专利数量的披露可以作为一项重大的利好消息释放到市场上，能够起到促进公司股价上涨的作用，企业应积极的披露。然而事实却并非如此，上市公司在获得专利认证后往往会进行刻意地隐瞒或者延时披露。例如2014年3月，海王生物（000078）由于隐瞒其在2013年11月收到的国家知识产权局的《授予发明专利权通知书》而被证监会调查。对于这一现象，有学者认为企业出于对竞争者仿制的担心而不愿意及时地披露专利信息（潘越，2016）；还有学者发现及时披露专利信息的企业将更有可能陷入专利诉讼案中，即由于专利研发过程中或后续研发过程中的侵权而被竞争者所起诉（张克群和李珊珊，2017）。由此可见，对专利信息的披露可能会削弱专利的市场价值，并阻碍后续的研发进程。

根据证监会2006年发布的《公开发行证券的公司信息披露内容与格式准则第11号——上市公司公开发行证券募集说明书》第二十三条规定，上市公司应当如实地披露其所有专利的相关信息。此后，证监会于2009年发布的17号文件中再次强调了这一内容。可见，对专利信息的隐瞒是一种违法的行为，若上市公司因隐瞒专利信息而被处罚，最终也会导致其所拥有的专利被公之于众。

因此，为了达到保护专利信息，同时又不违背证监会规定的目的，上市公司必须对信息披露的内容进行精心的设计与安排。

在上市公司信息披露中，数字信息的真实性受到监管部门和投资者的密切关注，但截至目前，监管部门并没有出台针对占比绝大部分的文本信息的规范。就信息含量而言，文本信息相比于数字信息能够起到更好的解释和说明作用。近年来，随着计算机文本分析技术的发展，有不少学者发现上市公司披露的文本信息具有一定的信息含量，能够影响投资者的投资决策（Huang，Teoh and Zhang，2014；林乐和谢德仁，2016 等）。本节推断，上市公司管理层在进行专利信息披露时，一方面是遵照证监会的要求对涉及专利研发、价值等信息进行披露，另一方面可能通过文本信息来干扰外界对专利信息价值的判断，从而达到保护专利的目的。为了检验此推断，本节提出以下假设：

假设5-2：企业新增专利数量越多，年报中的文本信息就越保守。

3. 企业研发活动、外部环境与文本信息披露

信号均衡理论认为，上市公司为了纠正股票的错误定价和降低股权融资成本会及时地向市场传递包括财务信息在内的各种信号。企业在科技研发方面的投入无疑是一种乐观的信号，它能够向市场传递公司目前经营业绩良好和公司正在积极地把握市场机遇的信息，同时还有助于通过股权融资的方式为研发活动获取充足的现金流支持。然而袁东任和汪炜（2015）认为，研发活动与销售、生产和其他企业活动相比具有更高的信息风险、资金风险和经济风险。其中信息风险表现为企业的知识产权可能随着研发数据的披露而泄露；资金风险表现为研发投入最终可能无法形成专利成果；经济风险表现为研发活动的失败给企业带来的不利后果。以上原因造成了企业对研发活动披露的意愿度不高的现象。但是研发活动并不是一个孤立的过程，它受到诸多外部因素的制约，当以下制约因素发生变化时，企业对研发信息披露的保守态度将可能随之改变。

（1）高新资质认定。为了鼓励更多的企业投入科技研发，我国政府在2008年出台了《高新技术企业认定管理办法》，其中规定当申请企业最近一年的研发投入总额达到销售收入总额的一定比例时（4%~6%）将可以被认定为高新资质企业，享受一些优惠政策。与此同时，为了防止非高新技术型企业为了获取优惠而进行认定，证监会于2009年和2010年两度发文，对高新资质企业的研发活动披露内容进行了具体规定。

获得高新资质认定对于企业无疑是一种利好消息，能够为企业带来减税降

费、政府补贴等优惠。然而木秀于林，风必摧之，获得认定之后等于向社会宣告了企业具有较强的创新和研发能力，这会使得企业成为同行业和周边行业竞争者超越和模仿的对象。而证监会对于研发活动披露的规定则在某种程度上为这些竞争者打开了方便之门。Durnev（2009）认为，高新技术企业在披露研发信息之后，其他企业可以根据其研发内容和未来预期前景来决定竞品或是替代品的生产。更有甚至，其中不乏实力雄厚的大型企业利用自身优势，抢先研发并注册专利。这些情况的发生将使具有高新资质的企业在市场竞争中处于不利的地位。

此外，张子余（2015）的研究发现，企业在获得高新资质认定的前一年里普遍存在"激进的收入确认行为"。在获得高新资质认定后，由于应计项目的回转，将可能导致营业收入的大幅度下降。而营业收入的降低必然使得管理者对未来前景的描述趋于保守。

综上所述，获得政府部门的高新资质认定后企业将承担更多的信息披露义务，然而由于知识产权保护动机和应计项目反转的特点，高新资质企业的年报信息可能会比未获得高新资质认定的企业显得更为保守，为了检验以上推断，本节提出以下假设：

假设5-3：企业获得高新资质后，对研发活动的保守性披露态度将加强。

（2）融资约束。高新技术企业的研发活动是高成本的，其中包括引进专业型人才和价格昂贵的先进设备，这不仅需要巨额的初始投入还需要持续的现金流的支持。有学者通过研究发现高新技术企业相比于一般企业更可能陷入融资困境（Himmelberg，1994）。

谢家智（2014）认为，高新技术企业处于对知识产权保护的动机在年报中对研发活动的披露意愿不强，这就造成了高新技术企业与投资者之间严重的信息不对称，从而削弱了企业的股权融资能力。而研发投入的收益滞后性使得内源融资无法满足研发活动的需要，此时高新技术企业的融资将在很大程度上依赖于债务融资。对于银行而言，高新技术企业所投入的研发项目具有较高的不确定性，多阶段的研发投入很容易受到外部因素，例如现金流、外部竞争的影响而最终被费用化。此外，高新技术企业在类型上通常属于中小型企业，他们缺乏可抵押的固定资产，因此高新技术企业更容易受到银行的歧视，很难获得持续、充足的债务融资（Cornaggia and Mao，2015）。

本节认为，为了达到银行的贷款条件，高新技术企业需要向银行表明企业的持续盈利能力和研发项目良好的市场前景。此时，高新技术企业可能会为了企业的生存而被迫放松对知识产权的保护，在年报中对研发活动的进程和专利未来的市场前景做出真实的估计。为了检验该推断，本节提出以下假设：

假设5-4：存在融资约束的企业对研发活动的保守性披露态度会减弱。

（3）地区知识产权执法力度。产权保护在很大程度上会影响企业的研发积极性，它对企业是否能够获得合理的研发回报起到至关重要的作用（史宇鹏，2013）。同样地，产权保护的完善程度也将影响企业对研发活动的披露意愿。对于高新技术企业而言，由于创新研发活动的特点，他们需要充足的现金流用以支持研发进程，而债务融资约束的存在将使得他们必须通过股权融资的方式来获取资金（Brown and Petersen，2011）。高新技术企业对创新研发信息的披露将提振投资者信心，有助于企业以更低的成本获取资金；相反，若企业对研发活动进行隐瞒，将影响投资者对于公司的价值判断，进而低估公司的价值。从这一点上看，若拥有完善的产权保护制度，高新技术上市公司是愿意对研发活动进行披露的。

然而，我国的知识产权保护法正处于逐步完善阶段，各地区对违反知识产权法的执法力度不尽相同，本节推断地区的知识产权执法力度将影响企业对于研发活动的真实披露，具体而言，若企业所在地区的知识产权执法力度较低，则企业在进行研发活动披露时将有所保留，刻意对研发活动的未来前景做出悲观估计，以此来减少觊觎者对企业知识产权项目的关注；相反，若企业所在地区的知识产权执法力度较高，则企业为了出于融资需要，就会对研发活动进行乐观的披露，以此来提振投资者对企业未来前景的信心，从而帮助企业获取成本更低的股权融资。为检验以上推断，本节提出以下假设：

假设5-5：企业所在地区知识产权保护较强时，对研发活动的保守性披露态度会减弱。

二、样本选取与数据来源

本章以我国沪深证券交易所A股上市的高科技型企业2007~2019年的所有公司为初始对象。本章使用的所有数据来自CSMAR数据库、同花顺iFind数据库和巨潮资讯网以及国家专利局网站。

被解释变量研发信息披露水平，数据来自于沪深证券交易所公布的公司年报，其他财务数据分别来自于WIND数据库和CSMAR数据库。

为了保证数据的有效性，依据以下原则进行样本筛选：（1）剔除金融类上市公司；（2）剔除所有研发词频读取无效的样本；（3）为避免行业公司过少的结果影响，剔除公司数目数据少于 10 家的行业。根据中国证监会 2001 年颁布的《上市公司行业分类指引》对上市公司的行业进行匹配，取一位代码分类，由于制造业数量多，取两位代码分类。同时，由于证监会 2012 年进行了行业分类调整，本章一并在这里进行了调整，以保证样本期间行业分类的一致性。对所有连续变量进行了 1% Winsorized 的处理，所有数据处理均采用 STATA13 进行。

三、变量定义与模型构建

（一）变量定义

1. 被解释变量

本章借鉴了谢德仁等（2015）的方法来度量年报文本信息乐观度。采用了关键词抓取法来度量文本信息乐观度，例如"增加"等乐观词语；"减少"等悲观词语。然而这些词语在具体的语境中可能发生语义反转，例如费用的增加与费用的减少、损失增加与损失减少等等情况。这种关键词抓取法在语句情感倾向的度量中存在误差，可能影响了结果的可信度。对此，本节参考 Li（2010）的研究，采用 Naïve Bayes 算法，对语句结构进行分析，具体而言，本节预先设置如"业绩×××上""收×××增""收×××提""费×××增""费×××提"等基本语句结构元，这样可以忽略语句中其他成分的干扰，可以更为准确地分析语句情感倾向。本节预先设置的语句数达到 264 个，能够基本准确地模拟人工阅读的判断标准，所得结果基本可靠。在文本信息的提取方法上，使用网络爬虫（Web Crawler）程序自动抓取同花顺数据库上的年报。通过批量解析网站上的年报下载地址，发起网络请求将 PDF 格式的报告下载至本地文件中，再通过解析 PDF 文件使之转化为 TXT 格式，并通过 Python 的语言分析模块统计文中的关键词频率，最后导出到 Excel 表格中。计算公式为如下所示，其中 Pos 为乐观词语数；Neg 为悲观词语数。

NetPos =（乐观词语数－悲观词语数）/（乐观词语数＋悲观词语数）[①]

[①] 本文借鉴谢德仁和林乐的研究，将乐观词语定义为如增加、增长、上升、提高等表示增加的词语；将悲观词语定义为如降低、下降、减少、下滑等表示减少的词语。

如果结果大于0,说明文本信息是乐观的;若小于或等于0,则说明文本信息是保守的。

2. 解释变量

为了从多角度衡量企业的创新活动,本文借鉴漆苏(2014)通过创新支出占比和袁东任等(2015)通过专利数量的度量方式,对研发活动进行度量。

3. 控制变量

借鉴国内外同类研究,本文引入高新资质认定(Tech)、融资约束(KZ)、知识产权执法力度(IPP)、权益收益率(ROE)、资产负债率(LEV)、企业规模(Asset)、上市时间(Age)、企业成长性(Growth)、两职合一(Duality)、高管接受教育年限(EDU)、高管工作年限(Exper)和股权集中度(FSHR)作为控制变量。

以上变量汇总如表5-1所示。

表5-1 变量定义表

	变量名称	变量符号	变量定义
被解释变量	文本信息乐观度	NetPos	乐观词语个数—悲观词语个数/情绪词汇
解释变量	研发投入1	R&D1	研发支出与销售收入之比
	研发投入2	R&D2	研发支出与总资产之比
	本年度申请专利	Patent1	当年新增专利申请数量
	本年度获取专利	Patent2	当年新增专利获取数量
控制变量	高新资质认定	Tech	得到政府认定的高新资质取1,否则取0
	融资约束	KZ	KZ指数
	知识产权执法力度	IPP	专利侵权立案数与该地区专利授予量之比
	净资产收益率	ROE	净利润与净资产之比
	财务杠杆率	LEV	负债总额与资产总额之比
	公司规模	Asset	资产总额的自然对数
	上市年限	Age	公司上市年限
	公司成长性	Growth	主营业务收入增长率
	两职合一	Duality	董事长和CEO是否两职合一
	高管受教育年限	EDU	CEO接受高等教育的年限
	高管工作年限	Exper	CEO工作年限
	股权集中度	FSHR	第一大股东持股比例

(二) 模型构建

为了检验以上假设，本章构建以下回归模型：

$$NetPos = \beta_0 + \beta_1 R\&D_{it} + Controls_{it} + \Sigma Year + \Sigma Ind + \varepsilon_{it} \tag{1}$$

$$NetPos = \beta_0 + \beta_1 Patent_{it} + Controls_{it} + \Sigma Year + \Sigma Ind + \varepsilon_{it} \tag{2}$$

$$NetPos = \beta_0 + \beta_1 R\&D_{it}(Patent_{it}) + \beta_2 KZ_{it} + \beta_3 R\&D_{it}(Patent_{it} * KZ) + Controls_{it} + \Sigma Year + \Sigma Ind + \varepsilon_{it} \tag{3}$$

$$NetPos = \beta_0 + \beta_1 R\&D_{it}(Patent_{it}) + \beta_2 Tech_{it} + \beta_3 R\&D_{it}(Patent_{it}) * Tech + Controls_{it} + \Sigma Year + \Sigma Ind + \varepsilon_{it} \tag{4}$$

$$NetPos = \beta_0 + \beta_1 R\&D_{it}(Patent_{it}) + \beta_2 IPP_{it} + \beta_3 R\&D_{it}(Patent_{it}) * IPP + Controls_{it} + \Sigma Year + \Sigma Ind + \varepsilon_{it} \tag{5}$$

若假设 5-1 成立，则模型（1）中变量 R&D 的回归系数应为负，说明相比于研发投入少的企业，研发投入多的企业在年报中将对未来做出更为保守的披露；若假设 5-2 成立，则模型（2）中变量 Patent 的系数应为负，说明说明新增专利申请和持有量越多的企业，其年报的文本信息会更加悲观。若假设 5-3 成立，则模型（3）交乘项 R&D*KZ 的系数应显著为正，说明受到融资约束的企业将被迫放松对知识产权的保护，在年报中披露研发活动的良好未来前景。若假设 5-4 成立，则模型（4）交乘项 R&D*Tech 的系数应显著为负，即具有高新资质认定的企业将更加可能对研发活动进行悲观的披露。若假设 5-5 成立，则模型（5）交乘项 R&D*IPP 的系数应显著为负，说明知识产权保护力度大的地区，高新技术企业将更加有意愿对研发活动进行披露。

第三节 实证结果与分析

一、主要变量描述性统计分析

为防止极值效应，本文对所有连续变量均在上下 1% 的水平进行缩尾处理（Winsorize），极值处理后的描述性统计详见表 5-2。

表 5-2　　　　　　　　主要变量描述性统计

变量	N	平均值	标准差	最大值	中位数	最小值
NetPos	3774	0.058	0.145	1.000	0.264	-1.000
R&D1	3774	0.053	0.047	0.730	0.040	0
R&D2	3774	0.025	0.017	0.237	0.021	0
Patent1	3774	24.45	50.08	1174	14	0
Patent2	3774	13.24	30.51	853	7	0

从表 5-2 可以看出，高新技术类上市公司的年报文本信息乐观程度（NetPos）的平均值为 0.058，标准差为 0.145，这说明这类企业的管理层在进行研发信息披露时主要以保守态度为主，并不希望通过乐观的披露来暴露公司具有盈利能力的知识产权项目。两种方式所计算出的研发投入 R&D 的均值分别为 0.053 和 0.025，这说明高新技术类企业对研发投入十分重视，将资金大量投放于研发项目以获取未来竞争优势。当年新增专利申请数量 Patent1 的均值为 24.45，标准差为 50.08；当年新增专利获取数量 Patent2 的均值为 13.24，标准差为 30.51，这些结果说明高新技术企业具有较强的技术创新和成果转化能力。

二、模型回归结果与分析

（1）企业研发投入与信息披露

从表 5-3 的回归结果可以看出，两种计算方法所得出的研发投入与年报文本信息的乐观程度呈负相关关系。具体来看，研发投入与销售收入之比所得到的 R&D1 与年报文本信息乐观度 NetPos 的回归系数为 -0.012（$T = -2.88, P < 0.01$）；研发投入与总资产之比所得到的 R&D2 与年报文本信息乐观度 NetPos 的回归系数为 -0.003（$T = -1.91, P < 0.01$）。该结果说明企业的研发投入与信息披露的乐观度呈负相关关系。这意味着当管理者迫于监管部门的压力对研发投入进行披露时，他们将在年报中刻意以悲观的语言来对研发投入的成果转化和市场前景进行描述，以避免吸引外部竞争者的抄袭和模仿。该结论说明假设 5-1 成立。

（2）企业专利申请与获取量与信息披露

同样由表 5-3 的回归结果可以看出，当新增专利申请数量 Patent1 作为解释变量时，年报文本信息乐观度 NetPos 的回归系数为 -0.0002（T = -4.56，P < 0.01）；当新增专利获取量 Patent2 作为解释变量时，年报文本信息乐观度 NetPos 的回归系数为 -0.0004（T = -4.42，P < 0.01）。该结果说明企业专利获取与申请数量与年报文本信息乐观程度呈负相关关系。这意味着当本会计期间研发投入转化为成果的数量较多时，管理层为了保护专利成果，将在年报中运用保守性的语言来对专利信息以及市场前景进行描述。该结论说明假设 5-2 成立。

表 5-3　　企业专利申请与获取量、研发投入与信息披露

变量	NetPos			
	模型（1）		模型（2）	
R&D1	-0.012*** (-2.88)			
R&D2		-0.003* (-1.91)		
Patent1			-0.0002*** (-4.56)	
Patent2				-0.0004*** (-3.42)
ROE	0.554*** (10.75)	0.551*** (10.70)	0.550*** (10.95)	0.549*** (10.88)
Duality	0.002 (0.21)	0.003 (0.29)	0.003 (0.31)	0.003 (0.30)
FSHR	0.064 (0.83)	0.059 (0.75)	0.066 (0.86)	0.066 (0.85)
EDU	0.013* (1.74)	0.013* (1.76)	0.014* (1.84)	0.013* (1.79)
Exper	-0.028 (-1.66)	-0.025 (-1.52)	-0.027 (-1.60)	-0.026 (-1.60)
Age	-0.017 (-7.06)	-0.017 (-6.95)	-0.017*** (-7.14)	-0.017*** (-7.03)
Asset	0.070* (6.75)	0.064 (6.32)	0.066*** (6.52)	0.064*** (6.45)

续表

变量	NetPos			
	模型（1）		模型（2）	
Growth	－0.243** (－2.06)	－0.300*** (－2.58)	－0.284** (－2.47)	－0.295*** (－2.57)
Lev	－0.046 (－1.52)	－0.049 (－1.58)	－0.050 (－1.59)	－0.048 (－1.56)
常数项	－1.059*** (－4.99)	－0.898*** (－4.33)	－0.961*** (－4.71)	－0.945*** (－4.64)
Year/Ind	控制	控制	控制	控制
N	3774	3774	3774	3774
R^2	0.064	0.065	0.054	0.065

注：***、**、*分别表示1%、5%和10%的显著性水平，括号中的数字为T值。

(3) 企业研发活动、外部因素与信息披露

为了研究外部因素对研发活动与信息披露的调节效应，本节构建了模型3~5来检验假设5-3、假设5-4和假设5-5。由表5-4的回归结果可知，当以新增专利申请数量来度量研发活动时，调节变量高新资质Tech的回归系数显著，交乘项Tech×Patent1的系数为－0.077（T＝－1.87，P＜0.1），调节效应显著，这说明企业获得高新资质认定以后，为了避免竞争者对企业知识产权的觊觎，管理层在年报中对研发活动信息的披露将趋于保守，甚至以悲观的态度进行描述，假设5-3成立。调节变量融资约束KZ的回归系数显著，交乘项KZ×Patent1的系数为0.074（T＝2.44，P＜0.05），调节效应显著，这说明当企业存在融资约束时，为了更好地在资本市场上获取股权融资，管理层将被迫放松对研发活动的隐瞒，相反地，他们将以更加乐观的语言对公司研发活动进行描述，以期起到提振投资者信心的作用，假设5-4成立。调节变量地区知识产权执法力度IPP的回归系数显著，交乘项IPP×Patent1的系数为0.054（T＝3.29，P＜0.01），调节效应显著，这说明当企业所在地区的知识产权执法力度较大时，企业将更加放心地在年报中对于研发活动进行披露，假设5-5成立。

此外，为了更加全面地实现对研发活动的度量，本节除了通过已形成成果的专利申请与获取作为度量方式，还选择了研发投入R&D来度量企业的

研发活动。当研发活动以研发投入 R&D 进行度量时，假设 5-4、假设 5-5 依然得到了验证，然而假设 5-3 的回归结果却表现为不显著，这说明高新资质企业更加倾向于对已形成的研发成果进行隐瞒。由于本节是通过研发成果和研发投入两种方式来度量企业研发活动的，因此这一结果并不影响假设 5-3 的成立。

表 5-4　　　　　　　　企业研发活动、外部因素与信息披露

变量	NetPos		
	模型（3）	模型（4）	模型（5）
研发活动 = Patent1			
Patent1	-0.0002*** (-3.87)	-0.0002*** (-3.22)	-0.0001*** (-3.10)
Tech	-0.170*** (-2.71)		
Tech × Patent1	-0.077* (-1.87)		
KZ		0.054*** (2.96)	
KZ × Patent1		0.074** (2.44)	
IPP			0.014** (2.08)
IPP × Patent1			0.054*** (3.29)
控制变量	控制	控制	控制
控制行业年份	控制	控制	控制
N	3374	3374	3774
R^2	0.054	0.104	0.129
研发活动 = R&D1			
R&D1	-0.013 (-1.19)	-0.023** (-2.31)	-0.018* (-1.77)
Tech	-0.088 (-1.39)		

续表

变量	NetPos		
	模型（3）	模型（4）	模型（5）
Tech × R&D1	-0.105 (-0.44)		
KZ		0.068*** (3.54)	
KZ × R&D1		0.050*** (5.56)	
IPP			0.013* (1.83)
IPP × R&D1			0.051** (1.99)
控制变量	控制	控制	控制
Year/Ind	控制	控制	控制
N	3374	3374	3374
R^2	0.100	0.085	0.109

注：***、**、*分别表示1%、5%和10%的显著性水平，括号中的数字为T值。

(4) 政策执行效力研究

获得政府认证的高新资质能够获取税收、政府补贴等方面的政策优惠，这对以中小型企业为主的高新技术类企业而言无疑是具有诱惑力的。然而许玲玲（2016）研究发现，部分高新技术类企业并不热衷于获得高新资质认定，因为高新资质企业在获取政策优惠的同时要接受更为严格的监管和承担更大的信息披露义务，这对以知识产权为核心资产的高新技术企业来说是不利的。不可否认，高新技术企业对自身知识产权保护的做法无可厚非，但是作为上市公司而言对信息进行隐瞒甚至歪曲将加剧资本市场的信息不对称，最终损害中小投资者的利益。为了规范上市公司对研发活动的披露，证监会于2014年对《公开发行证券的公司信息披露编报规则第15号——财务报告的一般规定》进行了修订，其中规定所有上市公司必须做到：第一，结合自身研发活动的特点，对费用在研究和开发阶段的划分在报表附注中进行说明；第二，分项披露开发支出期初余额、期末余额和本期增减变动情况；第三，披露资本化开始时点，资本化具体依据和截至期末的研发进度。该政策出台至今已历多年，它对高新技术企业信息披露的行为是否起到了规范作用呢？为了研究该政策的执行效力，本节将未获得政府高新资质认定的企业作为实验组，将政策出台前已经被认定为高新资质的企业作为控制组，因为在政策实施之前已获取高新资质认定的企业本身就需要进行详细的研发活动内容披露，因此这些企业较少受到该政策的影响。本章借助双重差分匹配的方法对该政策的执行效果进行研究，为了排除异常样本对于研究结果的影响，在分组前剔除了以下样本：①在研究时间范围内被取消高新资质的企业；②2014年政策颁布后被认定高新资质的企业。双重差分匹配的结果如表5-5所示：

表5-5　　　　　　　　　双重差分匹配

时间	组别	NetPos	S. Err.	T统计量	P值
实验前	控制组	0.028			
	实验组	0.197			
	Diff（T-C）	-0.03	0.008	-3.74	0.000***
实验后	控制组	0.219			
	实验组	0.218			
	Diff（T-C）	-0.001	0.007	0.13	0.899
Diff-in-Diff		0.029	0.010	2.80	0.005***

注：***、**、*分别表示1%、5%和10%的显著性水平。

由表5-5的差分匹配结果可知，在2014年政策颁布之前，控制组和实验组在年报文本信息的乐观程度上具有显著差异，其中实验组的文本乐观度均值低于控制组，这说明未获得高新资质认定的企业在信息披露上更为灵活，他们更容易通过对研发活动的不真实披露来保护自身知识产权不被泄露。而在2014年《公开发行证券的公司信息披露内容与格式准则第30号》颁布施行之后，控制组和实验组的组间差异不显著，这说明被监管部门施加同样的信息披露规范之后，获得高新资质认定的企业和未获得资质的高新技术企业在信息披露上的差异在统计上不显著。总体上来看，实验前与实验后组间存在显著差异，双重差分匹配的结果是可信的。该结论说明政策的执行效率较好，起到了规范高新技术企业对研发投入的披露目的，较好地保护了中小投资者的利益。

三、稳健性检验

在假设 5-3 的检验中,当研发活动以研发投入 R&D1 来进行度量时的回归结果不显著,这是否说明研发投入 R&D1 对年报文本信息乐观度 NetPos 并不产生影响呢?为了检验变量 R&D1 对本研究中的有效性,同时也为了缓解本节存在的内生性问题,本节采用了断点回归(RDD)来对研发活动与年报文本信息乐观度的关系进行研究。为了确定研发投入达到何种程度时年报文本信息的乐观度将开始趋于悲观,本节对 NetPos 和 R&D1 进行了门限效应估计,由表 5-6 的结果可知,当 R&D1 取值为 0.1 时,模型出现一个门限。为了检验门限效应的可靠性,本节对 NetPos 和 R&D1 进行了断点回归(RDD),断点事件为研发投入 R&D1 取值为 0.1。从上表可以看出,模型的断点效应为 0.083,结果在 5% 的水平上显著,说明断点效应存在,即当研发支出达到销售收入的 10% 时,年报文本信息将开始逐渐趋于保守(如图 5-1 所示)。该结果说明企业研发活动将影响年报文本信息的乐观程度,本节所得出的结论并不存在互为因果的内生性问题。

表 5-6   门限效应和断点回归结果

Panel A 门限效应估计结果和显著性检验		
NetPos		
门限效应估计值		p-value
R&D1	0.100**	0.02
假设检验		p-value
H0:没有门限	H1:有一个门限	0.02
H0:一个门限	H1:有两个门限	0.15
H0:两个门限	H1:有三个门限	0.40
Panel B 断点回归结果和显著性检验		
估计方法	估计值	p-value
Conventional	-0.070**	0.041
Robust	-0.083**	0.030

续表

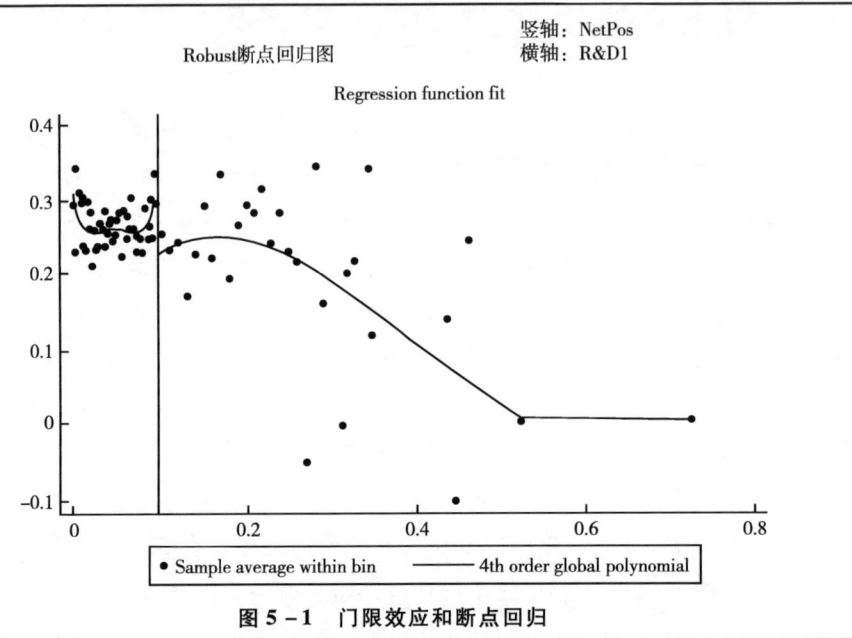

图 5-1 门限效应和断点回归

注：***、**、* 分别表示 1%、5% 和 10% 的显著性水平。

第四节

本章小结

由于高新技术企业的特点，他们在对是否披露研发活动的问题上存在着矛盾，一方面，积极的披露能够让投资者更好的理解研发活动对于企业的价值；另一方面，过于详细的披露将招致竞争对手的觊觎。出于对企业核心竞争力——知识产权的保护，高新技术企业对研发活动的披露具有模糊性和误导性，这加剧了市场的信息不对称，损害了中小投资者的利益。为了保护中小投资者的利益和规范上市公司的信息披露，证监会从 2008 年以来多次出台针对研发披露的规范，高新技术上市公司迫于监管压力，不得不在年报中对研发活动的数据进行披露，然而在数据披露的同时，他们在文字说明部分对研发活动的解释是否客观真实呢？本节以我国 2007～2019 年的高新技术上市公司为样本对该问题进行了研究，结果发现：（1）上市公司的研发力度越大，年报文本信息就越保守。（2）高新资质认定、融资约束和知识产权执法力度将影响研究活动与年报文本信息的关系。本节的进一步研究发现，证监会于 2014 年修订的《公开发行证券的公司信息披露编报规则第 15 号——财务报告的一般规定》对未取得国家高新资质认定的高新技术类企业的研发活动披露起到了规范的作用，达到了预期的政策效力。结合以上研究结论，本节提以下两点建议：

（1）尽早出台针对上市公司年报的文本信息规范

我国证监会对上市公司的研发活动披露进行了强有力的监管，并取得了预期的成效。高新技术上市公司在研发信息披露方面正在与国际接轨。然而迄今为止，证监会尚未出台任何的针对年报文本信息的披露规范，这导致个别企业的年报中存在数字信息与文字信息相矛盾的现象，不利于投资者对数字信息的解读。从西方成熟的资本市场的经验看，肖浩，詹雷和王征（2016）指出，美国证券交易委员会（SEC）在 2005 年出台了对上市公司信息披露中的文本信息的规范，对用语的规范性和间接性做出了明确规定，此后，美国上市公司的文本信息披露质量得到了切实提高。而与英语相比，汉语在语义传达方面更具多样性，这就给了管理者策略性披露的空间。为了更好地保护中小投资者的利益，本章建议证监会也应着手出台相应的文本信息规范。

（2）加强知识产权的执法力度

从理论上而言，高新技术企业对研发活动的披露更有利于其股权融资行为，因此高新技术企业应更乐于披露这些信息。然而事实却恰好相反，有学者指出，高新技术上市公司对研发活动的披露意愿不强在很大程度上是由于担心知识产权被窃取。本章通过研究发现，在知识产权执法力度高的地区，高新技术企业对于研发活动的披露更为客观和规范，因此规范上市公司的研发活动披露还需要地方知识产权执法机构的大力配合，只有当侵犯知识产权的行为得到及时且有效的惩治时，高新技术企业才能得到更好的发展，科技创新的国家战略才能够更好地施行。

第六章

上市公司研发活动年报文本信息披露与风险传递

第一节 研究背景与研究现状

一、研究背景

研发活动是一项重要的投资决策。党的十八大以来，万众创新的新态势逐渐形成，资本市场上出现了众多以高科技研发为发展方向的公司，这些公司主要依靠知识产权为核心竞争力，在日常经营中投入了大量的资本性支出、研发费用和技术人员来从事研发活动。然而，由于研发活动具有较高的沉没成本和较低的抵押价值，使得这些公司通常面临着融资约束。在这种情况下，积极地进行信息披露，向外界传递研发活动的进程与前景似乎是缓解融资困境的最佳方案，但从事实上看，上市公司对研发活动的披露意愿并不强。根据万德资讯的统计显示，2014年之前每年有20%左右的上市公司对研发成果做出了披露，而仅有不到10%披露了研发进度。这意味着，上市公司宁愿承受融资约束，也不愿意对外披露研发活动细节。

贝洪俊（2019）认为对于上市公司而言，在经营过程中所面临的风险是难以靠财务信息披露来表达，更多的时候，它们必须通过补充性的文字描述来对财务信息进行解释。上市公司在披露风险时，应采取以非财务信息为主、财务信息为辅的策略。这是由于：①非财务风险信息不需要受到审计与监管，因此在可靠性方面备受质疑，戴维斯（Davis）等认为这种非财务风险信息实质上是传递和伪造成本很低的"廉价信息";②非财务风险信息在披露时相比于财务信息而言更好理解,一些中小投资者可能会直接将其解读为坏消息,甚至还会曝光公司商业秘密,这对公司而言是不利的。该文通过 2006~2017 年我国 A 股首次公开发行的传媒上市公司进一步证实发现,风险信息披露与上市首日 IPO 抑价率呈显著负相关关系,与银行短期贷款变化率呈显著正相关关系。该结果说明,上市公司进行风险信息披露绝不是自曝其短,而是一种履行社会责任的行为,有助于上市公司增加公信力,帮助减少社会资源错配,最终提高经济运行效率。①

然而,证监会 2014 年修订的信息披露规则②中规定上市公司必须对研发细节进行公开。该规则的出台虽然缓解了资本市场信息不对称,但研发活动的外部性将导致技术外溢,可能为公司增加信息泄露风险。本章研究认为,上市公司为了确保研发活动信息安全,将通过风险信息的策略性安排来降低外界对研发前景的预期。现有研究表明,风险信息具有异质性,能够影响投资者的价值判断,造成投资者的意见分歧。当投资者认为研发活动存在较高风险时,将减少对公司的关注。虽然这不利于公司融资,但却能在一定程度上起到保护研发项目的作用。为了印证该观点,我们选取 2010~2017 年 A 股上市公司作为研究对象,实证检验了研发活动与风险信息披露之间的关系,有如下发现:第一,上市公司研发活动与风险信息披露存在显著正相关关系。第二,当上市公司存在"伪研发"或所在地区知识产权保护力度较高时,这种关系将有所减弱。

本章研究可能存在以下的边际贡献。

第一,本章研究拓展了公司研发活动的研究领域。已有研究非常关注公司研发投入和专利数量的影响因素及经济后果,我们则从反向视角探讨研发活动如何反过来影响公司行为。本章研究发现研发活动较多的上市公司会倾向于更多的披露研发风险,这说明公司并不总是出于融资的需要而主动降低信息不对称,研发能力较强的公司出于知识产权保护动机考虑会有选择或有差别地进行信息披露,但该问题仍有待进一步研究和探讨。

第二,本章研究通过计算机文本分析工具实现了对风险信息的量化,实证论证了风险信息与公司行为之间的关系,这有助于增进我们对公司风险因素的

---

① 贝洪俊. 论风险披露与传媒上市公司融资的关系 [J]. 中国出版, 2019 (10): 45-49.
② 中国证监会: 公开发行证券的公司信息披露编报规则第 15 号, 2014.

认知。风险因素是投资者和其他利益相关者急需了解的内容,虽然该信息十分重要,但在形式上却属于非数字型信息,这就不利于学者对其开展研究,而我们所提出的度量方法可能会对后续研究提供微薄的参考作用。

二、研究现状

(一)相关文献回顾

1. 企业研发活动的相关文献回顾

研发活动是公司的一项重要的投资决策,具有高风险和高回报性。其中高风险性体现在研发活动具有信息风险、资金风险和经济风险。信息风险表现为公司研发活动具有高度的不确定性,即使是从事研发的公司也无法准确地预测研发活动的时间表,因此无法准确及时地向外界披露相关信息,这就造成了信息不对称[9],而信息不对称又将引发资金风险。解维敏和方红星(2011)的研究表明,资金将直接影响公司研发活动的成败,因为研发活动是需要持续的资金用以维持的,若资金链断裂,则不仅研发活动将难以为继,公司也可能面临破产,这就造成了公司的经济风险。

研发活动的高回报性一方面体现在项目研发成功为公司带来的巨大经济利益。第一,研发活动最终转化形成的新产品和新服务能够市场当中取得领先优势,从而增加公司利润。有众多研究表明,公司的研发投资与经济收益呈显著正相关关系。第二,研发活动的高回报性还体现在研发的过程中公司能够享受到国家对从事创新研发公司的一系列支持性政策。例如《高新技术企业认定管理办法》和《企业研究开发费用税前扣除管理办法(试行)》。

鉴于研发活动这种收益与风险并存的特性,有学者指出,公司不总是从事以最终获得专利为目标的"真研发",有不少公司实际上在从事"伪研发"活动,其目的在于规避研发活动的风险,而享受研发活动所带来的各项收益。通过对现有文献的梳理,我们总结了以下几种"伪研发"类型。第一,"认定型"伪研发。安同良等(2009)发现部分上市公司为了获得国家高新资质认定。具体表现为在认定前虚增研发费用,而在获得认定后,立即削减了研发费用。第二,"避税型"伪研发。Chen(2014)发现一些上市公司的增列研发费用的目的在于获得税收优惠,享受加计扣除政策所带来的所得税减免,这些公司通常表现为研发绩效较低。

综上所述，文献对公司研发活动的真实性做出了一系列研究，但并未关注到"真研发"公司与"伪研发"公司在信息披露方面的差异。学术界普遍认为，信息披露能够缓解信息不对称，有效降低资本市场对于研发活动的风险感知，从而缓解研发活动为公司带来的风险。由此可以推断，从事研发的公司更倾向于对研发活动进行乐观的信息披露。然而从实际上看，在2014年《公开发行证券的公司信息披露编报规则第15号——财务报告的一般规定》出台之前，每年仅有不到10%的上市公司披露了研发数据，这说明公司在对待研发信息披露的问题上存在着矛盾。然而，随着更严格信息披露规则的出台，大部分公司还是公开了研发数据，而我们从数据上并无法看出公司对待研发活动的态度。因此现有关于"公司是否自愿公开研发信息"的研究陷入了困境。

2. 风险信息披露的相关文献回顾

上市公司所从事的经营活动具有极强的专业性，一般投资者若不具备公司经营和财务分析的相关知识，就不能很好地辨识风险，就会做出错误的投资决策。为保护投资者利益，近年来各国监管部门都出台规则要求公司在年报和其他信息披露形式中对风险信息进行提示。现有研究表明，风险信息具有以下特点：第一，风险信息可以确认和强化投资者的风险认知。即使不进行披露，投资者对投资风险也有一定的认识，且这种认识因投资者的谨慎程度而异。投资者在获取公司所主动披露的风险信息后，可能会对信息做出不同程度的解读，对风险敏感度较低的投资者可能会由于公司主动披露行为而增加对公司的信任度；对风险敏感度较高的投资者可能会由于接受了新的风险信息而变得更为谨慎，这就增加了投资者意见分歧。第二，风险信息通常被视为坏消息。根据认知心理学的观点，信息接受者对于好消息通常保持怀疑态度，而对于坏消息则选择直接相信。在对公司披露坏消息的经济后果研究中发现，资本市场对坏消息的反应程度大于对好消息。因此上市公司所主动披露的风险信息更容易引起市场恐慌。第三，风险信息主要以非财务文本的形式表现，相比于专业性较强的财务数字信息，文本信息在可理解性上更胜一筹，便于一般投资者理解和判断。因此相比于公司披露的会计信息，以文字为主的风险信息更能够引起强烈的市场反应，从而加剧股价波动。

（二）文献评述

根据理性经济人假说的观点，经理人的一切行为应以公司利润最大化为目的。因此，对于公司而言，披露风险的目的应在于降低信息不对称，增加投资者信任，而非"自曝短板"。根据现有研发活动文献的观点，研发活动相比于一般经营活动而言具有更强的专业性和风险性。为了降低投资者对研发活动的风险感知，公司应尽可能避免进行过多的风险披露。即使进行了披露，也应该强调风险是在可控的范围内，或是公司如何对风险进行应对。若非如此，则根据风险信息的特点，投资者将加强对"研发活动最终会失败，并影响公司价值"的信念，这就不利于公司研发活动的进行。

第二节
研究设计与模型构建

一、理论分析及研究假设

（一）公司研发活动与风险信息披露

根据已有文献可知，研发活动可为公司带来较高的经济回报，一方面来源于研发成功后的专利技术，另一方面来源于研发过程中的各项收益，包括可享国家的优惠政策和通过一些基础技术的学习和研究，吸收其他公司的技术外溢。因此我们将研发活动的经济效益分为研发专利和附加收益，如图 6-1 所示。

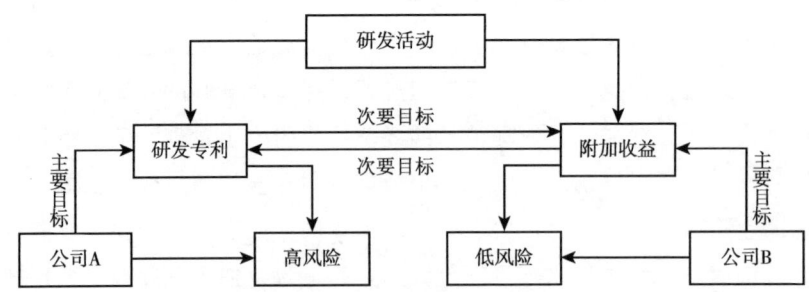

图 6-1 研发活动的风险因素分析

假设有 A 和 B 两家上市公司从事研发活动，公司 A 的主要目标是取得专利；公司 B 的主要目标是享受附加收益。假设除主要目标之外，研发活动的另一项经济效益为公司 A 和 B 的次要目标。从以上描述中可以看出，公司 A 就是现有文献所指的"真研发"公司，而公司 B 就是"伪研发"。根据研发活动的特点，研发投入到专利的过程需要耗费大量的资金成本、人力成本、技术成本和时间成本，且成功率通常保持在较低水平。即使研发成功，还需要经过严密的专利审批程序。在这一过程中若其他公司抢先注册专利，则本次研发成果就将付之东流。因此以研发专利为主要目标的 A 公司所承担的风险较高。相比之下，以获取研发活动附加收益的公司 B 所承担的风险较低，因为该公司并不会真的投入巨大的财力于研发项目，只需要将研发费用调整到享受国家政策的最低条件即可。在这种情况下，公司 A 和 B 对待研发活动的态度必然有所不同。首先对于公司 A 而言，研发活动的前景具有较高的不确定性，而初期准备，包括设备、技术和人力已经逐步投入，此时公司所承担的风险较高。出于对上市公司信息披露义务的考虑，公司 A 应在年报中对公司现阶段的研发目标和资源投入进行信息披露。同时，还需要根据证监会对风险提示信息的披露要求，对风险进行披露。因此，在年报中，公司 A 会披露较多的风险。即使我们做另一种假设，公司 A 清楚研发活动最终有很大的概率转化成专利，那么出于对"伪研发"公司 B 的担忧，公司 A 也不会对研发活动的前景做出乐观的披露，因为公司 B 可能通过信息披露获得技术外溢，进而危害到公司 A 的研发活动。此时他们依然会沿用风险性的披露策略，对研发活动的高风险做出披露，以起到保护知识产权的作用。

相比之下，公司 B 并不具备真实的研发能力，他们希望通过从事研发活动来享受国家优惠政策和吸取公司 A 的技术外溢，因此所承担的风险较低，在进行信息披露时他们会较少的披露风险。我们可以排除公司 B 为了掩盖"伪研发"而故意增加风险披露的可能性，因为根据风险信息的特点，当公司披露风险后，信息不对称虽然被降低，但投资者和债权人通常属于风险厌恶型，他们会因此而减少对上市公司的投资和借款。这种代价是"伪研发"公司 B 所不能承担的，因为融资水平的下降会影响公司 B 在其他经营活动中的表现，而其他经营活动才是公司 B 的主要盈利手段。

为了进一步验证以上推断，本研究还通过数理模型对上述关系进行推导：

假设目标市场仅有 A、B 两家公司竞争，并且由研发产出所带来的市场份额量固定。其中由于 A 公司是真实进行研发的公司，B 公司通过吸取公司 A 的技术外溢获得市场份额，因此假设市场份额大小完全由 A 公司的研发产出来决定，即：
$$Y = AR^{\beta}H^{1-\beta} \tag{6.1}$$

其中，A 为固定系数，β 为弹性系数，R 为 A 公司的科研投入，H 为人力资本投入，此处假设 H 为外生变量。对于 A、B 公司目标市场，有 $Y = Y_A + Y_B$，设 ε 为 Y_A 占据 Y 的份额，即 A 公司占据目标市场的份额；$(1-\varepsilon)$ 为 Y_B 占据 Y 的份额，即 B 公司占据目标市场的份额，则有

$$\begin{cases} Y_A = \varepsilon Y \\ Y_B = (1-\varepsilon)Y \end{cases} \tag{6.2}$$

又由于 B 公司市场份额取决于吸取公司 A 的技术外溢的多少来获得，而技术的外溢多少则是由 A 公司对于相关信息的披露所决定，此处假设信息披露只包括根据证监会对风险提示信息的披露要求对风险进行的披露。风险披露越高，外界对 A 公司的前景越看淡；而 B 公司，由于其主要通过读取 A 公司信息披露来吸收技术外溢获得市场份额，风险占比越高，B 公司能够吸收的技术外溢也就越低。而 B 公司的信息披露对不造成影响，因此假设（A 公司在年报中所披露风险信息的内容），有

$$\varepsilon = k_1 \theta_A + b_1 \tag{6.3}$$

其中，k_1 为该份额的系数项，b_1 为该份额的常数项。此外，风险信息同样会对公司的融资成本造成影响，其中 r 为银行的授信逻辑，是由利率和额度所构成的函数，恒为正。根据以下关系可见，风险披露越多，公司融资成本越高。

$$\begin{cases} C_A = \theta_A r + b_2 \\ C_B = \theta_B r + b_2 \end{cases} \tag{6.4}$$

假设 A 公司、B 公司的利润函数分别为

$$\begin{cases} \pi_A = PY_A - C_A \\ \pi_B = PY_B + y_B - C_B \end{cases} \tag{6.5}$$

其中，P 为高新研发产品的产品价格，Y_B 为 B 公司除高新研发之外的主营业务（假设 A 公司主要收入均来自于高新产品）。代入上述式子，令 π_A、π_B 分别对其自身的信息披露程度进行求导，则可以得到

$$\begin{cases} \dfrac{\partial \pi_A}{\partial \theta_A} = \dfrac{\partial [\text{PAR}^\beta H^{1-\beta}(k_1\theta_A + b_1) - (\theta_A r + b_2)]}{\partial \theta_A} = \text{PAR}^\beta H^{1-\beta} k_1 - r \\ \dfrac{\partial \pi_B}{\partial \theta_B} = \dfrac{\partial [\text{PAR}^\beta H^{1-\beta}(1 - k_1\theta_A - b_1) + y_B - (\theta_B r + b_2)]}{\partial \theta_B} = -r \end{cases} \quad (6.6)$$

因此对于 A 公司来说,当 $(PYk_1 - r) > 0$ 时,有 A 公司 $\dfrac{\partial \pi_A}{\partial \theta_A} > 0$。而由于 $Y = AR^\beta H^{1-\beta}$,则有 $PAR^\beta H^{1-x} K_1 - r > 0$,即 A 公司偏向于选择披露较多的风险信息;而对于 B 公司来说有 $\dfrac{\partial \pi_B}{\partial \theta_B} = -r < 0$,为了降低融资成本,B 公司偏向于选择披露更少的风险信息。为印证上述推断,本章研究提出以下假设:

假设 6-1:上市公司研发活动与年报风险信息披露呈正相关关系。

(二)"伪研发"与风险信息披露

研发是高风险活动又同时具有外部性,容易引发技术外溢。为了防止被竞争者剽窃和抄袭,上市公司倾向于如实或夸大地披露风险,但这种现象仅发生在"真研发"公司。对于寄希望通过研发获取附加收益的"伪研发"公司,披露风险的负效应是其无法承受的,他们更倾向于少披露风险,因为公司需要向投资者和债权人表明公司良好的发展前景和盈利能力,以获得更低成本的股权融资和债务融资以支持其他经营活动。现有研究总结了一些典型的"伪研发"行为。安同良等(2009)发现部分上市公司存在着以获得高新资质认定为目标的"伪研发"现象。为鼓励公司投入研发活动,国家税务总局于 2008 年 4 月 14 日颁布了《高新技术企业认定管理办法》,其中规定公司最近一年的研发投入总额达到销售收入的 4% 以上时可以被认定为高新资质。获得高新资质后,能够享受更多的政府补贴和融资便利等优惠政策。鉴于高新资质能够带来的巨大利益,公司有动机通过操纵研发费用来达到认定标准,在我国法律执行力较弱的背景下,这种行为较难被察觉。即使被察觉,也仅仅是追缴税款和五年内不得申请高新资质认定而已。由于违规成本较低,导致存在这种动机的公司不在少数。

另外,公司还存在着以避税为目标的"伪研发"现象。根据前文分析可知,加计扣除政策规定了费用化的研发支出能够以 150% 来抵扣当年利润,对于公司而言,这能够有效地降低税收成本。更有甚者,由于亏损公司无须缴纳所得税，部分公司就利用研发支出故意制造亏损，以规避纳税义务。即使未来年度盈利，也需要先抵扣前期亏损额后再缴纳所得税。由于这些"伪研发"的公司在发展过程中并不完全依赖于知识产权，且它们所进行的研发项目也并不具备着很高的价值，因此并不需要对研发活动进行隐瞒。相反，为了使得研发支出的分阶段计提更加合理化，公司还会主动披露项目的未来前景，以便在未来若干期间继续将一些不属于研发活动的员工薪酬、设备耗材和资产折旧摊销归集到研发支出当中，继续营造研发费用较高的假象来调低利润，达到避税效果。基于上述分析，本章研究提出假设：

假设6-2：当上市公司存在"伪研发"现象时，研发活动与年报风险信息披露的关系将减弱。

（三）研发活动、地区知识产权保护力度与风险信息披露

目前较宽松的知识产权执法力度是我国研发公司面临较高风险的一个关键原因，知识产权保护水平的提高能够缓解高科技型公司的生存风险。根据省市层面知识产权保护强度指数，有研究发现了省市层面知识产权保护程度提高也有利于各公司在原来基础上加大研发投入。有证据显示，在知识产权保护法更完善的地区，公司会更加放心地披露研发活动。例如美国的特拉华州，自20世纪初以来，该州一直是美国公司法中最重要的司法管辖区，有50%以上的上市公司和"财富"500强公司中有60%是在特拉华州注册成立的。与联邦法规不同，特拉华州通用的公司法是独立立法的，其条款更为细致，能够从法律上为当地公司提供了更为完善的产权保护。当在该地注册的公司研发成果被抄袭时，公司会以该地的法律条款为依据提起诉讼。在完善的产权保护下，抄袭者将面临高昂的诉讼成本，这抑制了竞争者的抄袭动机。在这种情况下，特拉华州的公司在信息披露方面比其他地区更为透明，投资者信任指数显著高于其他地区公司。这反过来为特拉华州公司带来了诸如融资便利等各项优势，使得该州成立的公司能够享受较快发展。由此可见，地方知识产权保护对于研发活动披露的重要作用。反观我国，高科技型公司隐瞒信息披露的根源是法律执行力效率低下，执法力度在各地区间不尽相同，导致违法侵权案件不能得到及时有效惩治。因此本研究认为，在知识产权保护力度较高的地区，为了获取诚实披露带来的各项收益，公司的保守性披露态度将有所缓解。由此提出以下假设：

假设6-3：当所在地知识产权保护力度较高时，研发活动与年报风险信

息披露的关系将减弱。

二、样本选取与数据来源

本章研究样本为 2010～2017 年我国 A 股上市公司，并做以下处理：（1）剔除研发活动缺失样本；（2）剔除金融行业样本；（3）剔除当年 IPO 样本。最终确定 10612 个观测样本，数据经整理和计算后采用 Stata15 计量软件进行分析。我们还采用了 Python 对上市公司年报进行了文本信息提取与分析，通过关键词提取和赋值来度量风险信息披露。本章研究所选用的各项数据来自 CSMAR 及巨潮资讯网。

三、变量定义及模型构建

（一）变量定义

1. 被解释变量

对于风险信息（Risk）的度量，以往的研究采用了人工阅读法和字数统计法。前者工作量较大，效率较低，且无法避免阅读者的主观性；而后者则难以度量风险程度，且无法对风险进行分类。近年来随着计算机文本分析技术的兴起，对大样本上市公司年报进行文本信息提取与分析得以实现，通过网络爬虫技术[1]，有众多学者实现了对年报文本信息的量化。本文借鉴该研究方法，并进行了改进，具体而言，我们首先通过风险特征词进行抓取，再通过关键词定位法抓取用以修饰风险关键词[2]的情感倾向词汇[3]。例如"重大×××缺陷"，其中"重大"为情感倾向词，"缺陷"为风险词。为了保证结果的可靠性，我们将所抓取的所有词语导入到开源分析工具 Word2vec[4]中，寻找与这些词语内

---

[1] 网络爬虫技术：通过 Python 在信息发布网上进行批量下载并将文件转制为 TXT 格式，再进行关键词提取。
[2] 风险特征关键词：包括"风险""缺陷""流动""系统""债务""负担""过剩""失效""过期""困境""汇率""宏观""危机"等。
[3] 情感倾向词：包括"重大""特大""巨大""重要""极""最"等。
[4] Word2vec 是 Google 公司开发的开源词语分析工具，在对百万数量级的词典进行分析学习之后，该工具可以生成词义向量，并根据该向量来判别词语相似度的远近。

容相近程度最高的词语，并将遗漏值重新加入到文本抓取词库之中，共得183个风险特征词汇。最后用语句中所出现的情绪倾向词汇乘以风险词汇数，则是该语句的风险程度，数值越大越说明风险程度高。年报整体风险程度为单个语句风险程度之和。

2. 解释变量

对于公司研发活动的度量，以往有通过研发强度（即研发支出占销售收入比）和当年新增专利授权数目等度量方式，这两种度量方式各有利弊。首先，研发强度能够衡量公司对于研发的投入量，可以看出公司对于研发的重视程度。然而这种方式忽略了某些公司可能刚完成项目的研发，正处于后期论证或专利申请阶段的情形；当年新增专利授权数目虽然能衡量公司的研发成果，但却忽略了那些正在申请的专利。因此，本研究对于研发活动的度量，除了借鉴常用的研发强度（RD1）和新增专利授权数目（RD3）之外，还增加了研发人员薪酬占比（RD2）和当年新增专利申请数目（RD4），以更加全面地刻画公司研发活动。

3. 调节变量

对于"伪研发"，本研究参考杨国超等（2017）的做法，将达标型"伪研发"（OperA）定义为销售收入小于2亿元但研发投入占销售收入比在[4.0%，4.5%）或销售收入大于等于2亿元但研发投入占销售收入比在[3.0%，3.5%）的公司。若符合以上标准则被定义为达标型"伪研发"，取值为1，否则为0；避税型"伪研发"（OperB）定义为销售收入小于2亿元但研发投入占销售收入比大于4.5%或销售收入大于等于2亿元但研发投入占销售收入比大于3.5%，且在符合以上条件的同时还要满足修正Jones模型计算出的负向应计盈余管理程度大于行业均值。若符合上述条件，则被定义为避税型"伪研发"，取值为1，否则为0。

地区知识产权保护力度（IProt）被定义为专立侵权纠纷累计结案数与该地区累计专利侵权纠纷立案数之比。

4. 控制变量

借鉴国内外同类研究，为控制公司治理和财务特征对技术研发效率的影响，本文引入净资产收益率（ROE）、财务杠杆率（Lev）、公司年龄（Age）、公司规模（Size）、公司成长性（Growth）、应计盈余管理（DA）、第一大股东持股比例（FSHR）、CEO接受高等教育年限（EDU）、独立董事人数（Indept）、是否国企（SOE）、审计单位（Big10）作为控制变量。研究模型还加入年度虚拟变量（Year）和行业虚拟变量（Ind），其中行业按照证监会上市公司行业分类指引（2012）进行分类。

（二）模型构建

本章构建以下模型来验证所提出的假设。其中，模型（6-1）是对假设 6-1 的验证，模型（6-2）是对假设 6-2 的验证，模型（6-3）是对假设 6-3 的验证。

$$\text{Risk} = \beta_0 + \beta_1 RD + \beta_2 \sum \text{Controls} + \sum \text{Year} + \sum \text{Ind} + \varepsilon \tag{6.7}$$

$$\text{Risk} = \beta_0 + \beta_1 RD + \beta_2 \text{Oper} + \beta_3 RD \times \text{Oper} + \beta_4 \sum \text{Controls} + \sum \text{Year} + \sum \text{Ind} + \varepsilon \tag{6.8}$$

$$\text{Risk} = \beta_0 + \beta_1 RD + \beta_2 \text{IProt} + \beta_3 RD \times \text{IProt} + \beta_4 \sum \text{Controls} + \sum \text{Year} + \sum \text{Ind} + \varepsilon \tag{6.9}$$

第三节 实证结果与分析

一、主要变量描述性统计分析

表 6-1 为主要变量的描述性统计。从表中可以看出：风险信息 Risk 的均值为 6.571，对应原值 717，最大值和最小值分别为 7.232 和 5.290，对应原值为 1382 和 199，可见上市公司对风险信息的披露存在着较大差异，说明风险信息披露并不是模板化、程序化的形式主义行为，而是上市公司自愿性的信息公开。研发强度 RD1 的均值为 0.035，最大值为 0.728，而最小值为 0，说明不同公司之间的研发活动存在着较大差异。此外，研发人员薪酬占比 RD2 的均值为 0.226；新增专利授权数量 RD3 的均值为 24.99；新增专利申请数目 RD4 的均值为 13.58。达标型"伪研发" OperA 的均值为 0.086；避税型"伪研发" OperB 的均值为 0.113，说明上市公司普遍存在研发费用的操纵行为。地区知识产权保护力度 IProt 的均值为 0.300，说明我国知识产权保护力度普遍较弱，侵权行为并不能得到有效惩治。

表 6-1　　　　　　　　　主要变量描述性统计

变量	样本量	均值	标准差	最大值	中位数	最小值
Risk	10612	6.571	0.574	7.232	6.570	5.290
RD1	10612	0.035	0.048	0.728	0.040	0.000
RD2	10612	0.026	0.056	0.918	0.031	0.012
RD3	10612	24.99	50.89	1174	11.00	0.000
RD4	10612	13.58	31.25	831.0	5.000	0.000
OperA	10612	0.086	0.177	1.000	0.000	0.000
OperB	10612	0.113	0.219	1.000	0.000	0.000
IProt	10612	0.300	0.110	0.900	0.330	0.000

二、模型回归结果及分析

表 6-2 为控制行业和年份的情况下，对模型 6-1 的回归结果。当研发活动以研发强度来度量时，RD1 的系数为 0.357，在 1% 的水平显著；以研发人员薪酬占比来度量时，RD2 的系数为 0.058，在 5% 的水平显著；以新增专利获取数量来度量时，RD3 的回归系数为 0.002，在 1% 的水平显著；以新增专利申请数量来度量时，RD4 的回归系数为 0.001，在 10% 的水平显著。以上结果均表明公司的确借助风险信息披露来保证研发活动的信息安全，并不希望通过乐观披露来吸引外界对公司研发活动的关注，假设 6-1 得到验证。

表 6-2　　　　　　　　　研发活动与风险信息披露

模型/因变量	模型 (6-1)			
	Risk	Risk	Risk	Risk
自变量	研发强度	薪酬占比	专利获取	专利申请
RD1	0.356*** (4.00)			
RD2		0.060** (2.22)		
RD3			0.003*** (3.01)	
RD4				0.002* (1.70)

续表

模型/因变量	模型（6-1）			
	Risk	Risk	Risk	Risk
ROE	-0.251*** (-6.32)	-0.293*** (-6.67)	-0.281*** (-6.44)	-0.164*** (-4.12)
LEV	0.046** (2.11)	0.044* (1.67)	0.058* (1.92)	0.050 (1.29)
Age	0.181*** (15.47)	0.180*** (14.78)	0.187*** (19.37)	0.397*** (16.20)
Size	0.102*** (17.14)	0.102*** (17.33)	0.103*** (16.83)	0.085*** (5.53)
Growth	-0.003 (-0.47)	-0.004 (-0.67)	-0.005 (-1.03)	-0.005 (-1.05)
DA	-0.078*** (-2.66)	-0.095** (-2.51)	-0.152*** (-3.82)	-0.061* (-1.70)
FSHR	-0.000 (-0.00)	-0.000 (-0.03)	-0.004 (-0.65)	-0.005 (-0.45)
EDU	0.012** (2.13)	0.013** (2.38)	0.014** (2.20)	-0.008 (-0.44)
Big10	0.026** (2.35)	0.024** (2.25)	0.033*** (2.56)	0.018 (0.82)
Indept	-0.005 (-0.47)	-0.004 (-0.46)	-0.003 (-0.04)	0.004 (0.36)
SOE	-0.022 (-1.37)	-0.028 (-1.54)	-0.032* (-1.68)	-0.035 (-1.17)
Analysts	-0.105*** (-5.57)	-0.049** (-2.23)	0.093** (2.01)	0.068 (0.98)
Constant	-1.738*** (-11.25)	-1.528*** (-12.26)	-1.215*** (-10.16)	-1.195*** (-4.23)
年份/行业	控制	控制	控制	控制
N	10612	10612	10612	10612
R-squared	0.201	0.191	0.131	0.108

注：***、**、*分别表示1%、5%和10%的显著性水平，括号中的数字为T值。

表6-3是基于"伪研发"、地区知识产权保护力度视角进一步检验上市公司研发活动与年报风险信息披露关系的回归结果。模型6-2a检验了公司的

达标型"伪研发"对研发活动与风险信息披露的调节作用，RD1 * OperA 的回归系数为 -1.746，且在 10% 的水平显著，检验结果表明，研发活动对风险信息披露的正相关关系随着公司达标型"伪研发"动机的提高而减弱。同理，模型 6-2b 中 RD1 * OperB 的回归系数为 -2.232，且在 1% 的水平显著，表明研发活动对风险信息披露的正相关关系随着公司避税型"伪研发"动机的提高而减弱。由此，假设 6-2 得到验证。

模型 6-3 检验了地区知识产权保护力度对研发活动与风险信息披露的调节作用。RD1 * IProt 的回归系数为 -0.409，在 5% 的水平显著。检验结果表明，当公司位于知识产权保护程度较高的地区时，他们对研发活动风险的程度将有所减弱，假设 6-3 得到验证。

表 6-3   "伪研发"和知识产权保护的调节效应检验

模型/因变量	模型（6-2a） Risk	模型（6-2b） Risk	模型（6-3） Risk
调节变量	达标型	避税型	知识产权保护
RD1	0.311 *** (3.32)	0.377 *** (4.22)	0.320 * (1.81)
OperA	-0.086 ** (-2.53)		
RD1 * OperA	-1.746 * (-1.85)		
OperB		-0.105 *** (-2.95)	
RD1&OperB		-2.232 *** (-3.02)	
IProt			-2.857 *** (-2.58)
RD1 × IProt			-0.409 ** (-2.11)
控制变量	控制	控制	控制
年份/行业	控制	控制	控制
N	10612	10612	10612
R-squared	0.213	0.216	0.216

注：***、**、* 分别表示 1%、5% 和 10% 的显著性水平，括号中的数字为 T 值。

三、稳健性检验

针对研究假设的实证检验结果，本研究进行了如下稳健性测试①：

（1）根据信息接受者的阅读习惯，在接受文字信息时通常是整体阅读后产生一个总体印象，并不是像接受数字信息时一样进行动态分析。因此本章对风险信息的量化方式可能是有偏差的，有可能高估了风险信息。此外，研发活动本就具有一定的风险性，上市公司对风险进行如实披露也无可厚非，本研究所使用的连续变量度量法可能存在误差。基于以上两点原因，我们将风险信息进行了二值处理，令 Risk 大于等于 50% 分位数的样本取值为 1，否则为 0，形成虚拟变量 D_Risk，代入原模型 1-3 中进行回归，回归结果并未发生改变。

（2）借鉴王雄元等（2017）对年报风险披露的度量方式，本研究以年报中"管理层讨论与分析"中关于公司未来风险的段落和"重大风险提示"段落的长度之和除以年报全文总字数来衡量公司所披露的风险。因为风险段落的长度能够表达出公司管理者对证监会关于风险信息披露要求的重视度。由此构建 Risk2 变量来替换原 Risk 变量代入原模型进行回归，原结论依然成立。

（3）本研究所提出的达标型与避税型伪研发亦有可能是企业的最优经济选择，因此存在内生性问题。借鉴万源星和许永斌（2019）排除研发操纵竞争性假设的做法，我们对达标型伪研发和避税型伪研发进行了 Probit 模型检验。经模型检验后，竞争性假设得以排除。

第四节

本章小结

上市公司对于是否披露研发活动的问题存在着矛盾，一方面研发活动的顺利进行需要持续的现金流供应，而项目的收益滞后性导致内源融资不足，只能依靠外部融资渠道。为了便于融资，公司必须对研发活动信息进行披露，以降低信息不对称；另一方面，对研发活动的披露会产生技术外溢，引起竞争效应，这不利于公司保护知识产权亦将损害公司长期利益。然而，监管部门出于保护投资者

---

① 由于篇幅限制，稳健性检验结果未汇报，如有兴趣可联系作者。

利益的考虑不断出台政策要求公司披露研发活动。本章研究发现，虽然在这种背景下，公司不得不对涉及研发的会计信息做出披露，但与此同时，为了起到掩盖研发活动利润空间与市场前景的目的，公司将对风险信息进行披露。风险信息表达了未来的不确定性与项目的潜在威胁，具有较强的异质性，一般投资者通常将其解读为"坏消息"。公司披露风险信息后将引起市场分歧，不利于融资，但却可以起到保护知识产权的作用。对于上市公司而言，这实属"两害相权取其轻"的无奈之举。然而这种现象仅发生在真正从事研发活动的公司中，对于那些通过"伪研发"来谋求高新资质认定和避税的公司而言，披露风险的损失是他们所无法接受的，因此这类公司会减少这种做法。此外，我们还发现当公司所在地区的知识产权保护力度较高时，公司为了获取融资也会放弃披露风险的做法。

研发活动虽具风险性，但也具有良好的前景，公司出于知识产权保护动机所披露的风险往往具有夸大成分，并不利于投资者的利益，会让他们错过投资机会，反过来也会损害公司的融资机会，最终不利于研发活动的进行。对此，我们提出以下建议：①加强知识产权保护力度，建立各地区间的联动机制，对侵权行为加大打击力度，维护公司创新土壤；②继续加强研发活动的信息披露要求，对通过"伪研发"来逃避纳税义务的公司要加大处罚力度。同时还要加强高新资质的审批与复审工作，准确的识别不具研发活动能力的公司，保证高新资质认定的有效性。

贝洪俊（2019）认为如实披露风险但须展望未来。风险是现代企业经营过程中所无法避免的，它如影随形，虽具危险性，但也能带来巨大收益。正如常言道，风险越高，收益越高，投资者们早已习惯了这一法则。因此，企业并不需要担心向外界披露风险就等同于宣告坏消息，即使不披露，投资者也会从其他渠道获取该信息，同时还会因企业的隐瞒而降低对企业的信任度。事实表明，当上市公司不披露风险信息时，谣言会肆意传播，而投资者通常会对谣言做出过度解读，信息鸿沟就由此产生。作为文化产业的传媒上市公司，它们所从事的经营领域以及盈利模式对投资者来说本身就是一个"黑箱"，若公司不能积极配合打开"黑箱"，融资困境将难以得到彻底缓解。当然这也并不一定意味着传媒上市公司需要过分地夸大风险，在公开风险因素的同时也应对承担风险所能够带来的未来收益进行披露，以增强投资者信心。①

---

① 贝洪俊. 论风险披露与传媒上市公司融资的关系［J］. 中国出版, 2019（10）: 45-49.

第七章

家族企业研发活动文本信息披露的偏好与特征[①]

第一节 研究背景与研究现状

一、研究背景

家族企业是企业组织的主导形式(La Porta et al., 1999; Tagiuri and Davis, 1996; Zahra and Sharma, 2004),许多大型上市企业由创始家族控制(Villalonga and Amit, 2009)。进入20世纪80年代,对家族企业的研究逐渐由国外引入到国内并发展成为独立的研究领域。而由于家族企业具有复杂性和独特性,对于家族企业的界定一直存在分歧。

从股权涉入角度界定,家族企业指由某个家族或其成员控制、家族所有权超过一定比例且家族成员或后代参与管理的企业(Anderson and Reeb, 2003),家族对企业拥有合法所有权(Lansberg, Perrow and Roglosky, 1988)。判断是否为家族企业的重要标志就是创办企业的家族是否掌握企业大部分股权,同时掌握企业财务、资源分配等决策权,能够以家族血缘和家族伦理为基础,控制企业的剩余索取权(吕占峰,2008)。以 Westhead 和 Cowling (1998) 为代表的学者通常将家族持有50%以上股权作为判断家族企业的重要标志,而随着

---

① 贝洪俊,许文瀚. 家族企业创新、知识产权保护空间差异与年报情感特征[J]. 会计之友,2018(22): 18-24.

家族企业研究的深入，其判定标准也日渐复杂。管理权涉入的界定方法以 Handler（1989）为代表，他认为家族成员需拥有企业绝对控制权，家族成员涉入管理层或董事会，以此来保证家族对企业的决策力和控制力。而从董事会和管理层同时涉入的角度来看，对家族企业的界定更偏重于家族控制方面。家族成员不仅要拥有相当股权，而且需对企业管理经营决策具有控制权，家族需对企业拥有绝对控制权（Miller and Breton Miller，2006；王世权，2008）。在家族企业成立初期，家族往往以同时介入所有权和经营权的形式出现，而随着家族企业的发展，其所有权和经营权可能出现分离，所有权比例有所下降并保持在临界控制范畴（叶银华，1999）。代际传承作为家族企业的重要特征，也成为家族企业界定的依据。如果某个企业从创业者移交到年轻一代或几代并持续保持企业实际控制权，则可界定为家族企业（Churchill and Hatten，1997；Bennedsen et al.，2007）。

二、研究现状

（一）家族企业创新意愿的文献回顾

传统的社会情感财富（Socioemotional Wealth，SEW）理论认为，家族企业出于保存 SEW 的需要并不倾向于将资金用于创新投入，而延伸型 SEW 学派提出的跨代传承家族控制理论则认为，家族企业为了满足长期生存、代际传承的需要，在决策时并不总是短视的，为了增强企业的未来竞争力，他们往往会加大创新投入。当前，中国的民营家族企业正面临着交接班的高峰①，从趋势上看，家族企业的创新投入力度正逐年提高，根据 2016 年 9 月发布的《中国上市家族企业创新报告》显示，我国民营家族企业的创新投入从 2010 年的 2.93% 提高到 4% 以上；从获得专利授权的企业数量上看，家族企业高出国有企业近 17 个百分点，这一结果充分印证了跨代传承家族控制理论的观点，家族企业所关切的重点已从被动的保存 SEW 转移到主动地争取未来竞争优势上来。

企业的创新活动是需要大量的资金来维持的，这其中包括巨额的初始投入和未来持续的现金流投入，这对受到较强融资约束的家族企业来说是一项巨大的负担。银行的风险厌恶天性和对民营家族企业的天然歧视使得它们无法向家

---

① 中国家族财富管理高峰论坛，武汉，2016。

族企业提供长期、稳定的贷款,而创新活动的收益滞后性又使得家族企业难以用内源融资来支撑创新活动的进行。在这种情况下,家族企业不得不以牺牲部分控制权为代价来获取股权融资,根据万德资讯的统计显示,截至 2016 年,家族企业在我国 A 股市场中的占比已超过 50%。诚然,股权融资能够为家族企业带来大量的资金用以支持创新活动,但是伴随而来的是企业需要承担更大的义务,这其中最重要的就是信息披露义务。从股权融资的角度来看,为了获取更低成本的股权融资,企业需要将创新活动的进展及前景进行无保留的公开,以提升股票价格。但是从产权保护的角度来看,这种无保留的披露将暴露企业的知识产权信息,引起竞争者和模仿者的觊觎,不利于企业对知识产权的保护。也就是说,家族企业在是否进行创新活动披露的问题上面临着两难选择。

家族意愿作为企业活动的一种隐形影响因素,被学者们定义为家族企业从事一项经济活动时的意图和愿景,综合国内外学者对家族意愿的研究,它包含的内容大致可以分为:家族企业传承的意愿、控制的意愿和创新的意愿。大量的文献论证了家族企业传承意愿对企业价值、企业未来发展的影响(Zellweger,2011),而家族企业的控制意愿和创新意愿则与企业自身的研发创新活动的联系相对更为紧密。根据社会情感财富理论,家族企业的创新意愿通常是由家族企业的社会情感财富驱动的(Chrisman,2012),例如风险厌恶、对股权控制权的犹豫,或对传统产品的承诺等,同时创新意愿又基于家庭的目标、动机等非经济因素来影响公司的研发创新活动(Chrisman,2015)。根据 Miller(2012)对社会情感财富的研究可知,可将其划分为约束型和延伸型两类,当家族企业偏好不同类型的社会情感财富时,它们对企业的研发创新活动产生的家族意愿也会随之不同(Chrisman,2012)。

当家族企业偏好约束型的社会情感财富时,由于家族所有者将控制权的未来收益算作当前社会情感财富禀赋的一部分,分散对公司的控制权将被视为失去了一种社会情感财富,出于对社会情感财富的保护,企业会消极的对待创新活动(Miller,2014),同时由于不愿控制权的流失,家族管理者排斥外来职业经理人的进入,极大地削弱了企业的创新能力(Block,2012),因此企业对创新活动的意愿较弱。当家族企业偏好延伸型社会情感财富时,家族所有者更关注企业的长远发展和企业的实际创新能力,因此企业对创新活动的意愿较强。

学者谢德仁(2015)研究发现基于文本信息反映的管理层的语调有一定

的信息作用，并验证了管理层语调的可信度，意味着企业对外公开披露的文本信息可以一定程度的反映企业的真实意愿。而 De Massis（2013）提出通过整合管理者的语境因素，有助于提高对家族企业特征如何影响新产品组合的创新性的理解。

基于上述文献的相关研究，本章利用家族企业对外公布的年报文本信息，结合管理者披露的语境，衡量企业对外披露的创新意愿，并将其定义为本文的主要研究变量之一——家族企业创新意愿披露。

（二）文献述评

从现有文献来看，多数学者支持家族企业出于对产权保护动机将尽可能地避免对创新活动的详细披露。其中学者们认为最主要、同时最有效的手段是通过研发支出资本化和费用化的选择来对创新活动进行隐瞒。但随着证监会对年报中创新活动披露要求的不断提高[①]，这种手段的使用受到了很大程度的限制，迫于监管压力，上市公司不得不在年报中对创新活动数据进行公开。然而，证监会对于创新活动信息披露的规定尚未涉及年报的文本信息部分。在年报当中，数字信息所占的比重较小，且不具备对具体经济事项的解释作用；文本信息所占的比重较大，具有全面的解释说明作用，能够形成倾向性的情感特征，并直接影响信息接受者的判断。现阶段，随着计算机文本分析技术的发展，对大样本年报情感特征进行量化得以实现，国内外学者均发现年报情感特征具有信息增量作用，并能够引起一定的市场反应。

第二节

研究设计与模型构建

一、研究假设与数据来源

为了达到知识产权保护的目的，家族企业在年报中很可能利用特定的文字

---

① 证监会在《公开发行证券的公司信息披露编报规则第 15 号》《公开发行证券的公司信息披露编报规则第 30 号》《关于改革完善并严格实施上市公司退市制度的若干意见》等文件中均直接涉及了对企业创新活动披露的硬性规定。

描述使得年报呈现出保守化情感特征，以此干扰信息接受者的判断，弱化创新活动对于企业的意义。但是，当企业所在地区的知识产权保护程度较强时，出于股权融资的目的，家族企业将乐于积极地描述创新活动，使年报呈现出乐观化情感特征，以提升股价，获取更低成本的股权融资。

为了验证以上推断，本章引入家族企业经营层面和管理者特征层面的控制变量来排除噪音对结果的干扰，使结果可以较好地反映出企业创新活动对年报情感特征的影响，并通过引入地区知识产权保护程度作为空间尺度来考察这种影响是否具有区域性差异。此外，本章还采用了替代变量法来进行稳健性检验，以减少内生性问题对结果的影响。

本章以沪、深 A 股证券市场 2007~2016 年的全部家族上市公司为研究样本。为了排除特殊样本对结果的影响，我们按以下标准对样本进行了剔除：①存在 ST、*ST 等特殊处理的上市公司样本；②当年上市的样本；③创新数据缺失的样本。最终样本数量为 3774 个。地区知识产权侵权案件数和结案数的数据来源于中国保护知识产权网所发布的《中国知识产权保护调研报告》。其他指标的数据来源于国泰安 CSMAR。为了保证数据的准确性，我们还与锐思数据库 RESSET 和万德数据库 Wind 进行了数据的交叉比对。

二、变量选择与模型构建

（一）变量选取

对于企业创新活动的度量，现有研究大多把研发强度，即研发支出占营业收入比值作为衡量标准，然而本章研究认为，企业的创新活动应包括正在进行研发的部分和已经形成的成果，但尚未获得专利授权的部分。前者体现了企业对技术创新的重视程度，而后者则是企业成果转化能力的体现，这两者分别代表了创新活动周期的前后两个阶段，即研发阶段和转化阶段。鉴于部分企业以研发支出作为盈余管理（利用资本化和费用化的选择）的手段，因此研发支出过高并不意味着企业重视创新活动。同样地，当期的研发支出不足并不一定代表企业不重视创新活动，也有可能是由于企业在上一年度刚刚完成一批研发项目，目前正在进行专利申请；而新增专利申请数亦有可能来自于上一年度未申请或未申请成功的项目，并不能完全体现企业本年度的创新成果。因此，本章研究分别以研发强度和新增专利申请数作为衡量企业创新活动的指标。

地区知识产权保护程度以家族企业所在地区的知识产权侵权案件结案数与侵权案件数的比值来度量,该指标越大越说明企业所在地区知识产权保护法的执法效率越高。具体计算方法为,该指标大于 50% 分位数的,为知识产权保护程度较强地区,记为 1,小于或等于 50% 分位数的,为知识产权保护程度较弱地区,记为 0。

为了控制其他因素对家族企业创新活动信息披露的影响,本研究加入了相关控制变量。影响家族企业管理者信息披露偏好的因素有很多,既包括公司的实际经营情况、公司特征,也包括管理者自身的经历、特征等。主要变量如表 7-1 所示。

表 7-1 变量定义

变量名称	变量符号	变量定义
年报情感特征	NetPos	(乐观词语个数—悲观词语个数)/情绪词语总和
创新强度	R&D1	研发支出与营业收入之比
专利申请数	R&D2	当年新增专利申请数量
知识产权保护程度	IPP	地区侵权结案数/侵权案件数大于 50% 分位数取 1,否则取 0
地理位置	D	企业位于东部地区取 1,否则取 0
高新资质	TECH	企业得到政府认定的高新资质取 1,否则取 0
盈利能力	ROE	净利润与净资产之比
资本结构	LEV	负债总额与资产总额之比
公司规模	Asset	资产总额的自然对数
上市年限	Age	企业上市年限
成长能力	Growth	企业主营业务收入增长率
两职合一	Duality	董事长和 CEO 是否两职合一
高管受教育年限	EDU	CEO 接受高等教育的年限
高管工作年限	Exper	CEO 工作年限
股权集中度	FSHR	第一大股东持股比例

(二)模型构建

企业的创新活动包括两部分,一部分是正在进行创新的新项目,另一部分是已经形成的创新成果(尚未获得专利授权)。若抛开知识产权保护动机来看,企业对于创新活动的披露应该是乐观的,因为只有当企业看好新项目的未来前景时企业才会进行持续的开发投入,而已经形成的创新成果则是企业即将投入市场,获得回报的竞争优势。尤其对于上市公司而言,乐观的信息披露能够提升投资者的信心,从而提高对企业价值的估计。

但是,事实却并非如此,具有创新能力的家族企业往往存在着很强的知识产权保护动机,甚至于为了知识产权的绝对安全,不惜放弃对公司市场价值的追求,对企业创新活动进行刻意隐瞒。究其原因,主要是由于我国正处于市场经济的转型时期,正式制度有待完善,在这种背景下,内外部侵权行为有时并不能得到及时制裁。例如,各地区对违反《知识产权保护法》的执法力度、办案力度具有很大的差异,在一些欠发达地区违反知识产权的行为就比较常见。若家族企业披露了知识产权信息,本省份或邻近省份的外部竞争对手就可以通过仿制、盗用等手段侵犯企业的知识产权;更有甚者一些企业内部管理人员也可能受到利益诱惑出卖企业的技术机密,但此时企业通过诉讼的方式来惩罚侵权者的成本较高且效果不佳,这就导致了企业对创新活动的披露意愿度就不高。从事实上看,在证监会出台强制性创新活动披露规定之前,只有不到15%的民营家族企业公布了创新活动数据。

随着证监会对上市公司年报中创新活动信息披露要求的不断提高,尤其是2014年"史上最严退市制度"的出台,隐瞒披露创新活动信息将不仅影响到公司的市值,还会使得公司面临被暂停上市交易的风险。虽然企业迫于监管的压力不得不进行创新活动的信息披露,但是监管规则仅仅是对数字信息的披露要求与规范,企业管理者还是可以通过不实的文字描述来削弱信息接受者对创新活动价值的判断(对创新活动的进展及市场前景做出更加保守的描述)。管理者的这种能力是源于监管规则对于文本信息监管的空白和中小投资者对其的依赖,缺乏专业财务分析能力的中小投资者对年报数字信息的判断将在很大程度上取决于描述文字的情感特征。因此,本研究认为现阶段上市公司对知识产权信息的保护将主要体现在此,为了验证这一推断,本研究建立如下计量模型:

$$NetPos_{iT} = a_0 + a_1 R\&D_{iT} + Controls_{iT} + \Sigma Year + \Sigma Ind + \varepsilon_{iT} \qquad (7-1)$$

式中,$NetPos_{iT}$表示企业年报情感特征;$R\&D_{iT}$表示企业的创新活动(本研究分别度量了创新强度和新增专利申请数);为了排除时间变化和行业差异对结果带来的潜在影响,本研究加入了年份虚拟变量$\Sigma Year$和行业虚拟变量ΣInd,并对回归方程按公司代码进行聚类。本研究采用了固定效应模型来估计模型（7-1）。

地区知识产权保护程度通过选择机制对创新活动与信息披露之间的关系施加影响。首先，创新活动需要巨额的初始投资和持续的现金流作为支撑，从融资的角度看，控制着大量信贷资源的国有银行和金融机构对中小规模的家族企业存在着一定程度的信贷歧视；而创新活动具有收益滞后性，在短期内无法获得回报，这导致了家族企业不得不采取稀释股权的方式来进行上市融资。其次，对于上市融资而言，无论是初始的 IPO 和后续的增发计划都需要企业对经营情况和未来前景进行全面的公开，其中就包括对企业创新投入和创新成果的披露，而这必然会不利于企业知识产权的保护。由前文分析可知，为了保护企业核心商业机密，部分家族企业选择放弃对低成本股权融资的追求，选择不进行创新活动信息披露，这样一来企业的股权融资成本较高，此时为了达到融资规模，企业不得不转让更多的股权，这会导致家族控制权的进一步削弱。相反，若企业所在地区的知识产权执法程度较强，即使企业公开了部分知识产权信息，也并不一定会被竞争者所窃取，因为完善的正式制度将对知识产权的安全提供强有力的保障，侵权者将受到惩罚，此时企业将选择对创新活动进行乐观披露，以获取最优融资量。为了检验以上推断，本研究建立以下计量模型：

$$NetPos_{iT} = \beta_0 + \beta_1 R\&D_{iT} + \beta_2 IPP_{iT} + \beta_3 R\&D_{iT} * IPP_{iT} + Controls_{iT} + \Sigma Year + \Sigma Ind + \varepsilon_{iT} \quad (7-2)$$

式中，IPP_{iT} 为地区的虚拟变量，当地区的知识产权侵权案件结案数量与知识产权侵权案件数量的比值较高时（大于 50% 分位数），即说明地区的知识产权保护法执法程度较高，则该地区取值为 1，否则取 0。本研究对模型（7-2）同样进行了行业、年度固定效应的处理。

第三节　空间分布特征对本文假设的影响

一、地区知识产权保护水平测算

从家族上市公司分布特点上来看，东部地区的家族上市公司数量显著高于其他地区，中部地区次之。地区间家族上市公司数量上的差异在 2010 年以后呈扩大化趋势,东部地区家族上市公司数量激增,由2007年的70家上升到2012年的387家;中部地区的家族上市公司数量也发生了显著增长,由2007年的16家上升到2012年的134家,相比之下,在这五年间,西部地区和东北地区的家族上市公司数量未发生明显改变。西部地区的家族上市公司数量由2007年的2家上升到2012年的9家,东北地区的家族上市公司数量由2007年的3家上升到2012年的13家。这种反差显然是地区经济发展水平差异所导致的。2012年后,由于宏观经济形势恶化导致各地区家族上市公司数量发生反向变化,东部、西部和东北地区的家族上市公司数目基本保持不变,而中部地区的数量呈略微下降趋势,但从整体上来看,地区间家族上市公司数量的排序未发生改变,仍然是东部地区最多,中部地区次之,西部地区和东北地区较低。根据王卫星的观点,上市公司数量的空间性差异不仅是地区间经济发展水平不均衡的结果,还有可能是社会发展状况差异所造成的。当地区社会发展水平较低时,知识产权将得不到有效的保护,这会严重制约企业的创新意识和科技转化能力。在这种情况下,企业可能会安于现状,上市意愿会受到严重影响。因此,知识产权保护是关乎企业发展的关键因素,对该指标的度量是本研究的前提和基础。

然而,地区间的差异性导致知识产权保护程度的计量缺乏统一标准。Himmelberg以侵犯知识产权案件立案数量作为衡量依据。但侵犯知识产权案件数量多反而说明该地区的知识产权保护意识薄弱,因此这种测量方式并不准确。知识产权保护综合了立法、司法和执法等各种复杂因素,本研究参照Cornaggia等学者的研究,对知识产权保护程度指标按照"地区知识产权侵权案件结案数/侵权案件数"来进行度量,为了便于比较,反映保护程度变化的演变路径,我们采用了定值分级的方法,利用ArcGIS软件将知识产权保护程度划分为:低(小于0.25)、较低(0.25~0.50)、中等(0.50~0.75)和高(大于0.75)四个等级。

二、地区知识产权保护程度、企业创新活动披露的空间差异

知识产权保护程度存在着较为明显的地区性差异,且随着时间的推移呈现出了一定的聚集趋势。2010年以前,高知识产权保护程度的分布单元主要为珠三角地区,该地区的家族企业数量约占样本总量的43.5%。此外,北京和

上海的知识产权保护程度也较高，家族企业数量约占样本总量的23.2%。中等的知识产权保护程度地区主要分布在东北重工业发展较好的地区，然而该地区的家族企业数量占比不到1%。余下的13个省份知识产权保护程度较低，约占总样本量的41.5%。2010~2013年，东部沿海地区的知识产权保护程度呈现出上升趋势，尤其是浙江，表现出与珠三角地区、北京和上海相似的知识产权保护程度，该地区的家族企业数量占样本总量的19.6%；从总体上看，2010~2013年，我国的知识产权保护程度呈现出较明显的纵向均衡趋势，聚集效应明显。2013以后，东部沿海地区的省份，包括广东、浙江、上海、江苏、山东、河北、北京和天津的知识产权保护程度均达到了高水平，这些地区的家族企业数量占样本总量的90%以上。除此之外，我国中部地区的知识产权保护程度也得到了显著的提升，然而西部地区的知识产权保护程度一直较低。

本章研究采用国家统计局的划分办法[①]，对东部、中部、西部和东北四大地区的知识产权保护程度差异进行考察（表7-2）。

表7-2　　　　　　　　　　地区知识产权情况差异

	2010年前				2010~2013年				2014~2016年			
	东部	中部	西部	东北	东部	中部	西部	东北	东部	中部	西部	东北
IPP	0.81	0.17	0.09	0.62	0.78	0.46	0.22	0.66	0.94	0.63	0.33	0.73
RD1	0.04	0.02	0.03	0.07	0.04	0.06	0.05	0.05	0.05	0.07	0.08	0.05
RD2	21.5	10.1	10.8	11.5	24.2	21.2	8.32	17.3	28.8	21.4	11.02	9.44
NetP	0.24	0.18	0.15	0.20	0.25	0.21	0.19	0.20	0.28	0.24	0.24	0.25
N	285	56	13	9	835	258	35	38	1552	613	69	89

通过表7-2可以看出，在本章研究期间，各个地区的知识产权保护程度存在着明显的差异，其中东部沿海地区的程度最高，主要分布在0.75~1.0之间，聚集效应明显；东北地区次之，主要分布在0.50~0.75之间，但是家族企业样本数量很少；中部地区的部分省份在2013年后知识产权保护程度达到了较高水平，但从地区整体情况上看，绝大多数省份处于0.25~0.50之间，省份间的差异较大，未形成聚集效应；西部地区的知识产权保护程度最低，主

---

① 该办法于2011年6月公布，将我国的经济区域划分为东部、中部、西部和东北四大地区。

要集中在 0~0.25 之间。由以上结果可知，东部沿海省份的知识产权保护程度较高，并形成了高知识产权保护的聚集效应。高水平的地区知识产权保护导致东部地区家族企业的创新活动披露意愿显著高于其他地区。

三、考虑空间特征的模型构建

由表 7-2 可知，从整体上看，东部地区家族上市公司对创新活动的披露意愿显著高于其他地区，这显然是由于东部地区高质量的经济发展水平所决定的。然而中部地区家族上市公司对创新活动的披露意愿却显著低于东北地区，尽管中部地区相比于东北地区有着更高的经济发展水平和企业创新能力，对于该问题，若只孤立地考虑单个省份的知识产权保护程度对家族企业创新活动披露的影响可能是有偏的，因为知识产权保护具有一定的聚集效应。由地理学第一定律可知，所有事物都与其他事物相关联，但较近的事物比较远的事物更关联。由于市场相近，知识产权侵权事件不仅可以来源于本省份的竞争者，也有可能来自临近省份。因此，企业的创新活动披露意愿不仅会受到本省份知识产权保护程度的影响，甚至还会受到临近省份的影响。从我国省份知识产权保护程度的时空演化来看，2010 年后，知识产权保护程度呈明显的纵向均衡、横向不均衡趋势，东部地区程度最高、中部地区次之，西部地区最低。从企业的实际创新活动情况上看（表7-2），在中西部地区部分省份知识产权保护程度提升幅度明显的情况下，地区内家族上市公司的创新能力并没有得到显著的提高，这虽然主要是由于中西部地区的技术创新氛围相对较弱，但是否存在另一种解释，即这些地区的企业由于担心对于知识产权信息的披露会为企业招致侵权事件，导致了企业对创新活动并未进行如实披露。因此，本研究认为地区间的知识产权保护程度差异是影响企业创新活动披露意愿的主要原因之一。对此，本研究设置了模型（7-3）来考察知识产权保护空间性差异对企业创新活动披露意愿的影响，以此来对本章的研究问题做进一步检验。

$$NetPos_{iT} = \beta_0 + \beta_1 R\&D_{iT} + \beta_2 D_{iT} + \beta_3 R\&D_{iT} * D_{iT} + Controls_{iT} + \Sigma Year + \Sigma Ind + \varepsilon_{iT} \qquad (7-3)$$

在该模型中，D 为企业所在地区的地理位置变量。若企业位于知识产权保护程度较好的地区确实能提高企业的创新活动信息披露意愿，那么 β_2、β_3 的回归系数应显著为正。

第四节 实证结果与分析

一、主要变量描述性统计分析

表7-3列出了主要变量的描述性统计结果。可以看出，家族上市公司的年报情感倾向（NetPos）的平均值为0.242，标准差为0.217，这说明家族企业的管理层在进行创新信息披露时主要以保守态度为主，并不希望通过乐观的披露来暴露公司具有盈利能力的知识产权项目。创新强度R&D1的均值为0.054，标准差为0.730，最大值为0.73，最小值为0.001这说明家族企业对待创新的态度不一，这印证了家族社会情感财富理论的观点，家族企业在进行创新投入决策时存在保存SEW和代际传承的两种态度。当年新增专利申请数量R&D2的均值为24.45，标准差为50.08，最大值为1174，最小值为0，该结果说明不同家族企业的创新能力存在着较大的差异。

表7-3　　　　　　主要变量描述性统计

变量	N	平均值	标准差	最大值	中位数	最小值
NetPos	3774	0.122	0.217	0.831	0.261	-0.704
R&D1	3774	0.054	0.047	0.730	0.040	0.001
R&D2	3774	24.450	50.080	1174	11	0
ROE	3774	0.085	0.087	0.671	0.079	-0.877
LEV	3774	0.313	0.171	0.916	0.296	0.008
Asset	3774	21.320	0.778	24.690	21.270	19.060
Growth	3774	0.243	0.509	14.300	0.168	-0.821
Age	3774	13.880	4.503	21	13	1

二、模型回归结果及分析

首先估计模型（7-1），即家族企业创新活动对年报情感特征的影响，结果见表7-4模型（7-1），当创新活动是以创新强度R&D1来度量时，其与年报情感特征NetPos的回归系数为-0.068（T=-5.29，P<0.01），说明随着企业创新强度的提高，企业年报情感特征将趋于保守；当创新活动是以专利申请R&D2来度量时，其与年报情感特征NetPos的回归系数为-0.0003（T=-3.34，P<0.01），说明随着企业新增专利申请数量的提高，企业年报的情感特征将趋于保守。这些结果均说明模型（7-1）得到了验证，即家族企业为了保证知识产权的安全，将被迫放松对市值的追求，以保守的语调来描述企业的创新活动，以减少外部竞争者对企业知识产权的觊觎。

表7-4的模型（7-2）考察了在知识产权保护程度存在地区性差异的情况下，企业对待创新活动信息披露的态度。从表中可以看出，在模型（7-2）中，两种方式度量下的创新活动（R&D1、R&D2）和地区知识产权保护程度IPP的回归系数均在1%的水平下显著。其中，知识产权保护程度IPP的回归系数皆显著为正，说明在知识产权保护程度较高的地区，企业的年报情感特征相比于知识产权保护程度较低的地区显得更为乐观。交乘项R&D1*IPP的回归系数为0.028（T=5.92，P<0.01）；交乘项R&D2*IPP的回归系数为0.102（T=2.08，P<0.05），这说明当家族企业位于知识产权保护程度较高的地区时，企业对于创新活动的保守性披露会有所减轻，模型（7-2）得到了验证，即家族企业在受到被侵犯知识产权的可能性较低时，将积极地对创新活动进行披露，以求起到提高公司股票价格、获取更低成本股权融资的目的。

表7-4的模型（7-3）考察了地区知识产权保护程度的空间性差异对企业创新活动披露的影响。可以看出，当创新活动是以创新强度来度量时，衡量东部区位的虚拟变量D的回归系数为0.026（T=1.90，P<0.1）；交乘项R&D1*D的回归系数为0.009（T=3.46，P<0.01），该结果说明当家族企业位于我国东部地区时，它们相比于其他区位的家族企业更加倾向于将创新活动进行客观的披露。当创新活动是以创新成果来度量时，交乘项R&D2*D的回归系数为0.012（T=2.27，P<0.05）。以上结果说明模型（7-3）得到了验证，说明当家族企业位于东部地区时，它们相比于其他区位的家族企业更加乐于对已经形成的创新成果进行客观的披露。

表7-4　　　　　　　　　　　　　　模型回归结果

变量/模型	NetPos					
	模型(7-1)		模型(7-2)		模型(7-3)	
R&D1	-0.068*** (-5.29)		-0.070*** (-5.20)		-0.046*** (-5.05)	
R&D2		-0.0003*** (-3.34)		-0.0004*** (-3.35)		-0.0002*** (-2.68)
R&D1*IPP			0.028*** (5.92)			
R&D2*IPP				0.102** (2.08)		
R&D1*D					0.009*** (3.46)	
R&D2*D						0.012** (2.27)
Controls	√	√	√	√	√	√
Year/Ind	√	√	√	√	√	√
N	3774	3774	3774	3774	3774	3774
R^2	0.179	0.067	0.254	0.071	0.168	0.075

注：***、**、*分别表示1%、5%和10%的显著性水平，括号中的数字为T值。

三、稳健性检验

根据信息接受者的阅读习惯，他们往往是在进行通篇阅读后产生一个对年报情感特征的总体印象，并不是去详细地计算乐观或悲观词语的出现次数，并进行比较。因此本章以关键词抓取的方式来判断创新活动信息的情感倾向可能是有偏的。对此，我们将乐观词语占比大于0的上市公司年报定义为乐观，取值为1，将乐观词语占比小于或等于0的上市公司年报定义为非乐观，取值为0，并借助logit模型来对模型(7-1)~模型(7-3)进行重新计算（回归结果略）。经稳健性测试后，本章结论依然成立。鉴于篇幅限制，上述稳健性测试结果未予以列示，但来件备索。

第五节

本章小结

本章研究采用了沪、深 A 股证券市场 2007～2016 年间家族上市公司的创新活动、经营情况和管理者特征数据,以地区作为空间尺度检验了企业创新活动、地区知识产权保护程度与年报情感特征之间的关系,得到了以下研究结论与政策启示:

第一,家族企业的知识产权保护动机会使得企业在进行创新活动信息披露时倾向于保守,这种保守程度不仅体现在对创新投入的披露上,同样还体现在对创新成果的披露上。从后果上看,这既不利于家族企业的股权融资,又不利于投资者的投资决策,从长期来看,还会降低社会的信息流通效率,阻碍了国家的科技创新战略的贯彻落实。尽管证监会在近几年不断地出台针对创新活动的信息披露规范,但是这种规范尚未涉及年报文本信息部分。从有用性上来看,管理者通过文本信息形成的情感倾向可以传递更为直观的信息,弥补了数字信息缺乏解释能力的缺陷,有利于填补资本市场信息鸿沟;此外,情感特征还是缺乏专业知识的投资者解读年报的便捷渠道。然而,管理者为了保护知识产权,往往将年报情感特征保守化,减弱投资者对企业创新活动价值的判断,这反而扩大了双方之间的信息鸿沟。因此,政府的相关监督部门和政策制定部门应尽早出台针对年报的相关语言规范,减少上市公司的误导性披露,弥补投资者与上市公司之间的信息鸿沟。

第二,在知识产权保护程度不同的地区,家族企业对于创新活动信息披露的保守程度具有显著的地区性差异特征。具体表现为:随着地区知识产权保护程度的提高,具有创新能力的家族企业将适当地放松对于知识产权的保护,倾向于客观真实地披露创新活动,以提升股权融资效率,从而减少控制权的流失。从这一点上看,家族企业在本质上是乐于向社会公布创新活动的,只是由于一些企业所在地区的侵权行为严重,而知识产权执法效率又较低,企业才被迫隐瞒自身创新活动的进展。因此,监管部门和政策制定部门应提升对违反知识产权保护法的执法效率,对侵害知识产权的行为予以严惩,鼓励企业进行技术创新与成果交流。

第三,知识产权保护具有一定的地区性聚集效应,单个省份知识产权执法效率的提升是需要周边地区进行配合的，否则跨地区侵犯知识产权的行为将防不胜防。从本研究结果上看，东部地区的知识产权保护程度最高，东北和中部次之，西部较低，总体上呈纵向均衡发展的空间分布趋势，处于东部地区的家族企业对于创新活动的信息披露显得更为开放，这显然是成熟的地区制度环境所导致的结果。因此，各地区在对待知识产权侵权案件时应做到信息共享，协同办案，在减少本地区知识产权侵权案件的同时还要帮助相邻地区打击跨地区侵权行为，共同为区域内企业的技术创新提供完善的制度保障。

第八章

上市公司模板化研发披露与实际研发投入的关系

第一节 研究背景与研究现状

资本市场研究中一个长期存在的问题是管理者是否完全有效地披露私有信息，以及他们是否对信息进行操纵。近几十年来，随着各国资本市场信息披露制度的不断完善，企业信息披露的真实性得到了保障，不再是投资者的首要关切点。因为虚假信息披露将受到监管机构的严厉处罚和投资者的强烈抵制。然而，这并不一定意味着管理者自愿放弃对公司私有信息的操纵，他们仍然会由于各种原因对公众隐瞒坏消息、强调好消息或隐瞒信息（Ahn et al.，2019）。学术界将这些现象称为选择性信息披露。一些学者认为信息的选择性是由机会主义动机所导致的（Kothari et al.，2009；Doyle et al.，2013）。而另一部分学者认为，契约动机才是选择性信息披露的主要原因（Skinner 1994；Zheng and Lo 2006；Shivakumar 2013；Chuang et al.，2015）。在上市公司披露的众多信息中，研发信息关系到公司的未来发展，是股东和利益相关者最关心的信息。近年来，越来越多的文献已注意到研发信息披露对上市公司存在双刃剑的特点，并得出结论认为真研发公司宁愿承受隐瞒信息的恶果也不愿意披露研发信息。而另一部分文献则发现，伪研发公司往往会乐于将研发相关的信息详细具体地披露出来，以骗取政府补贴和投资者关注。

在本章的研究中，我们关注于一种特殊的信息隐藏方式，即管理层通过模板化的研发信息降低私有信息披露，使得公司既回应了公平信息披露义务（Fair disclosure），又隐瞒了真实研发信息。长期以来，投资者抱怨研发相关的信息越来越同质化,无法为他们提供增量信息。但这种现象并未引起学术界的重视,这为本章研究提供了上佳研究机会。为了对这一现象进行研究,本研究采用了语义相似度测试方法来衡量研发内容的相似程度,并与企业研发投入和产出进行回归分析,深入分析模板化信息与实际研发活动的内在联系。在过去,学者很难从年度报告中判断管理者是否真实地披露了研发信息。这是由于一方面企业管理者担心潜在竞争对手的商业情报部门会利用研发信息来实现"弯道超车",使披露研发信息所带来的边际收益低于隐瞒信息。为防止对手"搭便车",企业更倾向于隐瞒研发相关信息。另一方面,研究表明研发密集型公司面临着较大的不确定性,体现在不确定公司的研究方向是否与主流的新一代技术一致;不确定其他公司是否会提前抢占类似的专利;不确定新产品是否在目标市场取得成功;不确定新产品的生命周期是否满足股东对于投资回报的要求(Aboody and Baruch,2000)。因此,上述的种种不确定性使得管理者在披露研发信息时比较保守。在中国的现实背景中,研发型公司通常背负着大量的债务,这也使管理者难以乐观地进行信息披露。以上因素最终导致公司利用高度模板化的文本来披露研发信息,加剧了投资者和公司之间的信息不对称。

虽然我们不能直接观察企业研发信息披露的真实性,但我们可以反向研究研发信息的非真实程度,探究非真实的研发信息与研发成果之间的关系,以达到最初的研究目的。近年来,随着计算机文本分析技术的兴起,越来越多的分析工具被运用到资本市场研究当中。本章参考了计算机科学中的语义相似度测试方法来衡量研发信息的模板化程度。语义相似度诊断在需要对多种文本进行剽窃测试的领域已经很成熟。我们借鉴这一方法,搜集用以描述研发活动的常用目标词和特征句式,并将其放入Word2Vec中搜索其同义词。在对词汇进行提取和扩展后,我们将具有研发特征的词汇定义为种子,然后搜索用于修饰研发词汇的情感词,如积极词、中性词和消极词。为了同时度量研发特征词汇和情绪词汇,我们建立了二维向量语义模型。再用余弦相似度法来计算文本间的相似度。更具体地说,研发类词汇的相似性是一个维度,装饰类词汇的相似性是另一个维度。对于一个给定的公司,我们比较纵向的文本语义相似向量(与它以前的年度报告比较)和横向的文本语义相似向量(与同行业的其他公司同一年的年度报告比较),以了解目标公司研发信息的模板化程度。无论是哪种相似度,都表示公司不愿披露真实的研发信息。基于此,本章希望研究研发信息的模板化程度与真实研发投入①之间的关系。

为了研究这一问题，我们首先要了解管理者利用研发信息获利的现象。已有证据表明，一些企业利用虚假研发来达到机会主义目的，例如，我国学者发现，企业可能会通过上调研发费用以达到高新技术企业认定的门槛，从而获得地方政府的财政补贴（万源星等，2020）。还有企业为了迎合投资者期望而故意操纵研发费用的现象。我们认为，这些虚假披露研发信息的"伪研发"企业并不需要担心研发信息泄露，相反，为了配合其真实目的，他们反而更有可能夸大其"创新"功绩。在研发信息披露上，由于这些企业并未从事具体的研发活动，因此难以在信息披露上做到"前后一致"和"自圆其说"。因此就更有可能去模仿真研发企业研发信息。其次，对于真研发企业，信息安全一直都是头等大事。先前的研究结果表明，当企业在研发活动中配置大量资源时，由于潜在的信息泄露风险，更有可能向公众隐瞒有关进展和实际资本投入的信息。在这种情况下，有实际研发投入的企业也有可能采用模版化研发信息，通过模仿其上一个会计年度的年报描述，表明企业的经营战略没有随着时间的推移而改变，以起到扰乱对手视听的作用。

本章利用2007~2019年我国A股市场的数据，我们的研究推断得到了证实。首先，我们发现伪研发企业的研发信息模板化程度与研发投入呈负相关关系。其次，我们发现真研发企业的研发信息模板化程度与研发投入呈正相关关系。最后，我们还通过分样本测试对研究结论进行了进一步分析，主要有以下三个方面：第一，用未来的研发产出是否与当前的研发信息模板化程度相关，来检验模板化研发信息背后的影响因素是否一致。研究表明，当同行对研发信息进行模板化的程度高于行业平均水平时，随后几年的研发投入呈异常负相关，而这种相关关系随着研发信息自我模板化程度的大小而增加。这些趋势在统计上是显著的，但是在两个财政年度之后会减弱，在未来的三个财政年度中不复存在。这表明高管的有关研发信息操纵的动机与中短期的机会主义行为关联性更强。第二，由于我国规定研发项目按技术要求可大致分为发明、实用新型和设计专利三类，因此我们还对研发成果进行了细分，按照分类分别对研发

---

① 自2010年起，证监会不断更新《公开发行证券公司信息披露编报规则》，其中研发投入等信息的披露要求不断提高，使得绝大部分公司都公开了研发投入。此外，《企业会计准则》对"研发支出"会计科目的披露要求也不断提高，进一步提高了企业研发投入数据的真实性。

信息模板化程度进行回归分析。一般认为，发明专利需要企业投入更多的时间和资金成本，而外观设计专利需要投入较少的时间和资金成本。并且在公众舆论中，发明专利往往被认为是公司核心技术的代表，在推广后具有很强的盈利能力，而实用新型和外观专利不具备此特性。因此，发明专利申请和获取的数量可以代表企业卓越的科研能力，而外观设计专利所能够体现的科研能力相对较弱。第三，我们对企业研发信息模板化程度进行了横截面研究，探究外部因素变化对主研究结论的影响。研究发现，当企业被侵权的风险较弱、产权性质为民营企业和非高新技术企业时，研发信息模板化与研发产出的正相关关系较弱。

从理论意义上看，研究信息的相似程度似乎缺乏重要性，因为上市公司的年报都是在证监会所规定的框架下编制的，并且信息大多以中立的语气进行描述。我们不能因为公司信息披露与同行业公司或与上一年类似，就对上市公司进行指责。然而，高度信息同质化的信息对投资者而言是好事吗？笔者认为未必，作为投资者而言，在投资之后有权了解公司的实际经营情况，这其中就包括了对研发进展的知情权。如果对知情权的要求属于投资者的合理诉求，那么公司官方化的、程序化和模板化的信息披露就是不合理的。本研究的意义就是要告诉投资者，模板化信息的背后，隐藏着怎样的真实研发情况。

虽然本章研究的理论意义稍弱，但现实意义重大。习近平总书记在2018年11月5日，首届中国国际进口博览会开幕式上，正式宣布在上海证券交易所增设科创板，并试点注册制。在国家的大力扶持、全社会的共同关注下，科创板于2019年6月13日应运而生。截至该年末，科创板已有91家上市公司，还有众多的公司正处于科创板的IPO审核阶段。与主板和创业板不同，注册制试点的科创板具有更为精简的发行条件，申请公司只需要公开向交易所说明公司的主营业务、核心技术和风险因素等信息即可在资本市场上进行股权交易。上市过程的精简使得一些不具备创新能力的公司觊觎科创板上市。因此，监管部门需要更强的信息分析能力才能保障科创板真正服务于创新型企业。笔者通过调研发现，科创板IPO中存在研发信息趋同现象。因此我们推测，有一些不具备创新能力，或创新能力较低的企业可能通过抄袭和模仿创新型企业的研发及业务相关信息，并结合虚增研发费用的方式取得科创板上市资格。尽管在我国科创板尚处于起步阶段，但在美国这种通过虚假信息骗取上市资格的现象比比皆是，我们正是要通过美国的经验证据为我国找到一个具体的、可操作性的方法加以甄别，以保证科创板的纯净。而本章研究所提出的语义相似度检测法,以及该方法所反映出的公司研发特征,可能成为监管部门鉴别真伪研发公司的一种手段。

第二节

文献回顾与研究假设

一、研发信息披露的背景

大量研究证明,投资者对企业研发活动较为敏感,会因此改变对企业利润和未来现金流的预期(Grandi et al.,2009)。但由于研发项目的开发周期较长,导致信息的真实性难以在短期内得到验证,从而产生了企业与投资者之间较高的信息不对称(Kothari et al.,2002)。尤其在管理者操纵报告的研发数据(Healy and Wahlen,1999),使用真实盈余管理来调整研发支出比例(Roychowdhury,2006),对研发前景的叙述语气存在偏见(Huang et al.,2014;Merkley,2014)时。长期以来,学术界对管理者操纵研发信息的正当性存在分歧。支持者认为,大多数国家的法规和会计准则要求企业及时汇报研发项目的资本投入和研究进展等方面的信息,这类偏短期的信息披露可能会导致外界低估研发活动的长期价值(Boone and Raman,2001)。因此,管理者需要对研发信息进行策略性的编排,使其看起来更积极,以促进企业在资本市场上的融资。例如,将研发费用按期摊销,或推迟研发支出费用化的确认时间。而反对者则认为,信息编排是导致资本市场信息不对称的主要原因,它损害了上市公司与投资者之间的相互信任。此外,持机会主义动机的管理者还有可能利用虚假的研发信息来谋取私利(Brown and Wu,2011)。

不同于大多数可以被会计数字所描述的商业活动,研发活动很难通过单一的会计数字来体现(许文瀚等,2020)。在年度报告中,研发信息的叙述性部分(文字性)占很大比例。虽然文本信息事后很难被证实,但是缺乏研发专业知识的投资者可以依靠它来更好地理解研发支出。有学者认为,叙述性披露的研发信息为管理者提供了更广阔的信息操纵空间。这是由于在日益严厉的监管下,会计信息操纵的空间被压缩,管理者更倾向于通过操纵可理解性更高的文本信息来传递私有信息,而研发活动因其长期性和收益滞后性的特点使得这种操纵更为容易，同时监管部门也难以在短期内证实信息有误（Baginski et al., 2016）。在实务界中，操纵研发文本信息由来已久，但以往的研究却忽略了文本信息，以单纯研发支出为研究对象的文献占绝大多数。

二、信息模板化与研发投入

自从 2004 年美国出台塞班斯法案以来，上市公司年报的文本内容有了惊人的增长。作为一种灵活性更高的沟通渠道（相对于严格管制的会计信息而言），文本内容和披露范围在很大程度上是管理者自愿披露和随意定制的（Li, 2008）。研究表明，虽然文本内容的信息含量会随着公司业务的复杂和日趋严格的监管而逐渐提高，但对投资者而言，信息的决策有用性是有存在疑虑的。近年来，随着学术界深入研究上市公司所披露的文本，管理者自利行为与文本信息操纵之间的联结逐渐浮出水面。当管理者意图隐瞒信息时，即使信息文本很长，其也不过是管理者利用信息模板所进行的机械性信息披露而已（Harris, 1998）。

但是，信息模板的使用会导致年度报告的语义相似度很高，这就使得模板化信息披露相比于其他形式的信息操纵而言更容易被发现。相似度测试的应用首先是为了满足信息检索领域的需求而设计的，在信息检索领域中，通过词汇匹配方法可以快速确定与输入文本最相关的文本（Salton, 2011）。经过几年的技术改进，原有的词汇匹配方法由于忽视了数目庞大的近义词，使其逐渐被机器学习中的支持向量机和自动语义评价方法（Papineni et al., 2002）所取代。从字面上看，语义相似度技术是通过语义方面而不是词汇方面来判断文本的，具体来说，该方法的目的是在大文本样本中找到相似的词，并通过该词的近义词与修饰词来计算文本的相似度得分。在我们的研究中假定上市公司必须遵循会计准则和信息披露内容与格式准则，这就使得不同公司之间的文本信息存在可比性，为我们检测语义相似度提供了基础。因此，即使各行业业务是不同的，报告的信息也可以在某种程度上相似，它为我们检测上市公司是否使用模板来披露信息提供了机会。

管理者的不同动机使得上市公司所使用的信息模板也有不同的表现形式。Brown 和 Wu（2011）的研究表明，与前一年非常相似的经营情况讨论与分析书缺乏信息含量，这表明管理者利用了上一年的信息作为模板来披露本年的信息,从而对外界隐瞒真实信息。高度的信息相似性通常意味着公司稳定的战略和经营。对于研发密集型企业来说,其战略和经营情况随时间推移的变化较为明显。而这种变化更有可能反映出公司的研发活动进展与前景,这些信息是竞争对手所梦寐以求的。因此,公司发布的任何新信息都可能增加知识产权侵权的风险。此时研发密集型企业容易隐藏真实信息,但日益严格的监管使得企业无法隐藏相关信息。在这种情况下,他们更可能利用之前的披露为模板,混淆外界对研发活动的判断,造成公司连续数年经营情况未发生重大改变的假象(Tian and Wang, 2014)。

相反,对于伪研发公司而言,他们的目的是通过伪造研发项目来得到外界认可,或隐瞒他们侵犯知识产权的行为(万源星和许永斌,2019)。但是在没有真实研发活动的情况下,如何在年报中披露研发相关信息?证据表明,这类公司在研究计划、进展和前景方面更有可能抄袭具有大规模研发活动的同行企业。真实研发企业的研发信息披露为虚假研发企业提供了低成本的信息模板。因此,伪研发公司与同行业公司的研发信息可能会存在较高的相似程度。为验证上述推断,本章提出以下研究假设:

假设 8-1:研发投入较高的高新技术企业,披露的研发信息与该企业过往年度的研发信息的相似程度较高。

假设 8-2:研发投入较低的高新技术企业,披露的研发信息与当年同行业企业的研发信息的相似度程度较高。

第三节

研究设计与模型构建

一、样本和数据选择

本章以 2007~2019 年 A 股创业板公司为样本。在样本选取中,剔除了数据缺失的上市公司。最后的样本包括 6659 个观测数据。为了避免极端值的潜在影响,我们在第 1 和第 99 百分位对所有连续变量进行了缩尾处理。本章所使用的年报数据采集自 Wind 数据库和巨潮资讯网。语义相似度通过余弦夹角法计算词义向量型得到。我们在研究中使用的变量定义如表 8-1 所示。

表 8 – 1　　　　　　　　　　变量定义

变量	名称	定义
Similarity1（self）	自我相似度	研发相关描述的语义相似度以及与上一年度的语言情感水平
Similarity2（other）	同行相似度	研发相关描述的语义相似度以及与同一年同行企业的语言情感水平
Hightech	真/伪研发公司	连续三年，研发支出占营业收入超过 8% 以上为真研发，在 4.5% 以下是伪研发
ROA	总资产收益率	总资产回报率，营业利润与总资产之比
Asset	资产总额	总资产的对数
Age	上市年限	公司上市的年限
BM	市盈率	上年年底普通股账面权益与总市值之比
Analyst	分析师跟踪数量	在今年年报公布日前 90 天内发布预测的分析师数量
Leverage	杠杆率	债务的账面价值超过债务的账面价值和股本的市场价值的总和
Growth	销售增长率	主要业务销售总额较上年变动百分比
GS	政府补贴	扣除总资产后从政府获得的资本总额
Cash	现金持有比例	现金总额与相当于其总资产价值的现金的比率
HHI	行业竞争	该行业的竞争水平，由赫芬达希指数衡量
FCF	自由现金流占比	经营性现金流，扣除总资产
Tangible	有形资产占比	有形资产（厂房、设备和存货）与总资产的比率
SOE	国有企业	虚拟变量，如果公司主要为政府所有，则为 1，否则为 0
RS	研发工人薪酬占比	研究人员的工资，扣除公司的总工资

二、真实与虚假研发活动的衡量

在我国的制度背景下，国家高新技术企业的认证证书是由科技部财政部和税务总局颁发的，这给了研发密集型企业很大的税收、补贴和其他财政方面的便利。这项政策经历了两个阶段。1988 年中国科技部发布了一系列优惠政策致力扶持科技型企业，这些政策被统称为火炬计划。为了进一步刺激企业创新，科技部、财政部和国家税务总局在 2008 年制定了高新技术企业认证办法。《高新技术企业认定办法》规定，连续三年研发费用占营业收入的比例达到或超过4%的,可以授予高新技术企业。为了享受高新技术企业认证证书带来的好处,企业有很强的动机去操纵会计数据以达到研发支出的门槛。因此,我们根据现有研究经验,将近三年勉强达到这个门槛(4%~4.5%)的公司,视为研发费用操纵(杨国超等,2017;万源星和许永斌,2019)。本文在度量上,近三年研发费用占营业收入之比在4.5%以下的公司,取值为0;近三年研发费用占营业收入之比在6%以上的公司(前25%分位数),取值为1。

为了保证研究结果的稳健性,我们还利用研发产出划定真研发和伪研发公司。根据我国现行的专利政策,专利按照技术难度分为发明、实用新型和外观设计三类。其中实用新型和外观设计专利技术难度较低,审批周期较短。通常六个月至一年左右即可获批;而发明专利技术难度最高,审批周期通常在两年以上,且需要经历两道审核流程。其一是初审,国家知识产权局会根据申请者的资质和申请项目的创新性和实用性进行考察,从历年来的经验看,在这一过程中将淘汰接近70%的申请。其二是实质性审查,此时申请者需要将申请发明专利的产品提交,知识产权局会评估产品的可推广性,通过实质性审查方能被授予发明专利。根据这一特点,我们将获取发明专利授权数量作为真研发公司的特征,将从未获得发明专利授权,仅有实用新型和外观专利的公司视为伪研发公司。此外,为了进一步确保该评价标准的可靠性,我们还剔除了主营业务为产品设计的服务类型公司。

三、语义相似度模型

在本章中,我们将描述我们将语义相似度模型定义公司在披露研发信息时是否使用模板,本研究参考了计算机科学中的卷积神经网络模型。该模型的基本原理是根据文本的特征和语言情感,以原始文本为模板。然后比较候选文本和原文本之间的语义相似程度。相似度得分表示候选文本使用模板的严重程度。例如,在图8-1中,主要文本被分解成几个句子,然后进一步将这些句子分解成单词。假设文本中只有一句话:科技创新和技术发展,那么我们就得到了这四个特征词汇作为一个层(Layer)。如果有另一个文本描述:技术创新和科学研究,我们可以使用原文本层来衡量两个文本之间的语义相似度,形成一个新的混合层,从而得出候选文本的相似度得分,如表8-2所示。

表 8-2 单词相似度

同义词提取		与本公司上年度对比		与同行业本年度对比	
关键字	同义词	相似度	频率	相似	频率
创新	科学	0.7665	5808	0.7512	7691
	研究	0.7367	12507	0.7431	16023
	科技	0.8061	16029	0.8105	20124
	研发	0.8179	17203	0.8232	21244
	技术	0.8089	8797	0.8109	9654
	能力	0.6433	5552	0.7012	7864
	新	0.6387	10239	0.7426	18758
	转换	0.7595	9664	0.6497	4591
	革命	0.5757	2038	0.6018	3412
	创造	0.8569	17998	0.8796	23086
	设计	0.7979	11275	0.8133	12525
	发明	0.9012	17695	0.9235	16086
	专利	0.9149	22124	0.9451	24512
	尖端	0.8102	5601	0.7640	6323
	实验	0.7864	6734	0.7731	3222

该模型的规则简单，但在将其应用到我们的研究中还存在一些困难。第一，尽管年度报告必须遵循可比性和可理解性的原则，但行业差异仍然使年度报告存在差异。因此，不同的公司对研发的表达和描述是不同的。为此，我们必须找到一个综合的词库，尽可能多地吸收与研发相关的词。第二，研发词本身并不能表达情绪水平，然而，大量文献表明，语言情绪或语气可以向投资者提供增量信息，并可能暗示管理者的各种动机（Baginski et al., 2016）。即使是相同的研发相关词汇，两句话也会因为情感表达的存在而产生差异。因此，如何将情感词融入模型中是非常重要的。

为了解决这些问题，我们参考卷积神经网络模型。在该模型中，采用词向量构建二维卷积，将特征词和情感词结合在一起。典型的研发相关语句一般由研发类词汇（名词）和修饰类词汇（形容词）构成。一个形容词可能出现在

第八章 上市公司模板化研发披露与实际研发投入的关系

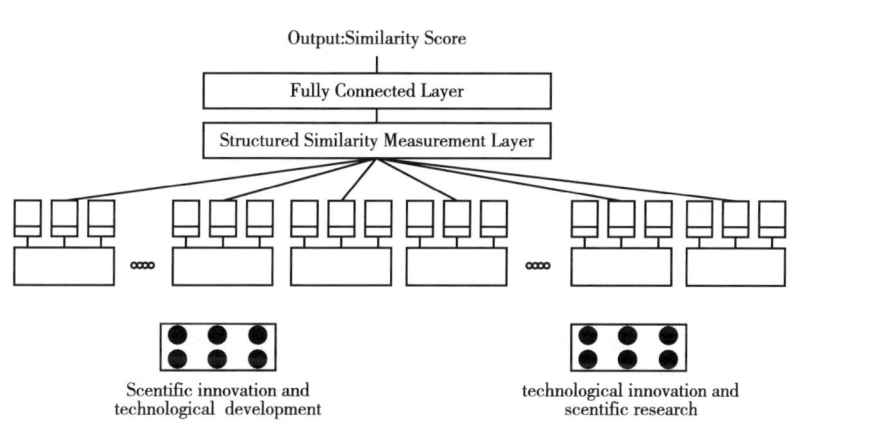

图 8-1 模型概述

研发类词汇的前面或后面，因此我们需要计算研发词汇和修饰词汇之间的间隔。如图 8-2 所示，每个黑点代表一个单词。我们使用 w1 到 w5 来表示间隔，具体而言，w1 表示间隔是一个单词（包括前面和后面），它距离 R&D 单词最近。根据这个类比，w2 表示两个间隔。考虑到汉语的文本习惯，我们采用 5 个区间作为最大限度，超过这个限度被视为另一句语句。我们使用研发词汇及其近义词作为一个维度，修饰词汇和其近义词作为另一个维度。这两个维度可以形成一个语义向量，通过向量计算语句相似度。

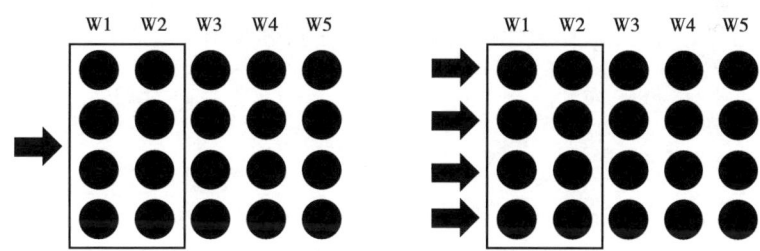

图 8-2 情绪和研发词的间隔

另外，对于单词遗漏的担心可能会导致我们模型的失败，所以我们必须想办法尽可能多的加入研发相关词汇。我们使用同义词搜索技术来解决这个问题如图 8-3 所示。从技术上讲，某一词汇在语义、情感、职业等方面存在大量的同义词，人工判断很难涵盖所有的同义词，因此机器学习是解决这一问题的完美方法。通过引入词典构建"词袋"，计算机程序可以自动搜索单词的潜在同义词，克服人工不可避免的遗漏。在本章研究中，我们使用 CBOW 模型和

Skip-gram 模型来收集与研发相关的同义词。CBOW 模型通过对输入词进行分解来提取语义层：

$$h = W^T_{(k,\cdot)} := V^T_{\omega_I}$$

而 W 表示输入的单词，V 表示由 W 构建的向量，我们用 h 来捕捉我们得到的每个输入向量。然后，我们为候选词构建一个多维向量，用这个向量来衡量整个文本中单词的相似度得分：

$$p(\omega_{c,j} = \omega_{0,c} | \omega_I) = y_{c,j} = \frac{\exp(h_{c,j})}{\sum_{j'=1}^{V} \exp(h_{j'})}$$

在这个函数中，y 表示输出单词相对于输入单词的相似性得分。j 是通过计算自动输出的目标词，c 是输入词。因此，p 是整个文本的相似度得分。此外，我们还使用 Skip-gram 模型来搜索潜在的同义词。该模型的基本规则是利用现有的研发相关词的集合来预测潜在的同义词短语。由于年度报告中大量使用短语来描述研发信息，传统的基于字典的模型很难涵盖文本中的所有短语。利用 Skip-gram 模型，可以对短语进行语义度量。具体来说，我们首先计算从年报中输入的词的语义向量平均值：

$$h = \frac{1}{C} W^T (x_1 + x_2 + \cdots + x_C) = \frac{1}{C}(v_{\omega 1} + v_{\omega 2} + \cdots + v_{\omega c})^T$$

在得到每个输入词的语义向量后，我们将其组合成一个语义矩阵，并将其命名为 h。我们使用该算法计算文本中每个单词和短语的相似度评分 P：

$$P = -\log p(\omega_0 | \omega_{I,1}, \cdots, \omega_{I,C}) = -h_{j*} + \log \sum_{j'=1}^{V} \exp(h_{j'}) = -V'^T_{\omega_0} \cdot h + \log \sum_{j'=1}^{V} \exp(v'^T_{\omega j} \cdot h)$$

我们根据变量 P 的值对其排序，并将大于 50 分位数的 P 值作为新的同义词处理。这种机器学习方法使我们能够得到大量与我们的词包语义特征相似的年度报告表达，有效地克服了词语遗漏的顾虑。

在提取与研发相关的词后，我们使用卷积神经网络来测试年度报告的语义相似度。卷积神经网络的机理可以用下面的例子来说明。首先，构建 A 模块作为参照系，用来测试其他文本的语义相似度得分。窗口大小表示研发词和情感词的前后间隔。在本例中，我们使用了三个间隔，其中 ws = 1 表示一个单词间隔，ws = 2 表示两个单词间隔。值得注意的是，ws = 2 和 ws = 1 并未重复计算。模块 B 是我们等待测试的候选文本。下面的黑点代表目标单词。将两个文

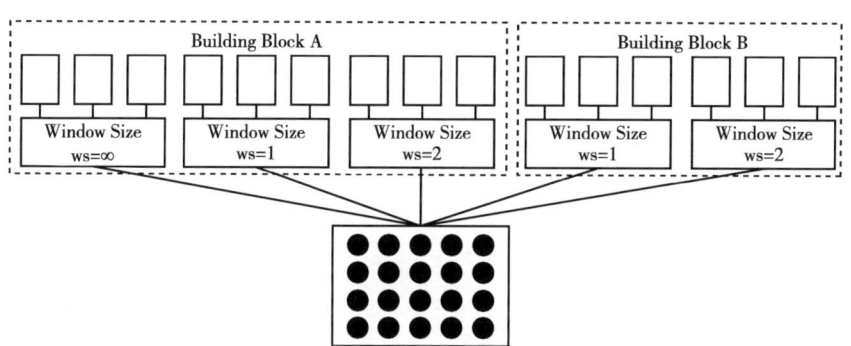

Seeds: scentific, innovation, technological, research, development…

图 8－3 卷积神经网络的机理

本中的单词合并卷积，计算余弦距离。余弦距离的取值范围是 0 到 1。值越接近 1，相似度得分越高。句子的整体余弦距离为 B 块对 A 块的语义相似度。

$$\text{similarity} = \cos(\theta)_{c,j} = \frac{A \times B}{\|A\| \|B\|} = \frac{\sum_{i=1}^{n} A_j \times B_c}{\sqrt{\sum_{i=1}^{n}(A_j)^2} \times \sqrt{\sum_{i=1}^{n}(B_c)^2}}$$

使用这两种目标词搜索方法，我们在年报的经营情况讨论与分析一节中提取研发相关信息的段落来搜索潜在的同义词。我们通过比较同行业两家公司和一家公司连续两年的研发信息来验证我们的语义相似度比较度量。一方面，从横向的角度看，由于相似的业务交易、治理结构和研发活动，导致同一行业的企业之间信息差异不大，这就使得伪研发公司以真研发公司的信息披露为模板。另一方面，从纵向的角度看，如果企业采取创新经营战略，投入巨大的资金用于研发，那么在若干连续年份的年报中，信息差异会很大，但这是在公司如实披露信息的前提下。如果公司不愿让外界通过信息差异获取公司内部信息，那么就会刻意编排信息，使得信息在不同年度上差异不大。

四、实证模型

根据以上分析，我们估计如下方程，该方程表示实际研发产出与研发语义相似度之间的关系。

Hightech = α + $β_1$Similarity + $β_2$Size + $β_3$Age + $β_4$Leverage + $β_5$ROA + $β_6$GS + $β_7$FCF + $β_8$Growth + $β_9$HHI + $β_{10}$CFO + $β_{11}$Tangibility + $β_{12}$SOE + $β_{13}$RS + $β_{14}$BM +

$\sum \text{Firm} + \sum \text{Industry} + \varepsilon$

第四节 实证结果与分析

一、描述性统计

表 8-3 为本章变量的描述性统计结果。样本公司研发信息自我相似度（Similarity_self）的均值为 0.177。样本公司研发信息同行相似度（Similarity_other）的均值为 0.203。Hightech 的均值为 0.102，说明仅有 10.2% 的上市公司的研发支出占比达到了 6% 以上。大部分创业板公司的研发投入力度较低。其他控制变量的取值与现有研究类似。

表 8-3　　　　　　　　变量描述性统计

Variable	N	Mean	STD	Median	Min	Max
Similarity_self	6659	0.177	0.124	0.135	0.011	0.583
Similarity_other	6659	0.203	0.117	0.252	0.046	0.502
Hightech	6659	0.102	0.379	0.125	0.000	1.000
RS	6659	0.224	0.168	0.165	0.027	0.819
GS	6659	0.017	0.013	0.011	0.000	0.072
ROA	6659	0.570	0.726	0.470	0.000	0.815
Size	6659	22.030	1.419	21.820	19.22	27.030
Age	6659	7.600	7.347	7.000	0.000	23.000
Analysts	6659	7.451	9.266	4.000	0.000	40.000
Leverage	6659	0.445	0.224	0.440	0.000	1.024
Growth	6659	0.170	0.365	0.117	-0.607	2.080
HHI	6659	0.067	0.065	0.044	0.029	0.077
FCF	6659	0.056	0.082	0.054	0.011	0.103
Tang	6659	0.286	0.190	0.250	0.139	0.414
BM	6659	0.382	0.233	0.339	0.198	0.521
SOE	6659	0.363	0.481	0.000	0.000	1.000

二、回归结果

表8-4为控制行业和年度固定效应后的回归结果,回归(1)为单独检验公司运用自身上一年度为模板的情况。结果显示,Similarity_self 的回归系数为 0.021(P<0.05),说明真研发公司更倾向于通过模仿以前年度信息的方式达到隐瞒研发投入的目的。回归(2)为单独检验公司运用其他公司年报为模板的情况。结果显示,Similarity_other 的回归系数为 -0.032(P<0.01),说明伪研发公司更倾向于通过模仿其他公司信息的方式来配合其机会主义行为。回归(3)将两种类型的相似度同时加入到回归模型当中,结果显示,先前研究结论仍然成立。假设8-1和假设8-2得到了验证。

表8-4　　　　　　　　　回归分析结果

变量/模型	Hightech		
	(1)	(2)	(3)
Similarity_self	0.021** (2.05)		0.0023*** (3.91)
Similarity_other		-0.032*** (-3.89)	-0.038*** (-3.77)
ROA	-0.00** (-2.31)	0.010 (1.13)	-0.2529*** (-3.15)
Size	-0.007* (-1.93)	-0.0066* (-1.71)	-0.9643*** (-5.37)
Age	-0.0048** (-2.33)	-0.0018** (-2.01)	0.1993 (0.45)
Leverage	0.003*** (2.78)	-0.0010 (-0.45)	0.2062 (0.53)
Growth	-0.012** (-2.31)	0.0451 (1.32)	-0.275* (-1.79)
Analysts	0.0009*** (2.66)	0.0010*** (3.01)	0.0521*** (4.24)
BM	0.0082 (0.60)	0.0069 (0.71)	0.0040** (2.24)

续表

变量/模型	Hightech		
	(1)	(2)	(3)
GS			0.0625* (1.73)
RS			0.0181** (2.27)
FCF			0.0357*** (3.35)
Tangibility			-0.0195*** (-5.69)
HHI			-0.2091** (-2.09)
SOE	-0.0165 (-0.87)	-0.0126 (-0.46)	-0.0414 (-0.97)
截距项			
固定效应	是	是	是
样本数量	6659	6659	6659
Adjusted R^2	0.072	0.078	

注：括号中为 t 值，*** $p<0.01$，** $p<0.05$，* $p<0.1$

三、进一步检验

（一）区域知识产权保护的调节效应

表8-5是考虑了地区知识产权保护程度后，进一步检验上市公司信息模板运用偏好与研发投入的回归结果。其中 RIPR 为地区知识产权保护力度，计量方法为地区知识产权立案数量与地区知识产权侵权案件数量之比。回归（4）的结果显示，Similarity_self × RIPR 的回归系数为 -0.0192（$P<0.01$），说明当公司所在地区的知识产权保护力度较好时，真研发公司复制上一年度信息来进行信息披露的倾向将会减弱。回归（5）的结果显示，Similarity_other × RIPR 的回归系数为 0.056（$P<0.01$），说明当公司所在地区的知识产权保护

力度较好时，伪研发公司抄袭同行业公司年报的倾向也会下降。上述研究结论说明知识产权保护力度仍然是保护创新型公司、抑制知识产权侵权行为的根本保障。

表 8–5　　　　　　　地区知识产权保护力度调节效应检验

变量/模型	Hightech	
	(4)	(5)
Similarity_self	0.017 (0.80)	
RIPR	0.011 (0.47)	
Similarity_self × RIPR	-0.019*** (-5.07)	
Similarity_other		-0.0110*** (-2.82)
RIPR		0.017** (2.01)
Similarity_other × RIPR		0.056*** (5.33)
控制变量	是	是
固定效应	是	是
样本数量	6659	6659
Adjusted R^2	0.009	0.014

注：括号中为 t 值，*** $p<0.01$，** $p<0.05$，* $p<0.1$。

（二）国有企业的调节效应

现有研究认为政企关系对公司与投资者的沟通方式有显著影响。Lee and Wang（2015）认为当公司与监管机构建立了密切联系时，监管机构对公司的违规行为难以进行及时的处罚。在我国 A 股市场当中，国有控股的公司数量超过了 75%。陈信元等（2009）发现资本市场对受到监管处罚的国有企业和民营企业有着不同的反应。即公众不相信监管部门会实质性地惩罚国有上市公司，因此在国有企业被监管处罚后，市场的负面反应较弱。陈冬华等（2005）

发现政府机构参与对国有企业的调查，通常是在媒体率先曝光之后。

基于以上发现，我们推测国有企业更倾向于使用信息模板来隐瞒或虚构研发活动，见表 8-6。我们以控制变量中的 SOE 作为调节变量，对原模型进行了交互效应检验。回归（6）的结果显示，Similarity_self × SOE 的回归系数为 0.0225（$p < 0.01$），说明具有研发能力的国有企业更倾向于使用以前年度的信息模板形成新的信息披露，以降低信息泄露风险。回归（7）的结果显示，Similarity_other × SOE 的回归系数为 -0.0328（$p < 0.01$），说明伪研发国有企业更有可能抄袭其他企业的年报，来虚构自身的研发业务。

表 8-6　　　　　　　　　国有企业调节效应检验

变量/模型	Hightech	
	(6)	(7)
Similarity_self	0.0011** (2.20)	
SOE	-0.122*** (-2.92)	
Similarity_self × SOE	0.0225*** (4.26)	
Similarity_other		-0.0142* (-1.71)
SOE		-0.175 (-1.01)
Similarity_other × SOE		-0.0328*** (-4.22)
控制变量	是	是
固定效应	是	是
样本数量	6659	6659
Adjusted R^2	0.011	0.017

注：括号中为 t 值，*** $p<0.01$，** $p<0.05$，* $p<0.1$。

四、稳健性测试

本章的存在一个亟待解决的问题，即真、伪研发公司的划分。在主检验中，我们利用连续三年的研发支出占比作为划分依据。虽然这种划分依据考虑了在一段连续时间内，高新技术公司投入研发经费的强度，但仍有可能存在下列问题：(1) 划分标准存在误差。根据现行的《高新技术企业认定管理办法》，研发投入占营业收入之比在 [4%，4.5%] 即可以获得认定。因此研发投入占比4%左右存在一定合理性，能够代表公司对创新活动投入了一定量的资金，为此将低于4.5%的公司作为伪研发公司看待可能存在偏差。(2) 用研发支出占比作为划分依据存在偏见。根据现有文献，操纵研发支出能够作为公司盈余管理的主要手段（Roychowdhury, 2006; Zang, 2012）。而且研发的成功在很大程度上取决于中间进程而非初期投入，研发支出资本化率通常被视为整个研发周期的里程碑或分界点。因此采用研发支出资本化率可能更能够区分真实和虚伪的研发公司。(3) 研发成果应该是研发能力的最终评价标准。根据我国现行的专利政策，专利按照技术难度分为发明、实用新型和外观设计三类。其中实用新型和外观设计专利技术难度较低，审批周期较短。通常六个月至一年左右即可获批；而发明专利技术难度最高，审批周期通常在两年以上，且需要经历两道审核流程。其一是初审，国家知识产权局会根据申请者的资质和申请项目的创新性和实用性进行考察，从历年来的经验看，在这一过程中将淘汰接近70%的申请。其二是实质性审查，此时申请者需要将申请发明专利的产品提交，知识产权局会评估产品的可推广性，通过实质性审查方能被授予发明专利。因此，专利成果的类型应该能够反映出公司真实的研发能力。

基于上述分析，本章进行了如下稳健性测试（表8-7）：第一，改变研发支出占比的划分范围，将下限下降到3.9%（原4.5%），将上限提高到8%（原6%），回归结果未发生改变。第二，按研发支出资本化率划分，当年研发支出资本化率位于前25%分位数的视为真研发，位于后25%分位数的视为伪研发，回归结果未发生改变。第三，按研发成果划分。如果一个公司连续三年未获批发明专利，而仅拥有实用新型和外观设计专利，或无任何专利授权，那么我们就视该公司为伪研发公司。按该区分方式进行实证分析，原结论未发生改变。第四，考虑到一些公司主营业务包括设计，因此我们剔除了这部分公司，剔除后原结论未发生改变。

表 8-7　　　　　　　　　　　　双重差分匹配

变量	下限 = (0, 3.9%) 上限 = (8%, +∞)	按研发支出 资本化率区分	按发明专利区分	按发明专利区分排除 含设计业务的企业
	Hightech	Hightech	Patent	Patent_research
Similarity1 （自我）	0.019* (1.75)	0.007* (1.70)	0.0063*** (3.62)	0.0102*** (4.11)
Similarity2 （其他）	0.083 (1.55)	0.013 (0.14)	0.0042 (0.77)	0.0081
控制变量	是	是	是	是
固定效应	是	是	是	是
样本数量	6659	3525	6659	3317
Adjust-R^2	0.105	0.122	0.052	0.065

注：括号中为 t 值，*** $p<0.01$，** $p<0.05$，* $p<0.1$。

第五节

本章小结

在过去几年里，有关年报内容过度模板化的讨论引起了政策制定者、学者和众多投资者对年报形式质量的重视。研究发现，研发活动年报模板化程度高的企业，其企业价值越低。模板化程度越高表明年报向投资者提供的异质性信息越少，信息有用性越低。由于管理层对文本信息披露的自由裁量权较高，未来的法律风险较低，因而高模板化的年报很可能是管理层"有意为之"。为此，要求公司在进行披露时应注意披露信息的有效性，避免在语言内容上空洞模板化，同时要求证监会等监管部门应进一步规范年报中研发活动文本信息的披露内容及使用语言的规范性以及个体差异性。

第九章

加速折旧抵税、研发投资与企业金融化[①]

第一节

研究背景与研究现状

一、研究背景

历史与现实告诉我们,没有强大的制造业就不可能成为世界强国。经过40年的发展,我国制造业技术水平达到世界前列,已经发展为全球唯一具备全品类制造业的国家。随着欧美发达国家"再工业化"和"制造业回归"以及东南亚国家低成本战略入局,我国制造业在技术进步与产品出口等方面受到冲击,我国制造业面临着加大研发投入和金融投资求稳的两项选择。2015年,李克强总理在政府工作报告中提出的"打造大众创业、万众创新"理念,国务院《中国制造2025》规划指出用10年时间,迈入制造强国行列,创新研发和转型升级是提升我国制造业竞争力的核心。于是运用多种政策合力,引导和支持制造业进行研发创新,控制制造业金融投资对营运资金的挤出效应,成为政府施策的重要方向。

二、研究现状

企业作为创新活动的主体,其研发行为及经济后果一直是财务研究的热点

[①] Ma-chunguang, Bei-hongjun, Wang-chuner. Accelerated Depreciation Tax Credit and Corporate Financialization Based on the PSM-DID Model [J]. Wireless Communications and Mobile Computing(SSCI 检索)2020 DOI:10.1155/2020/6622900,2020.DEC 7.

话题。作为企业创新活动的根源，研发投入在很大程度上决定了创新成果、公司业绩及企业价值。自 2000 年以来，政府通过实施诸多财税政策鼓励企业创新投资，促使企业创新投资呈现逐年递增趋势。但就目前而言，我国企业创新活动仍存在研发投入水平较低、研发投入持续性较差等亟待解决的问题。为了提高企业研发投入水平、增强企业研发投入持续性，2014 年 9 月，李克强总理在国务院常务会议中部署完善固定资产加速折旧政策，以促进企业技术改造，支持企业创新。同年 10 月，财政部、国家税务总局发布财税〔2014〕75 号文，允许生物药品、专用设备、铁路船舶航空航天等运输设备、计算机通信和电子设备、仪器仪表、信息传输、软件和信息技术服务业等 6 个行业的企业在 2014 年 1 月 1 日后购入的固定资产，可缩短折旧年限或采取加速折旧方法进行账务处理。该项政策出台后，尽管对于企业而言，固定资产在使用年限中折旧抵税总额不变，但其能利用此政策在固定资产购入当期计提大量折旧，减少应纳所得税，充分利用递延纳税所带来的货币时间价值，从而降低企业研发活动成本。综上所述，该项政策期望通过递延征税的优惠形式，加快企业设备更新以及科技研发创新，扩大制造业投资，促进企业资金在实体经济的投入，进而抑制企业金融化，防止实体经济脱实向虚。自固定资产加速折旧政策出台以来，相关文献对其经济后果的研究大多集中于单个公司账务处理方面，该项政策实施后的整体效用并未得到系统检验。从实践来看，不同税率、不同地区公司间从事研发活动的意愿与能力各有不同，而政策效果也存在较大差异。因此本章研究将从税收加速折旧抵扣形成的减税效用与企业资金投入引导的角度出发，对该项政策实施效果进行评价，并就其影响企业金融化的理论机制展开实证论证。

第二节

研究设计与模型构建

一、理论分析与研究假设

（一）理论分析

理论上，固定资产加速折旧政策通过引导企业增加研发设备及生产经营性固定资产投资，既可以强化企业自身技术优势、增强企业竞争力，又可以给企业带来加速折旧的抵税效果，从而促使资金回流实体制造企业，促进企业研发创新。这体现出财税政策的定向调节对经济结构转型的作用路径，引导实体企业的存量资金投向、减少实体企业金融化投资对资金的挤出效应，是抑制企业脱实向虚的最佳体现。然而，由于当前我国金融投资部分产品的高收益示范效应，导致金融投资的期望收益增速已经超过了实体经济收益增速的平均值，因此，财税政策的调节作用对实体企业的研发创新投资可能存在影响，也可能只是锦上添花。

基于已有文献，可以从以下三个方面理解固定资产加速折旧政策对企业研发创新和实体企业金融化的影响。其一，固定资产加速折旧，一定程度上降低了研发创新投入的实际成本。结构性减税不仅是事后补偿机制，更具有定向投放的特征，要比直接的补贴更市场化，更能精准施策。固定资产折旧抵税，从税收优惠的间接供给角度，可以通过货币的时间价值来降低实际研发成本，从而被发达国家广泛采用。固定资产加速折旧政策，即是将所得税抵扣提前，可以缓解技术升级和行业竞争的冲击，避免由于市场快速淘汰形成的抵税滞后性，而这种提前抵扣一方面形成了对研发投资的间接资金供给，另一方面则形成了一定的时间价值，从而减低了研发投入的成本。其二，固定资产加速折旧等结构性减税政策促进了企业对于研发设备、厂房等方面的投入。是对于结构性减税政策，尤其是固定资产加速折旧政策是否促进了企业研发投入，二者是否存在因果关系，一直是大家争议的焦点。Tassey（2004）指出，研发投资带来的回报具有较强的隐性特征，其溢出效应也影响到实体企业的研发创新投资意愿，但减税政策能够减轻企业对研发投资回报的不确定性。减轻企业对投资损失的顾虑并降低企业 R&D 成本，从而促进企业的研发创新活动。Pottelsberghe 等（2003）指出，结构性税收优惠，尤其是设备、房产折旧政策对企业研发投入的促进作用具有长效性。随后大量的研究也支持了结构性税收优惠，尤其是固定资产加速折旧抵税对企业研发投资有促进作用。Cappelen 等（2012）对 2002 年挪威的折旧减税优惠政策进行研究后发现，该项税收减免一定程度上促进了企业的研发投入资金水平；Yang（2012）通过微观样本数据分析发现，中国台湾地区制造业企业获得税收优惠的企业具有更高的研发投入动机和比率；部分学者对我国企业所得税改革研究发现，研发费用抵扣和固定资产加速折旧政策间接促进了企业的技术创新。其三，固定资产加速折旧抵税从长效角度，增加了企业实体资产、减少了企业应纳税所得，使得企业所有者更愿进行固定资产投资，从而减少金融资产的配置，抑制了企业金融化趋势，促进企业脱虚向实。垄断性的大企业金融化倾向明显。因为不断进行实体经济投资导致产能提高、收益率下降，所以更倾向于保持垄断和控制规模，减少了对实体投资的需求，盈余资金就会流入了到金融领域（2019）。资本的过度积累和日益激烈的市场竞争使得实体领域的投资机会越来越少，企业逐利和规避风险的本性使其倾向于将自有资金投资看似回报更高的金融产品来获利。姚维保（2020）研究发现，新自由主义盛行引起的竞争提高了商品的产出率和劳动生产率，使得商品所含利润下跌。大量企业为了寻求利润率的增长而纷纷投入金融业，金融市场变为非耐心投机者的聚集地。伍红（2019）则认为，实体企业进行金融投资是实体经济领域投资收益下降的短期应对手段，企业最终还是会回到发展实体经济的轨道上。资本逐利的属性使得企业更加关注投资的回报，但是我国的民营企业也存在藏富的现象，以实体经济投资的形式减少增值税和企业所得税，并且在研发设备和厂房投资中，获得持续的发展计划和保持领先的能力，减少实体现金的支出，赢得稳定的现金流量，将形成实体研发投资、资产折旧减税、较高的所得税税率和认定税收减免优惠权限从而进一步减税的良性循环，从而在减少所得税支出的同时，形成更多的资产和竞争优势，并升级企业的科技技术含量，达到更高的税收优惠条件，获得更多的优惠。因此，可以推断，我国的企业有更强的意愿去获取折旧抵税的优惠，加大研发创新的设备和厂房投资，减少应纳税所得，从而减少了金融投资，将更多的资产配置在实体经济范畴。

（二）研究假设

基于以上的三点分析，进一步归纳并提出以下三个假设：

首先是关于固定资产加速折旧抵税政策的初衷就是为了加大企业研发投入力度和间接降低企业研发投资成本，增强企业研发投资信心，给企业研发投资提供间接资金供给支持，因此选择科技竞争力较强的六大行业作为试点。因此，本研究首先需要验证固定资产加速折旧抵税政策是否促进了企业研发投入水平。因此，本研究提出假设 H9-1：

假设 H9-1：固定资产加速折旧抵税，能够促进企业的研发创新投入。

其次是固定资产加速折旧抵税政策，主要通过研发设备和生产经营性固定资产投资产生作用，也就是说政策效应的作用途径是通过固定资产投资形成加速折旧，加速折旧再产生抵税效果，从而形成递延所得税。因此，本章研究基于以上分析，提出假设9－2：

假设9－2：固定资产加速折旧抵税，能够引导企业进行固定资产投资，并形成递延所得税。

如前述假设9－1、假设9－2，如果固定资产加速折旧政策能够对企业的资本投放形成有效引导作用，企业的资本将更多的投向研发设备和经营性固定资产，从而将企业的重心引向主业，进而减少企业对金融资产的投资，抑制企业金融化趋势。因此本章研究提出假设9－3：

假设9－3：固定资产加速折旧政策，能够抑制企业金融化趋势。

为了进一步验证固定资产加速折旧政策抑制企业金融化的机制和逻辑，本研究设计变量替换和分步回归，分别加入固定资产折旧政策对各项投资的效应变量，考察不同变量对固定资产加速折旧政策与企业金融化关系的影响，从而明确固定资产加速折旧政策对企业金融化影响的作用机制。

二、样本选择和数据来源

如前所述，我国于2014年1月1日开始实施六大行业加速折旧抵税政策，2019年开始全面实施加速折旧政策，因此笔者采用2014年前后各5年数据，即2009～2018年度共10年A股上市制造企业全样本，构建面板数据库。生物药品、专用设备、铁路船舶航空航天等运输设备、计算机通信和电子设备、仪器仪表、信息传输、软件和信息技术服务业六个行业的企业数量在不断变化，因此笔者以2009年上市公司作为样本标准，数据来源于国泰安数据库，筛选出六大行业的上市公司，获得六大行业的企业样本364家，共获得沪深两市A股上市公司样本1085家。

基于固定资产加速折旧抵税政策的金融化抑制效应为本研究提供了一个自然实验。本章研究为了更有效地验证固定资产加速折旧抵税政策对企业研发投资和金融化的影响作用，以2014年为post，以六大行业的364家企业作为对照组，其他样本企业作为控制组，采用PSM方法进行样本匹配，并采用评价政策效果常用的双重差分法（DID）进行分析，以验证本章的研究假设。为保证研究结论的可靠性，本章研究按照以下步骤对样本进行了处理：（1）剔除金融行业公司和 ST 公司样本；（2）剔除数据缺失公司；（3）对所有样本的连续型变量进行了 1% 和 99% 分位的 Winsorize 处理以消除异常值的影响。最后得到 10850 个观测值，公司财务数据均来自国泰安 CSMAR 数据库。

三、模型构建与变量说明

（一）变量设计

1. 被解释变量

根据本章研究第二部分的研究假设，被解释变量分别为研发创新投入、企业固定资产投资、和企业金融化，另外为了进一步验证税收优惠的引导作用，增加递延所得税资产作为因变量。参照已有学者对企业金融化的研究成果，本章采用直接量化数据进行代替。①被解释变量 1：企业研发投入（RD）采用研发投入金额增长率数据；②被解释变量 2：固定资产投资（FASS），采用固定资产增长率数据；③被解释变量 3：企业金融化水平（Fin），采用金融资产占长期资产的比重的增长率。

2. 解释变量

本研究以 2014 年为政策实施节点（post），以六大行业企业为对照组（treat），如果样本企业属于六大行业，则 Treat 为 1，否则为 0；由于事件年和处理组这两类哑变量分别包含于"年度固定效应"和"行业固定效应"中，为防止多重共线性，本研究以二者交乘项（Post × Treat）生成政策处理变量 DID，即为模型的解释变量，来检验固定资产加速折旧政策的影响作用。本研究分别替换因变量，来验证固定资产加速折旧政策对企业研发投入、固定资产投资以及企业金融化的影响。但是考虑到企业研发投入、固定资产投资以及金融化投资的其他影响因素，本研究需要设计和添加足够的控制变量，来考量其他因素对政策效应的影响情况。

3. 控制变量

本研究参考已有研究的经验，首先，考虑企业规模效应的影响，分别选择企业规模（Size）、上市年限（Age）作为控制变量；其次，进一步考虑到企业投资选择对于资金的要求，选取现金持有水平（Cash）、资产负债率（Lev）作为控制变量，低负债以及资金充足的企业是否更容易产生投资行为；再次，考虑到企业是否进行研发投资和生产经营性固定资产投资，可能受到企业盈利能力的影响,选择公司毛利率(GPM)以及权益报酬率(ROE)作为控制变量;公司是否更注重研发投入、是否更注重主业先发优势和核心竞争力,可能与企业的科技属性有关,因此本章再选择是否为高新技术企业(Htech)作为控制变量;最后,选择托宾Q值(Tobin)作为控制变量,托宾Q值较大时,企业股价高于资产重置成本,企业可以通过发行股份获取资金购买低价资产;反之,企业的投资行为会受到限制。因此,企业的托宾Q值一定程度上也影响着企业的投资选择,一旦托宾Q值较小,企业可能更加保守,或者选择金融资产进行配置,导致企业金融化。另外,模型中还加入年度虚拟变量(Year),而行业则按照证监会上市公司行业分类指引(2012)进行分类,制造业按照二级代码分类,其余行业按照一级代码分类,六大行业直接赋值为1,其余为0。各变量具体定义如表9-1所示。

表9-1　　　　　　　　变量代码与计算公式表

因变量	RD	企业研发支出增长率
	FASS	企业固定资产增长率
	DTax	企业递延所得税负债增长率
	FIN	企业金融资产占总资产比重增长率
解释变量	DID	Post × Treat
	Post	若观测值为2014年及以后为1,否则为0
	Treat	若公司所处行业处于六大行业范围内为1,否则为0
	Year	年份虚拟变量
控制变量	Size	公司总资产去量纲化
	Lev	公司年末负债总额/年末总资产
	Htech	是否为科技型企业
	Age	当前年份 - 公司上市年份
	Cash	公司期初现金及其等价物/期初总资产
	ROE	当期公司净利润/期末净资产
	Tobin	Q年末市场价值/账面价值
	GPM	毛利/营业收入

(二)模型构建

根据本研究第二部分研究假设,分别构建研发投资增长率、固定资产投资增长率、递延所得税、企业金融化与加速折旧政策的回归模型（9-1）-模型（9-4）如下：

$$RD_{it} = \alpha_0 + \alpha_1 DID + \alpha_2 Xlist_{it} + \varepsilon_{it} \quad (9-1)$$

模型（9-1）考察固定资产加速折旧抵税政策对企业研发投入的影响：

$$FASS_{it} = \beta_0 + \beta_1 DID + \beta_2 Xlist_{it} + \varepsilon_{it} \quad (9-2)$$

模型（9-2）考察固定资产加速折旧抵税政策对企业固定资产投资的影响：

$$DTax_{it} = \gamma_0 + \gamma_1 DID + \gamma_2 Xlist_{it} + \tau_{it} \quad (9-3)$$

模型（9-3）考察固定资产加速折旧抵税政策对企业递延所得税的影响：

$$FIN_{it} = \mu_0 + \mu_1 DID + \mu_2 Xlist_{it} + \sigma_{it} \quad (9-4)$$

模型（9-4）考察固定资产加速折旧抵税政策对企业金融化趋势的影响：

其中 DID = Post × Treat 为固定资产加速折旧政策的处理变量；Xlist 代表本文选取的 8 个控制变量，此处简略表达。

第三节 实证结果与分析

一、主要变量描述性统计分析

通过 Stata 软件的 SUM 功能描述样本数据见表 9-2，本章采用的数据为 1085 家 A 股上市公司 10 年的数据，共获得 10850 个观测值。

表 9-2　　　　中国 A 股样本数据初步描述结果表

Variable	Obs	Mean	Std. Dev.	Min	Max
year	10850	2013.5	2.8724	2009	2018
RD	10850	0.2422	4.7018	-3.2568	12.6514
FIN	10849	0.0163	5.3341	-10.1853	21.3375
Dtax	10850	2.1524	0.3287	-5.8245	9.3127
FASS	10850	0.3056	0.0370	-3.5237	15.8352
Htech	10850	0.1429	0.3500	0	1
Cash	10850	0.0160	0.0246	0	1

续表

Variable	Obs	Mean	Std. Dev.	Min	Max
Age	10850	9.5000	2.8724	1	34
Lev	10850	0.6537	0.2645	0	1
Tobin	10850	0.4766	2.8874	0.2364	9.2
Size	10850	.0030923	.0360048	0	1
Roe	10850	0.0256	0.7344	0.0256	0.4225
GPM	10850	0.1054	0.5123	0.0118	0.9425

根据表9-2统计数据可知：样本企业间研发投资、金融资产投资、固定资产投资差异较大，总体均值来看比较乐观，企业研发投资在增长，金融化趋势一般。另外值得注意的是中国企业的现金持有率、总资产增长率极低，资产负债率高，毛利率和权益报酬率最高的企业来源于医药和白酒。

二、模型回归结果及分析

1. 固定资产加速折旧政策对企业投资选择及金融化的影响

六大行业实行固定资产加速折旧抵税政策，是中国政府通过税收调节工具进行企业投资引导和振兴实体经济的结构性减税手段之一，通过对制造业企业的固定资产投资尤其是研发投入和产能扩张方向的投资给予加速折旧抵税优惠，无疑将会提高企业加大研发投资的热情和意愿，从而加大企业的固定资产投资和研发投入，获得递延所得税资产，进而将企业资金引导进入实体经济领域，从而抑制企业在金融资产方面的投资，也即抑制企业金融化趋势。因此，基于固定资产加速折旧抵税政策的金融化抑制效应为本研究研究提供了一个自然实验。因此，本研究利用DID方法评估固定资产加速折旧抵税对企业研发投资和金融化的影响。

表9-3中，模型（9-1）-模型（9-4）为不加入控制变量的模型，模型（9-5）-模型（9-8）为加入控制变量进行回归，以上四个模型分别为固定资产加速折旧政策对研发投入、固定资产投资、递延所得税、金融化水平的影响。模型的回归结果表明，无论是否加入控制变量，固定资产加速折旧政策对研发投资均为正向影响、对企业金融化均为显著的负向影响，说明该政策强化了企业研发投入，抑制了企业金融化趋势。其中，固定资产加速折旧显著

降低金融化水平约19.2%，增加了研发投入约11.2%，同时，也显著增加了约17%的固定资产投资和9%的递延所得税。

表9-3 固定资产加速折旧抵税政策对企业研发和金融化的影响

	(1) 研发投入	(2) 固定资产投资	(3) 递延所得	(4) 金融化水平	(5) 研发投入	(6) 固定资产投资	(7) 递延所得	(8) 金融化水平
DID	0.241 *** (0.07)	0.203 ** (0.02)	0.171 *** (0.09)	-0.160 *** (0.03)	0.112 *** (0.04)	0.170 ** (0.02)	0.090 ** (0.04)	-0.192 *** (0.05)
Size					0.157 (0.07)	0.281 *** (0.09)	0.220 *** (0.07)	0.218 (0.05)
Lev					-0.185 ** (0.03)	-0.229 ** (0.03)	-0.142 ** (0.05)	-0.562 *** (0.06)
Htech					0.152 *** (0.03)	0.320 ** (0.03)	0.302 ** (0.05)	0.200 *** (0.04)
Age					-0.138 (0.07)	-0.225 (0.06)	-0.341 (0.04)	-0.221 *** (0.05)
Cash					0.332 *** (0.07)	0.148 *** (0.06)	0.225 *** (0.04)	0.255 *** (0.05)
ROE					0.128 *** (0.05)	0.096 *** (0.03)	0.242 *** (0.06)	0.160 *** (0.07)
GPM					0.057 * (0.08)	0.020 ** (0.07)	0.325 (0.05)	0.226 (0.07)
Tobin					0.057 (0.04)	0.020 (0.04)	0.076 (0.06)	0.064 (0.05)
常数	-1.543 *** (0.08)	-2.062 *** (0.06)	2.526 ** (0.09)	3.722 *** (0.04)	-4.181 *** (0.08)	-1.254 *** (0.06)	1.528 *** (0.05)	5.366 *** (0.07)
样本量	10850	10850	10850	10850	10850	10850	10850	10850
截面数	1085	1085	1085	1085	1085	1085	1085	1085

注：括号中为标准差，*、** 和 *** 分别为在10%、5%和1%的水平上显著。

2. 基于PSM-DID方法的检验

为克服六大行业和其他行业对折旧政策的处理效应存在系统性差异，降低DID的估计偏差，本研究采用PSM-DID模型对原假设进一步进行稳健性检验。运用PSM-DID方法，通过对行业属性的虚拟变量与控制变量回归，获取倾向得分值。倾向得分值最接近的样本企业即为对照组的控制组，以此作为比较对象,最大程度减少不同行业企业在加速折旧政策影响上存在的系统性差异,以减少 DID 估计偏差。在进行 PSM – DID 估计前,还需进行模型有效性检验。

其中首先需要检验共同支撑假设 9 – 1,即匹配后各变量实验组和控制组是否变得平衡,也就是说实验组和控制组协变量的均值在匹配后是否具有显著差异。如果不存在显著差异,则支持使用 PSM – DID 方法。共同支撑假设检验结果表明,从各协变量的检验结果看,匹配后所有变量均不存在显著性差异,而结果变量即企业研发投入、固定资产投资和金融化的各项指标均存在显著差异,证明本研究使用 PSM – DID 方法是合理的。

本研究采用核匹配方法,以检验固定资产加速折旧的作用是否稳健。在估计之前本研究还需要检验对照组和控制组的匹配效果,通过对倾向得分值密度函数进行画图,观察到匹配后的对照组和控制组倾向得分值的概率密度比较接近,说明本研究的匹配效果较好。因此,在共同支撑假设基础上进一步证明了 PSM – DID 方法的可行性和合理性。如图 9 – 1 和图 9 – 2 所示。

psmatch2: Treatment assignment	psmatch2: Common support		Total
	Off suppo	On suppor	
Untreated	281	7488	7769
Treated	0	3080	3080
Total	281	10568	10849

图 9 – 1　PSM 结果图

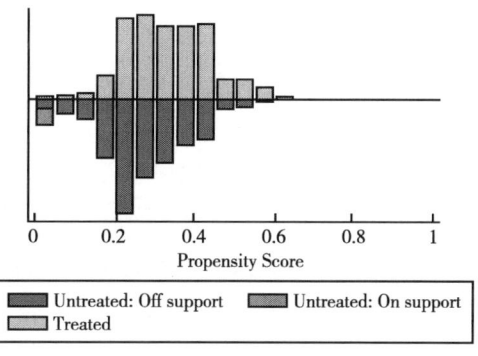

图 9 – 2　匹配密度图

图9-1、图9-2结果表明,处理组全部得到了匹配,共获得了7488个匹配结果,获得了较充分的对照样本。进一步进行双重差分检验,获得结果表9-4如下。

表9-4 固定资产加速折旧与企业研发和金融化 PSM-DID 检验

PSM-DID结果	政策前对照组与控制组的差分	政策后对照组与控制组的差分	差分结果	政策前对照组与控制组的差分	政策后对照组与控制组的差分	差分结果
因变量	研发投入增长率(RD)			金融化(FIN)		
差分值	0.385	0.522	0.137	0.125	-0.002	-0.127
标准差	0.066	0.048	0.050	0.067	0.062	0.079
T值	15.220	12.640	12.730	14.350	9.160	7.460
P值	0.000***	0.216	0.006***	0.000***	0.167	0.002***
因变量	固定资产投资增长率(FASS)			递延所得税负债增长率(DTAX)		
差分值	0.185	0.253	0.068	0.208	0.166	-0.042
标准差	0.231	0.165	0.150	0.158	0.089	0.038
T值	13.250	10.180	11.030	11.440	9.760	5.680
P值	0.004***	0.112	0.002***	0.024***	0.205	0.033***

注:*、**和***分别为在10%,5%和1%的水平上显著。

表9-4结果表明,在利用 PSM-DID 方法之后,固定资产加速折旧政策依然显著降低了企业金融化的趋势,分别增加了21.70%的研发投入、24.90%的固定资产投资,以及降低了18.80%的金融化投资。PSM-DID 估计的结果依然显著,与本研究前面 DID 的结果无显著差异,又进一步验证了本研究的假设和前面 DID 的结论,也即固定资产加速折旧政策加强了企业对研发创新的投入强度,进而抑制了企业金融化。

3. 固定资产折旧影响企业研发投入及金融化的机制检验

从前述实证结果看出,固定资产加速折旧够显著促进企业研发投入以及固定资产投资,一定程度上抑制了企业金融化和投资性房地产,但仍然需要明确固定资产加速折旧这种结构性减税政策对企业研发投资以及固定资产投资的引导逻辑。根据本研究第二部分的逻辑机制,固定资产加速折旧抵税政策,使得企业在加速投资以保持先发优势、改善投资结构以获得税盾效果,从而进一步抑制企业金融资产和投资性房地产方面的投资,从而引导企业脱虚向实。本研究借鉴 Baron(1986)的方法,通过验证企业折旧抵税与研发产出、所得税负、金融投资的相关关系,来验证固定资产加速折旧对企业投资决策以及脱虚向实的影响机制。

三、稳健性检验

本部分将通过三个步骤验证加速折旧抵税政策对企业研发投入的引导和对企业金融化的抑制效应:①将倍差项与企业金融化指标进行回归,若系数显著且为负,则表明加速折旧政策抑制了企业金融化;②将倍差项与企业研发投入、递延所得税、固定资产投资指分别进行回归,若系数显著,说明加速折旧抵税产生了投资引导效应;③将倍差项和企业金融化指标同时放入模型分别与三大投资指标进行回归,若倍差项系数不显著或者显著但系数降低了,则证明固定资产加速折旧抵税政策是通过引导企业资金投向研发和实体资产领域,进而抑制了企业金融化。

按照上述检验步骤,本研究折旧抵税抑制企业金融化的机制验证模型设定如下:

验证加速折旧抵税政策对企业投资决策方向的影响:

$$DTax_{it}(RD_{it}, FASS_{it}) = \alpha_0 + \alpha_1 DID + \alpha_2 Xlist + \varepsilon_{it} \quad (9-5)$$

验证加速折旧抵税政策对企业金融化的效用:

$$FIN_{it} = \alpha_0 + \alpha_1 DID + \alpha_2 Xlist + \varepsilon_{it} \quad (9-6)$$

将倍差项和投资方向指标分别同时放入回归方程:

$$FIN_{it} = \alpha_0 + \alpha_1 DID + \alpha_2 DTax_{it}(RD_{it}, FASS_{it}) + \alpha_3 Xlist + \varepsilon it \quad (9-7)$$

其中,FIN_{it} 为企业金融化指标,表示企业金融资产与总资产的比率,数据来源于国泰安 CSMAR 数据库,预期回归系数为负值,表示加速折旧抵税政策抑制了企业金融化;DID 为倍差项,为 treat 与 time 的乘积;$DTax_{it}$ 为企业递延所得税负债增长率,预期回归系数为正值,表示加速折旧抵税政策引导企业投资减税,获得递延所得税资产的减税效应;RD_{it} 为企业的研发投入增长率,预期回归系数结果为正值,表示加速折旧抵税政策引导了企业的研发投入;$FASS_{it}$ 为企业固定资产投资增长率,预期回归系数结果为正值,表示企业愿意投资固定资产,在扩大企业生产经营规模的同时,获得加速折旧抵税效果,减少企业应纳税所得额,从而降低企业所得税负,间接获得资产增长;list 为控制变量的集合。

表 9-5 结果表明，第一步回归结果显示，固定资产加速折旧抵税政策对研发投资、固定资产投资和递延所得税效应的系数均显著为正，表明固定资产加速折旧抵税政策对企业固定资产投资、研发投资以及递延所得税均有显著的促进作用，符合笔者对于该项政策的理论预测。

第二步回归结果表明，固定资产加速折旧抵税政策与企业金融化呈显著的负相关关系，表明固定资产加速折旧政策对企业金融化的抑制作用显著。但是具体固定资产加速折旧抑制企业金融化的途径和机制是什么，还需第三步检验。

第三步检验结果表明，将三项投资变量和倍差项同时纳入回归方程后，固定资产加速折旧抑制企业金融化的效应依然显著，但系数变小了。递延所得税因素使企业金融化抑制效应增加了 3.2%，研发投入因素使得企业金融化的抑制效应增加了 1.4%，固定资产投资使得对企业金融化的抑制效应增加了 11.9%。尽管各因素对企业金融化的抑制效应的增加幅度有限，但足以表明三大投资因素均显著降低了企业金融化效应。

表 9-5　固定资产加速折旧影响企业金融化的机制检验

因变量	递延 DTAX	金融化 FIN	金融化 FIN	研发 RD	金融化 FIN	金融化 FIN	固定资产 FASS	金融化 FIN	金融化 FIN
DID	1.282*** (0.12)	-0.241*** (0.09)	-0.273*** (0.03)	0.134*** (0.15)	-0.241*** (0.09)	-0.255*** (0.07)	0.055** (0.11)	-0.241*** (0.09)	-0.360*** (0.07)
DTAX			0.006*** (0.08)						
RD						0.042*** (0.03)			
FASS									0.108*** (0.07)
样本量	10850	10850	10850	10850	10850	10850	10850	10850	10850
截面数	1085	1085	1085	1085	1085	1085	1085	1085	1085

注：第一列数字为回归系数，*、** 和 *** 分别为在 10%，5% 和 1% 的水平上显著。

如前所述，这一结果证实了，固定资产加速折旧政策是通过引导企业研发投资、固定资产投资以获得抵税效果，从而减少了金融资产投资选择，进而抑制了企业金融化的机制问题。

第四节

本章小结

本研究基于 2009~2018 年中国 1085 家上市公司 10 年的面板数据，利用 PSM-DID 方法实证检验了固定资产加速折旧政策对企业研发投资、固定资产投资以及递延所得税的引导作用，以及对企业金融化的抑制作用。本研究结论表明，固定资产加速折旧政策显著降低了企业金融化水平；机制验证表明，固定资产加速折旧地税政策，通过引导企业研发投资、固定资产投资和递延所得税获取，将企业的投资导向了实体经济领域，从而减少了企业金融资产方向的投资，抑制了实体企业金融化趋势。本文的研究结论对支持国家结构性减税政策的制定、实施，并且明确了结构性减税政策的调节作用和作用机制，具有现实意义。

本研究结论的政策含义在于：①固定资产加速折旧抵税政策，降低了企业研发投入的成本，增加了企业研发投资的信心，对企业的研发投入有积极的反馈补偿作用；②固定资产加速折旧抵税政策显著地影响了企业对于研发、生产、经营性固定资产的投资决策，影响了企业主业固定资产的增长，对实体经济的发展有显著的促进作用；③固定资产加速折旧抵税政策，减少了企业金融资产投资，抑制了企业金融化。总体而言，本文的研究结果明确了固定资产加速折旧政策在实体经济领域重研发、促发展和调结构的目标，为政策的范围拓展和时间延伸提供了决策依据。

第十章

研究结论与展望

第一节
研究结论

本书重点关注了我国上市公司年报中研发活动文本信息披露的相关问题，主要分为三个方面：一是研发活动文本信息披露的相关理论问题，即如何度量研发活动文本信息、文本信息披露的理论基础以及研发活动信息披露的成本效益等问题；二是对研发活动文本信息的披露机制、风险传递以及家族企业对研发活动文本信息披露的偏好特征等问题进行了实证研究；三是研发活动信息披露的经济后果，即研发活动信息披露模板化和加速折旧抵税、研发投资与企业金融化等问题进行了实证分析。通过对上述三个问题的分析，得出如下结论：

一、上市公司研发投入力度越大，年报文本信息披露越保守

由于高新技术企业的特点，他们在对是否披露研发活动的问题上存在着矛盾，一方面，积极的披露能够让投资者更好的理解研发活动对于企业的价值；另一方面，过于详细的披露将招致竞争对手的觊觎。出于对企业核心竞争力——知识产权的保护，高新技术企业对研发活动的披露具有模糊性和误导性，这加剧了市场的信息不对称，损害了中小投资者的利益。为了保护中小投资者的利益和规范上市公司的信息披露，证监会从2008年以来多次出台针对研发信息披露的规范，高新技术上市公司迫于监管压力，不得不在年报中对研发活动的数据进行披露，然而在数据披露的同时，他们在文字说明部分对研发

活动的解释是否客观真实呢？本书以我国 2007～2019 年间的高新技术上市公司为样本对该问题进行了研究，结果发现：上市公司的研发力度越大，年报文本信息就越保守。同时高新资质认定、融资约束和知识产权执法力度将影响研发活动与年报文本信息的关系。通过进一步研究发现，国家出台相关政策对未取得国家高新资质认定的高新技术类企业的研发活动披露能够起到规范的作用，能够达到预期的政策效力。

二、上市公司会有选择地或有差别地进行研发活动信息披露

上市公司对于是否披露研发活动的问题存在着矛盾，一方面研发活动的顺利进行需要持续的现金流供应，而项目的收益滞后性导致内源融资不足，只能依靠外部融资渠道。为了便于融资，公司必须对研发活动信息进行披露，以降低信息不对称；另一方面，对研发活动的披露会产生技术外溢，引起竞争效应，这不利于公司保护知识产权亦将损害公司长期利益。然而，监管部门出于保护投资者利益的考虑不断出台政策要求公司披露研发活动。本书研究发现，虽然在这种背景下，公司不得不对涉及研发的会计信息做出披露，但与此同时，为了起到掩盖研发活动利润空间与市场前景的目的，公司将对风险信息进行披露。风险信息传达了未来的不确定性与项目的潜在威胁，具有较强的异质性，一般投资者通常将其解读为"坏消息"。公司披露风险信息后将引起市场分歧，不利于融资，但却可以起到保护知识产权的作用。对于上市公司而言，这实属"两害相权取其轻"的无奈之举。然而这种现象仅发生在真正从事研发活动的公司中，对于那些通过"伪研发"来谋求高新资质认定和避税型的公司而言，披露风险的损失是他们所无法接受的，因此这类公司会减少这种做法。此外，本书还发现当公司所在地区的知识产权保护力度较高时，公司为了获取融资也会放弃披露风险的做法。

研发活动较多的上市公司会倾向于更多的披露研发风险，这说明公司并不总是出于融资的需要而主动降低信息不对称，研发能力较强的公司出于知识产权保护动机考虑会有选择或有差别地进行信息披露。

三、家族企业研发活动信息披露的保守程度具有显著的地区性差异

家族企业已成为上市公司的重要支撑，但家族企业管理者为了保护知识产权，往往将年报情感特征保守化，减弱投资者对企业创新活动价值的判断。在知识产权保护程度不同的地区，家族企业对于创新活动信息披露的保守程度具有显著的地区性差异特征。具体表现为：随着地区知识产权保护程度的提高，具有创新能力的家族企业将适当地放松对于知识产权的保护，倾向于客观真实地披露创新活动，以提升股权融资效率，从而减少控制权的流失。从这一点上看，家族企业在本质上是乐于向社会公布创新活动的，只是由于一些企业所在地区的侵权行为严重，而知识产权执法效率又较低，企业才被迫隐瞒自身创新活动的进展。因此，知识产权保护具有一定的地区性聚集效应，单个省份知识产权执法效率的提升是需要周边地区进行配合的，否则跨地区侵犯知识产权的行为将防不胜防。从本书研究结果上看，东部地区的知识产权保护程度最高，东北和中部次之，西部较低，总体上呈纵向均衡发展的空间分布趋势，处于东部地区的家族企业对于创新活动的信息披露显得更为开放，这显然是成熟的地区制度环境所导致的结果。

四、上市公司年报研发活动文本信息存在模板化披露

长期以来，投资者抱怨研发相关的信息越来越同质化，无法为他们提供增量信息。证据表明，一些公司在研究计划、进展和前景方面有可能抄袭具有大规模研发活动的同行企业。真实研发企业的研发信息披露为"伪研发"企业提供了低成本的信息模板。使得"伪研发"公司与同行业公司的研发信息存在较高的信息相似程度。因此，为了起到掩盖研发活动利润空间与市场前景的目的，公司存在运用信息模板编制研发信息，以扰乱外界对公司实际研发活动的判断。进一步研究发现：（1）真研发公司倾向于运用自身以前年度的信息作为模板。（2）伪研发公司倾向于运用同业公司的信息作为模板。（3）公司运用信息模板的偏好受到外部因素的影响，研发活动年报模板化程度更高的企业，其企业价值越低。

五、固定资产加速折旧政策显著促进了企业研发投资和固定资产投资

固定资产加速折旧政策显著促进了企业研发投资和固定资产投资、降低了企业金融化水平;固定资产加速折旧地税政策,通过引导企业研发投资、固定资产投资和递延所得税获取,将企业的投资导向了实体经济领域,从而减少了企业金融资产方向的投资,抑制了实体企业金融化趋势。

第二节 政策建议

基于以上的研究结论,本书针对上市公司研发活动文本信息披露的规范性提出以下政策性建议:

一、尽早出台针对上市公司年报中研发活动文本信息的详细披露规范

我国证监会对上市公司的研发活动披露进行了强有力的监管,高新技术上市公司在研发信息披露方面也正在与国际接轨,并取得了预期的成效。然而迄今为止,证监会尚未出台任何针对年报研发活动文本信息的详细披露规范,这导致个别企业的年报中存在数字信息与文字信息相矛盾的现象,不利于投资者对数字信息的解读。从西方成熟的资本市场的经验看,欧美国家相继出台了对上市公司信息披露中的文本信息的规范,对用语的规范性和间接性做出了明确规定。此后,美国上市公司的文本信息披露质量得到了切实提高。而与英语相比,汉语在语义传达方面更具多样性,这就给管理者策略性披露提供了空间。为了更好地保护中小投资者的利益,减少上市公司的误导性披露,避免研发活动在语言内容上的模板化。建议政府的相关监督部门和政策制定部门尽早出台针对年报中研发活动文本信息的相关语言规范,进而建立一套研发活动文本信息的披露框架,同时要求上市公司在进行披露时应注意披露信息的有效性,为投资者与上市公司之间建立透明的信息环境,促进资本市场资

源的有效配置。

二、加强知识产权保护力度，建立各地区间的联动机制

研发活动虽具风险性，但也具有良好的前景，公司出于知识产权保护动机所披露的风险往往具有夸大成分，并不利于投资者的利益，会让他们错过投资机会，最终不利于研发活动的进行。对此提出：加强知识产权保护力度，建立各地区间的联动机制，提升对违反知识产权保护法的执法效率，对侵害知识产权的行为予以严惩，对侵权行为加大打击力度，鼓励企业进行技术创新与成果交流，维护公司创新土壤；继续加强研发活动的信息披露要求，对通过"伪研发"来逃避纳税义务的公司要加大处罚力度；加强高新资质的审批与复审工作，准确的识别不具研发活动能力的公司，保证高新资质认定的有效性；各地区在对待知识产权侵权案件时应做到信息共享，协同办案，在减少本地区知识产权侵权案件的同时还要帮助相邻地区打击跨地区侵权行为，共同为区域内企业的技术创新提供完善的制度保障。

三、上市公司模板化研发披露与实际研发投入的关系研究

上市公司的研发信息披露一直以来都是投资者关注的重点。结合信号均衡理论和产权保护理论，本书研究了公司运用信息模板编制研发信息的现象，并与其实际研发投入进行了相关性研究。在过去几年里，有关年报内容过度模板化的讨论引起了政策制定者、学者和众多投资者对年报形式质量的重视，模板化程度越高表明年报向投资者提供的异质性信息越少，信息有用性越低。研究发现，由于管理层对非财务信息披露的自由裁量权较高，未来的法律风险较低，因而高模板化的研发活动文本信息很可能是管理层"有意为之"。研发活动信息涉及企业机密，具有较高的披露成本，企业为了满足监管机构的基本要求倾向于披露模板化的研发活动文本信息。为此，要求公司在进行披露时应注意披露信息的有效性，避免在语言内容上空洞模板化。

四、提高企业研发投入与加速折旧抵税的协同效应

从实证中进一步验证了固定资产加速折旧的税收优惠对制造业企业的研发投入存在正向激励效应。①固定资产加速折旧抵税政策,降低了企业研发投入的成本,增加了企业研发投资的信心,对企业的研发投入有积极的反馈补偿作用;②固定资产加速折旧抵税政策显著地影响了企业对于研发、生产、经营性固定资产的投资决策,影响了企业主业固定资产的增长,对实体经济的发展有显著的促进作用;③固定资产加速折旧抵税政策,减少了企业金融资产投资,抑制了企业金融化。总体而言,本书结果明确了固定资产加速折旧政策在实体经济领域重研发、促发展和调结构的目标,为政策的范围拓展和时间延伸提供了决策依据。为此,财政部门应进一步落实减税降费政策,建立税收优惠长效机制;加大对研发投入的支持力度,完善多维度税收优惠政策体系;降低享受税收优惠政策门槛,进一步优化营商环境。

第三节 研究展望

本书的研究存在以下不足之处,可供后续研究做进一步的探索:

第一,本书主要关注了年报中研发活动文本信息的披露机制、风险传递、家族企业研发活动披露意愿以及披露的经济后果进行了研究,在后续研究中如将其与公司战略等有关的文本信息纳入研究视角,有可能是一个很有意义的研究选题,但这需要通过 Python 自然语言处理软件挖掘出更多更具体的数据,以展开进一步研究。

第二,应进一步拓展年报研发活动文本信息策略性披露其他方面的经济后果,如对银行贷款决策、投资效率、融资成本等的影响,这三个议题也是学术界和实务界关注的热点,未来研究可以进一步拓展。

第三,继续跟进年报会计信息形式质量改革,关注监管部门近期颁布的相关政策,并进一步研究政策的经济后果。

第四,从研发活动文本信息的度量方法上来看,现有大量研究均采用内容分析法,例如特征词语统计和段落字数统计来衡量经营情况;用文本语调分析

法来衡量发展前景。本书也参考了这些度量方式。但是，由于公司所从事的经营活动不同，所承担的风险因素和社会责任也具有很大差异，因此很难有一个统一的文本信息量化办法适用于全体上市公司。目前实证研究中广泛使用的情绪词汇统计、字数统计、词频统计和逆接成分统计等方法虽然都具有一定的合理性，但不可否认的是，每种方法都有其局限性，无法极其准确地刻画公司真实的研发情况和未来前景。因此，如何更为精准的量化公司研发活动文本信息，也是未来实证研究的努力方向之一。

总体上来说，研发活动文本信息披露研究仍旧是财务会计领域的核心问题，尤其是文本信息研究正迅速成为令人瞩目的学术热点。在信息种类多元化、信息传播网络化的今天，应用新的数据处理方法开展内容分析也势在必行，随着更多、更新、更全面的数据资源的出现，信息披露的实证研究必将达到一个全新的高度。

参考文献

[1] 安同良,周绍东,皮建才.R&D补贴对中国企业自主创新的激励效应[J].经济研究,2009(10):87-98.

[2] 白晓宇.上市公司信息披露政策对分析师预测的多重影响研究[J].金融研究,2009(4):92-112.

[3] 贝洪俊.论风险披露与传媒上市公司融资的关系[J].中国出版,2019(10):45-49.

[4] 贝洪俊,许文瀚.家族企业创新、知识产权保护空间差异与年报情感特征[J].会计之友,2018(22):18-24.

[5] 贝洪俊,马春光.企业贷款客户的盈余管理是否会增加银行风险[J].会计之友,2021(07):26-32.

[6] 蔡宁.风险投资"逐名"动机与上市公司盈余管理[J].会计研究,2015(5):20-27.

[7] 陈翔宇,肖虹,万鹏.会计信息可比性、信息环境与业绩预告准确度[J].财经论丛,2015(10):58-66

[8] 陈晓,陈淑燕.股票交易量对年报信息的反应研究——来自上海、深圳股市的经验证据[J].金融研究,2001(7):98-105.

[9] 陈信元,陈冬华,万华林,梁上坤.地区差异、薪酬管制与高管腐败[J].管理世界,2009(11):130-143+188.

[10] 程新生,刘建梅,程悦.相得益彰抑或掩人耳目:盈余操纵与MD&A中非财务信息披露[J].会计研究,2015(8):11-18.

[11] 方红星,金玉娜.高质量内部控制能抑制盈余管理吗?——基于自愿性内部控制鉴证报告的经验研究[J].会计研究,2011(8):53-60.

[12] 方军雄.我国上市公司信息披露透明度与证券分析师预测[J].金融研究,2007(6):136-148.

[13] 范海峰, 胡玉明. R&D 支出、机构投资者与公司盈余管理 [J]. 科研管理, 2013, 34 (7): 24-30.

[14] 顾鸣润, 杨继伟, 余怒涛. 盈余管理对企业投资决策的影响——基于应计盈余管理和真实盈余管理的研究 [J]. 当代会计评论, 2016 (1): 49-69.

[15] 郭娜, 祁怀锦. 业绩预告披露与盈余管理关系的实证研究——基于中国上市公司的经验证据 [J]. 经济与管理研究, 2010 (2): 81-88.

[16] 郝颖, 刘星, 林朝南. 我国上市公司高管人员过度自信与投资决策的实证研究 [J]. 中国管理科学, 2005 (5): 142-148.

[17] 胡楠, 薛付婧, 王昊楠. 管理者短视主义影响企业长期投资吗?——基于文本分析和机器学习 [J]. 管理世界, 2021, 3705: 139-156+11+19-21.

[18] 胡奕明, 林文雄, 王玮璐. 证券分析师的信息来源, 关注域与分析工具 [J]. 金融研究, 2003 (12): 52-63.

[19] 胡奕明, 唐松莲. 独立董事与上市公司盈余信息质量 [J]. 管理世界, 2008 (09): 149-160.

[20] 侯巧铭, 宋力, 蒋亚朋. 管理者过度自信度量方法的比较与创新 [J]. 财经问题研究, 2015 (7): 58-65.

[21] 姜付秀, 张敏, 陆正飞, 等. 管理者过度自信、企业扩张与财务困境 [J]. 经济研究, 2009 (1): 131-143.

[22] 蒋秋菊, 陈少华, 强欣荣. 控股股东股权质押与管理层盈余预测策略选择——来自中国资本市场的经验证据 [J]. 当代会计评论, 2017 (2): 132-158.

[23] 蒋艳辉, 冯楚建. MD&A 语言特征、管理层预期与未来财务业绩——来自中国创业板上市公司的经验证据 [J]. 中国软科学, 2014 (11): 115-130.

[24] 鞠晓生, 卢荻, 虞义华. 融资约束、营运资本管理与企业创新可持续性 [J]. 经济研究, 2013, 48 (1): 4-16.

[25] 寇宗来, 张剑, 周敏. 专利保护宽度、非侵权模仿和垄断竞争 [J]. 世界经济, 2007, 30 (1): 60-68.

[26] 刘云, 叶选挺, 杨芳娟, 等. 中国国家创新体系国际化政策概念、分类及演进特征——基于政策文本的量化分析 [J]. 管理世界, 2014 (12):

62－69＋78．

［27］李彬，张俊瑞，郭慧婷．会计弹性与真实活动操控的盈余管理关系研究［J］．管理评论，2009（6）：99－107．

［28］李莉，闫斌，顾春霞．知识产权保护、信息不对称与高科技企业资本结构［J］．管理世界．2014（11）：1－9．

［29］李文贵，余明桂．民营化企业的股权结构与企业创新［J］．管理世界，2015（4）：112－125．

［30］李馨子，罗婷．业绩预测历史准确度的声誉效应［J］．金融研究，2014（1）：152－166．

［31］李燕媛．从法理学视角谈"管理层讨论与分析"披露的价值［J］．财会研究，2008（21）：52－54．

［32］李岩琼，姚颐．研发文本信息：真的多说无益吗？——基于分析师预测的文本分析［J］．会计研究，2020（2）：26－42．

［33］李增福，曾晓清．高管离职、继任与企业的盈余操纵——基于应计项目操控和真实活动操控的研究［J］．经济科学，2014（3）：97－113．

［34］漆苏．企业国际化经营专利风险因素——基于专利属性的实证研究［J］．科研管理，2014，35（11）：139－145．

［35］李增福，郑友环，连玉君．股权再融资，盈余管理与上市公司业绩滑坡——基于应计项目操控与真实活动操控方式下的研究［J］．中国管理科学，2011（2）：49－56．

［36］梁上坤．管理者过度自信、债务约束与成本粘性［J］．南开管理评论，2015（3）：122－131．

［37］林乐，谢德仁．投资者会听话听音吗？——基于管理层语调视角的实证研究［J］．财经研究，2016（7）：28－39．

［38］林舒，魏海明．中国A股发行公司首次公开募股过程中的盈利管理［J］．中国会计与财务研究，2000（2）：87－130．

［39］林永坚，王志强，李茂良．高管变更与盈余管理：基于应计项目操控与真实活动操控的实证研究［J］．南开管理评论，2013（1）：4－14．

［40］刘慧龙．决策权配置、盈余管理与投资效率［J］．经济研究，2014（8）：93－106．

［41］卢馨，郑阳飞，李建明．融资约束对企业R&D投资的影响研究

［J］．会计研究，2013（5）：52 - 57．

［42］陆正飞，魏涛．配股后业务下降：盈余管理后果与真实业绩滑坡［J］．会计研究，2006（8）：52 - 59．

［43］罗党论，唐清泉．市场环境与控股股东"掏空"行为研究［J］．会计研究，2007（4）：69 - 96．

［44］罗宏，曾永良，宛玲羽．薪酬攀比、盈余管理与高管薪酬操纵［J］．南开管理评论，2016（2）：19 - 31．

［45］马晨，张俊瑞，李彬．财务重述对分析师预测行为的影响研究［J］．数理统计与管理，2013（2）：221 - 231．

［46］梅洁，张明泽．基金主导了机构投资者对上市公司盈余管理的治理作用？——基于内生性视角的考查［J］．会计研究，2016（4）：55 - 60．

［47］孟庆斌，杨俊华，鲁冰．管理层讨论与分析披露的信息含量与股价崩盘风险——基于文本向量化方法的研究［J］．中国工业经济，2017（12）：132 - 150．

［48］牛枫，叶勇，陈效东．媒体报道与IPO公司股票发行定价研究——来自深圳中小板上市公司的经验证据［J］．管理评论，2017（11）：50 - 61．

［49］潘申彪，余妙志．外商直接投资促进我国企业技术创新了么？［J］．科研管理，2009，30（5）：124 - 131．

［50］潘越，潘健平，戴亦一．专利侵权诉讼与企业创新［J］．金融研究，2016（8）：191 - 206．

［51］潘越，吴超鹏，史晓康．社会资本、法律保护与IPO盈余管理［J］．会计研究，2010（5）：62 - 68．

［52］裘益政，刘彦．政治关系、金字塔结构与过度投资［J］．浙江工商大学学报，2017（6）：84 - 93．

［53］曲晓辉，毕超．会计信息与分析师的信息解释行为［J］．会计研究，2016（4）：19 - 26．

［54］权小锋，尹洪英．中国式卖空机制与公司创新——基于融资融券分步扩容的自然实验［J］．管理世界，2017（1）：128 - 144．

［55］师倩，姚秋歌．沪港通与公司融资约束——基于双重差分模型的实证研究［J］．财务研究，2018（2）：62 - 72．

［56］史宇鹏，和昂达，陈永伟．产权保护与企业存续——来自制造业的

证据 [J]. 管理世界, 2013 (8): 118 - 125.

[57] 孙刚, 孙红, 朱凯. 高科技资质认定与上市企业创新治理 [J]. 财经研究, 2016, 42 (1): 30 - 39.

[58] 孙蔓莉. 论上市公司信息披露中的印象管理行为 [J]. 会计研究, 2004 (3): 40 - 45.

[59] 孙铮, 王跃堂. 资源配置与盈余操纵之实证研究 [J]. 财经研究, 1999 (4): 3 - 10.

[60] 宋岩, 孙晓君. 企业社会责任与研发投入——基于年报文本分析的视角 [J]. 重庆社会科学, 2020 (6): 80 - 96.

[61] 石绍宾, 沈青, 鞠镇远. 加速折旧政策对制造业投资的激励效应 [J]. 税务研究, 2020 (2): 16 - 22.

[62] 谭松涛, 甘顺利, 阚铄. 媒体报道能够降低分析师预测偏差吗? [J]. 金融研究, 2015 (5): 192 - 206.

[63] 谭伟强. 我国股市盈余公告的"周历效应"与"集中公告效应"研究 [J]. 金融研究, 2008 (2): 152 - 167.

[64] 谭燕, 吴静. 股权质押具有治理效用吗？——来自中国上市公司的经验证据 [J]. 会计研究, 2013 (2): 45 - 53.

[65] 唐松华. 深市 2003 年年报披露进度及预约执行情况分析 [J]. 证券市场导报, 2004 (6): 15 - 19.

[66] 唐跃军, 薛红志. 企业业绩组合、业绩差异与季报披露的时间选择——管理层信息披露的组合动机与信息操作 [J]. 会计研究, 2005 (10): 48 - 54.

[67] 童元松, 王光伟. 境外机构投资者持股、公司业绩与股市质量 [J]. 会计与经济研究, 2015, 29 (6): 101 - 110.

[68] 王华, 刘慧芬. 产品市场竞争、代理成本与研发信息披露 [J]. 广东财经大学学报, 2018, 33 (3): 52 - 64.

[69] 王斌, 宋春霞. 大股东股权质押、股权性质与盈余管理方式 [J]. 华东经济管理, 2015 (8): 118 - 128.

[70] 王帆, 武恒光. 盈余管理和审计师行业专长 [J]. 广东财经大学学报, 2014 (5): 78 - 88.

[71] 王福胜, 程富, 吉姗姗. 阈值处的盈余分布断层: 盈余管理解释的

实证检验 [J]. 会计研究, 2013 (5): 19-27.

[72] 王会娟, 张然, 张鹏. 分析师为什么选择性的发布现金流预测?——基于信息需求理论的实证研究 [J]. 投资研究, 2012 (7): 27-40.

[73] 王亮亮. 研发支出资本化或费用化: 税收视角的解释 [J]. 会计研究. 2016, 347 (9): 17-24.

[74] 王守海, 李云. 管理层干预、审计委员会独立性与盈余管理 [J]. 审计研究, 2012 (4): 68-75.

[75] 王雄元, 李岩琼, 肖忞. 年报风险信息披露有助于提高分析师预测准确度吗? [J]. 会计研究, 2017 (10): 37-43.

[76] 王秀丽. 会计信息披露与公司治理结构关系研究 [J]. 国际贸易问题, 2003 (10): 43-47.

[77] 王艳, 冯延超, 梁莱歆. 高科技企业R&D支出资本化的动机研究 [J]. 财经研究, 2011, 37 (4): 103-111.

[78] 王艳, 冯彦超, 梁莱歆. 高科技企业R&D支出资本化的动机研究 [J]. 财经研究, 2011, 37 (4): 103-111.

[79] 王玉涛, 王彦超. 业绩预告信息对分析师预测行为有影响吗? [J]. 金融研究, 2012 (6): 193-206.

[80] 王跃堂, 王亮亮, 贡彩萍. 所得税改革、盈余管理及其经济后果 [J]. 经济研究, 2009 (3): 86-98.

[81] 王跃堂, 朱林, 陈世敏. 董事会独立性、股权制衡与财务信息质量 [J]. 会计研究, 2008 (1): 55-62.

[82] 吴联生, 薄仙慧, 王亚平. 避免亏损的盈余管理程度: 上市公司与非上市公司的比较 [J]. 会计研究, 2007 (2): 44-52.

[83] 吴锡皓, 胡国柳. 不确定性, 会计稳健性与分析师盈余预测 [J]. 会计研究, 2015 (9): 27-34.

[84] 吴永明, 袁春生. 法律治理, 投资者保护与财务舞弊: 基于上市公司的经验证据 [J]. 中国工业经济, 2007 (3): 104-111.

[85] 伍燕然, 江婕, 谢楠, 等. 公司治理, 信息披露, 投资者情绪与分析师盈利预测偏差 [J]. 世界经济, 2016 (2): 100-119.

[86] 肖成民, 吕长江. 市场监管、盈余分布变化与盈余管理——退市监管与再融资监管的比较分析 [J]. 南开管理评论, 2011 (1): 138-147.

[87] 肖浩, 詹雷, 王征. 国外会计文本信息实证研究述评与展望 [J]. 外国经济与管理, 2016 (9): 93-112.

[88] 谢德仁, 廖珂, 郑登津. 控股股东股权质押与开发支出会计政策隐性选择 [J]. 会计研究, 2017 (3): 30-37.

[89] 谢德仁, 林乐. 管理层语调能预示公司未来业绩吗?——基于我国上市公司年度业绩说明会的文本分析 [J]. 会计研究, 2015 (2): 20-27.

[90] 谢家智, 李思亚, 李后建. 政治关联, 融资约束与企业研发投入 [J]. 财经研究, 2014 (8): 81-93.

[91] 谢柳芳, 朱荣, 何苦. 退市制度对创业板上市公司盈余管理行为的影响: 基于应计与真实盈余管理的分析 [J]. 审计研究, 2013 (1): 95-102.

[92] 胥朝阳, 刘睿智. 提高会计信息可比性能抑制盈余管理吗? [J]. 会计研究, 2014 (7): 50-57.

[93] 徐浩萍, 陈欣, 陈超. 国有企业IPO发行折价: 基于政策信号理论的解释 [J]. 金融研究, 2009 (10): 133-149.

[94] 薛爽, 肖泽忠, 潘妙丽. 管理层讨论与分析是否提供了有用信息——基于亏损上市公司的实证探索 [J]. 管理世界, 2010 (5): 130-140.

[95] 薛爽, 肖泽忠, 潘妙丽. 管理层讨论与分析是否提供了有用信息?——基于亏损上市公司的实证探索 [J]. 管理世界, 2010 (5): 130-140.

[96] 薛爽. 经济周期、行业景气度与亏损公司定价 [J]. 管理世界, 2008 (7): 145-151.

[97] 谢家智, 李思亚, 李后建. 政治关联, 融资约束与企业研发投入 [J]. 财经研究, 2014 (8): 81-93.

[98] 谢青, 田志龙. 创新政策如何推动我国新能源汽车产业的发展——基于政策工具与创新价值链的政策文本分析 [J]. 科学学与科学技术管理, 2015, 36 (6): 3-14.

[99] 许文瀚, 朱朝晖. 分析师预测会利用年报文本信息吗 [J]. 当代财经, 2019 (1): 131-141.

[100] 许文瀚, 朱朝晖. 上市公司"微盈利"现象、盈余管理与年报可理解性 [J]. 首都经济贸易大学学报, 2019, 21 (2): 93-103.

[101] 许文瀚, 齐荻, 陈沉. 上市公司研发活动与风险信息披露——基于文本分析法的实证检验 [J]. 财经论丛, 2019 (8): 73-83.

[102] 许文瀚. 上市公司年报文本信息披露: 影响因素及经济后果 [D]. 浙江工商大学博士学位论文, 2019

[103] 许文瀚, 朱朝晖, 万源星. 上市公司创新活动对年报文本信息影响研究 [J]. 科研管理, 2020, 41 (11): 124-132.

[104] 朱朝晖, 许文瀚. 上市公司业绩预告文本信息、语言特征与市场反应 [J]. 浙江工商大学学报, 2018 (2): 73-84.

[105] 朱朝晖, 许文瀚. 上市公司年报语调操纵、非效率投资与盈余管理 [J]. 审计与经济研究, 2018, 33 (3): 63-72.

[106] 万源星, 许永斌, 许文瀚. 财税支持、高新资质认定与家族企业自主创新研究 [J]. 科技进步与对策, 2021, 38 (2): 103-111.

[107] 万源星, 许永斌, 许文瀚. 加计扣除政策、研发操纵与民营企业自主创新 [J]. 科研管理, 2020, 4102: 83-93.

[108] 阎达五, 孙蔓莉. 深市B股发行公司年度报告可读性特征研究 [J]. 会计研究, 2002 (5): 10-17.

[109] 杨国超, 刘静, 廉鹏, 等. 减税激励、研发操纵与研发绩效 [J]. 经济研究, 2017 (8): 110-124.

[110] 杨兴全, 齐云飞, 吴昊旻. 行业成长性影响公司现金持有吗? [J]. 管理世界. 2016 (1): 153-169.

[111] 杨竹清, 刘少波. 境外股东持股对中国股市风险的影响研究——来自PSM方法的经验证据 [J]. 软科学, 2013, 27 (5): 75-79+92.

[112] 杨兵, 杨杨. 企业家市场预期能否激发税收激励的企业研发投入效应——基于上市企业年报文本挖掘的实证分析 [J]. 财贸经济, 2020, 41 (6): 35-50.

[113] 姚颐, 赵梅. 中国式风险披露、披露水平与市场反应 [J]. 经济研究, 2016 (7): 158-172.

[114] 姚维保, 张翼飞, 李淑一. 研发费用加计扣除对传统能源企业R&D的激励效应——来自我国传统能源上市企业面板数据实证检验 [J]. 科技管理研究, 2020, 40 (1): 25-31.

[115] 叶康涛, 陆正飞, 张志华. 独立董事能否抑制大股东的"掏空"? [J]. 经济研究, 2007 (4): 101-111.

[116] 叶康涛. 盈余管理与所得税支付: 基于会计利润与应税所得之间

差异的研究[J]. 中国会计评论, 2006 (2): 205-224.

[117] 伊志宏, 李艳丽. 机构投资者的公司治理角色: 一个文献综述[J]. 管理评论, 2013, 25 (5): 60-71.

[118] 余怒涛, 沈中华, 黄登仕. 审计意见和年报披露会影响盈余质量吗?[J]. 审计研究, 2008 (3): 55-64.

[119] 袁东任, 汪炜. 信息披露与企业研发投入[J]. 科研管理, 2015, 36 (11): 80-88.

[120] 袁建国, 后青松, 程晨. 企业政治资源的诅咒效应——基于政治关联与企业技术创新的考察[J]. 管理世界, 2015 (1): 139-155.

[121] 袁振超, 张路, 岳衡. 分析师现金流预测能够提高盈余预测准确性吗? 来自我国股市场的经验证据[J]. 金融研究, 2014 (5): 162-177.

[122] 岳衡, 林小驰. 证券分析师 VS 统计模型: 证券分析师盈余预测的相对准确性及其决定因素[J]. 会计研究, 2008 (40): 40-49.

[123] 袁东任, 汪炜. 信息披露与企业研发投入[J]. 科研管理, 2015, 36 (11): 80-88.

[124] 张健, 梅强, 李文元. 中小企业与专利流氓策略选择的演化博弈研究[J]. 科学学与科学技术管理, 2014, 35.

[125] 张子余, 张碧秋, 王芳. 高新技术企业认定过程中的会计信息质量研究[J]. 证券市场导报, 2015 (8): 9-14.

[126] 张淑惠, 吴雪勤, 陈珂莹. 投资者关注促进企业创新了吗?——基于网络互动平台的文本分析[J]. 武汉金融, 2020 (12): 48-56.

[127] 张爱华, 陈超雨. 基于文本分析的中国 5G 产业发展研究——市场主体视角[J]. 北京邮电大学学报 (社会科学版), 2019, 21 (6): 90-102.

[128] 张娟, 黄志忠. 公司盈余、研发文本信息披露与市场反应——基于我国创业板上市公司的实证分析[J]. 山西财经大学学报, 2020, 42 (6): 112-126.

[129] 张菊香. 基于动机视角的盈余管理文献综述[J]. 审计与经济研究, 2007 (6): 60-65.

[130] 张立民, 彭雯, 钟凯. "沪港通" 开通提升了审计独立性吗?——基于持续经营审计意见的分析[J]. 审计与经济研究, 2018, 33 (5): 35-45.

[131] 张玲, 刘启亮. 治理环境、控制人性质与债务契约假说[J]. 金

融研究, 2009 (2): 102-125.

[132] 张馨艺, 张海燕, 夏冬林. 高管持股, 择时披露与市场反应 [J]. 会计研究, 2012 (6): 54-60.

[133] 张学勇, 廖理. 股权分置改革, 自愿性信息披露与公司治理 [J]. 经济研究, 2010 (4): 28-39.

[134] 张翼, 林小驰. 公司治理结构与管理层盈余预测 [J]. 中国会计评论, 2005 (2): 241-252.

[135] 张子余, 张天西. "真实销售行为" 的动态选择与经济后果 [J]. 南开管理评论, 2011 (6): 128-136.

[136] 赵国宇. 盈余管理、关联交易与审计师特征 [J]. 审计与经济研究, 2011 (4): 38-95.

[137] 郑登津, 陈运森, 袁薇. 激进抑或保守? 控股股东股权质押后的会计行为选择 [C]. 第十七届实证会计国际研讨会, 2017, 南京.

[138] 钟覃琳, 陆正飞. 资本市场开放能提高股价信息含量吗? ——基于"沪港通"效应的实证检验 [J]. 管理世界, 2018, 34 (1): 169-179.

[139] 李心合. 会计信息供求矛盾及其协调问题研究 [J]. 财经研究, 1999 (11): 58-63

[140] 吴联生. 上市公司会计报告研究 [M]. 大连. 东北财经大学出版社, 2001: 85-86

[141] 王雄元, 严艳. 强制性信息披露的适度问题 [J]. 会计研究, 2003 (2): 13-18

[142] 赵焕之. 论上市公司信息披露与商业秘密保护的冲突及协调 [J]. 法制与社会, 2006 (7): 32-33

[143] 侯作前, 陆卫红. 信息披露与商业秘密保护的冲突与协调 [J]. 云南大学学报法学版, 2002 (1): 62-66

[144] 石绍宾, 沈青, 鞠镇远. 加速折旧政策对制造业投资的激励效应 [J]. 税务研究, 2020 (2): 16-22.

[145] 马春光. 风险投资参与、会计信息质量与企业投融资效率 [J]. 财会通讯, 2019 (21): 15-18.

[146] 姚维保, 张翼飞, 李淑一. 研发费用加计扣除对传统能源企业 R&D 的激励效应——来自我国传统能源上市企业面板数据实证检验 [J]. 科

技管理研究, 2020, 40 (1): 25-31.

[147] 伍红, 郑家兴, 王乔. 固定资产加速折旧、厂商特征与企业创新投入——基于高端制造业 A 股上市公司的实证研究 [J]. 税务研究, 2019 (11): 34-40.

[148] Aboody, D. & Lev, B. Information Asymmetry, R&D, and Insider Grains [J]. The Journal of Finance, 2000 (6): 2747-2766

[149] Adelberg A. H.. Narrative disclosures contained in financial reports: means of communication or manipulation? [J]. Accounting and Business Research, 1979 (35): 179-190.

[150] Agrawal A., Chen M. A.. Do analyst conflicts matter? Evidence from stock recommendations [J]. The Journal of Law and Economics, 2008 (3): 503-537.

[151] Abdelbadie, R., Elshandidy, T. Determinants of voluntary disclosure on R&D expenditures: Evidence from the UK R&D intensive industries. [J]. British Accounting and Finance Annual (BAFA) Conference., 2013.

[152] Allee K. D., Deangelis M. D.. The Structure of Voluntary Disclosure Narratives: Evidence from Tone Dispersion [J]. Journal of Accounting Research, 2015 (2): 241-274.

[153] Amir E., Lev B. Value - Relevence of Nonfinancial Information: The Wireless Communications Industry [J]. Journal of Accounting and Economics, 1996, 22 (1): 3-30.

[154] Ahn, M., Bonsall, S. B., & Buskirk, A. V. Do managers withhold bad news from credit rating agencies?. Review of Accounting Studies, 2019, (2): 1-50.

[155] Audi R., Loughran T., McDonald B. Trust, but Verify: MD&A Language and the Role of Trust in Corporate Culture [J]. Journal of Business Ethics, 2016, 139 (3): 551-561.

[156] Brown J. R., Fazzari, S. M. &Petersen, B. C. Financing Innovation and Growth: CashFlow, External Equity and the 1990sR&D Boom [J]. The Journal of Finance, 2009, 64 (1): 151-185

[157] Brown J. R, & Peterson, B. C. Cash Holdings and R&D Smoothing

[J]. Journal of Corporate Finance, 2011, 17 (3): 694 - 709.

[158] Baginski S. , Demers E. , Wang C. , YU J. Contemporaneous verification of language: evidence from management earnings forecasts [J]. Review of Accounting Studies, 2016, 21 (1): 165 - 197.

[159] Bakar A. , Sheikh A. , Ameer R. . Readability of corporate social responsibility communication in Malaysia [J]. Corporate Social Responsibility and Environmental Management, 2011 (1): 50 - 60.

[160] Barton J, Simko P. The balance sheet as an earnings management constraint [J]. The Accounting Review, 2002, 77: 1 - 27.

[161] Barron O. E. , Kile C. O. , O'Keefe T. B. . MD&A Quality as Measured by the SEC and Analysts' Earnings Forecasts* [J]. Contemporary Accounting Research, 1999 (1): 75 - 109.

[162] Bartov E. , Gul F. , Tsui J. . Discretionary - Accruals Models and Audit Qualifications [J]. Journal of Accounting and Economics, 2000, 30 (3): 421 - 452.

[163] Bartov E. The Timing of Asset Sales and Earnings Manipulation [J]. The Accounting Review, 1993 (4): 840 - 855.

[164] Beasley Mark S. . An Empirical Analysis of the Relation Between Board of Director Composition and Financial Statement Fraud [J]. The Accounting Review, 1996, 71 (4): 443 - 465.

[165] Beattie V. , Jones M. J. . A Comparitive Study of the Use of Financial Graphs in the Corporate Annual Reports of Major US and UK Companies [J]. Journal of International Financial Management & Accounting, 1997 (1): 33 - 68.

[166] Bekey M. . Annual reports evolve into marketing tools [J]. Financial Manager, 1990 (1): 50 - 60.

[167] Benabou R. , Laroque G. . Using privileged information to manipulate markets: Insiders, gurus, and credibility [J]. The Quarterly Journal of Economics, 1992 (3): 921 - 958.

[168] Bowen R. M. , Davis A. K. , Matsumoto D. A. . Do conference calls affect analysts' forecasts? [J]. The Accounting Review, 2002 (2): 285 - 316.

[169] Bozzolan S. , Trombetta M. , Beretta S. . Forward - looking Disclosures

Financial Verifiability and Analysts' Forecasts: A Study of Cross – listed European Firms [J]. European Accounting Review, 2009, 18 (3): 435 – 473.

[170] Bradshaw M. T., Bushee B. J., Miller G. S.. Accounting Choice, Home Bias, and US Investment in Non – US Firms [J]. Journal of Accounting Research, 2004 (5): 795 – 841.

[171] Brochet F., Naranjo P. L., Yu G.. The Capital Market Consequences of Language Barriers in the Conference Calls of Non – U. S. Firms [J]. The Accounting Review, 2016 (4): 1023 – 1049.

[172] Brown L. D., Hagerman R. L., Griffin P. A., et al. Security analyst superiority relative to univariate time – series models in forecasting quarterly earnings [J]. Journal of Accounting and Economics, 1987 (1): 61 – 87.

[173] Brown L. D. Analyst forecasting errors: Additional evidence [J]. Financial Analysts Journal, 1997 (6): 81 – 88.

[174] Brown S. V., Tucker J. W.. Large – sample Evidence on Firms' Year – over – year MD&A Modifications [J]. Journal of Accounting Research, 2011, 49 (2): 309 – 346.

[175] Bryan S. H.. Incremental information content of required disclosures contained in management discussion and analysis [J]. The Accounting Review, 1997 (2): 285 – 301.

[176] Bushee J.. The Influence of Institutional Investors on Myopic R&D Investment Behavior [J]. The Accounting Review, 1998, 73 (3): 305 – 333.

[177] Bushee B. J., Jung M. J., Miller G. S.. Conference presentations and the disclosure milieu [J]. Journal of Accounting Research, 2011 (5): 1163 – 1192.

[178] Byard D., Shaw K. W.. Corporate disclosure quality and properties of analysts' information environment [J]. Journal of Accounting, Auditing & Finance, 2003 (3): 355 – 378.

[179] Boone, J. P., & Raman, K. K. Off – balance sheet r&d assets and market liquidity. Journal of Accounting and Public Policy,? 2001, 20 (2), 97 – 128.

[180] Campbell S. D., Sharpe S. A.. Anchoring bias in consensus forecasts

and its effect on market prices [J]. Journal of Financial and Quantitative Analysis, 2009 (2): 369 – 390.

[181] Czarnitzki D, Hanel P, Rosa. Evaluating the impact of R&D tax credits on innovation: A microeconometric study on Canadian firms [J]. Research Policy, 2011, 40 (2): 217 – 229.

[182] Cappelen, Raknerud A, Rybalka M. The effects of R&D tax credits on patenting and innovations [J]. Research Policy, 2012, 41 (2): 334 – 345.

[183] Campbell J L, Chen H, Dhaliwal D S, et al. The information content of mandatory risk factor disclosures in corporate filings [J]. Review of Accounting Studies, 2014, 19 (1): 396 – 455.

[184] Carla H. The information content of losses [J]. Journal of Accounting and Economics, 1995, 20 (2): 125 – 153.

[185] Cheng Q, Lo K. Insider Trading and Voluntary Disclosures [J]. Journal of Accounting Research, 2006, 44 (5): 815 – 848.

[186] Chen L. . The Role of Anchoring Bias in the Equity Market: Evidence from Analysts' Earnings Forecasts and Stock Returns [J]. Social Science Electronic Publishing, 2013 (1): 47 – 76.

[187] Chen Q. , Jiang W. . Analysts' weighting of private and public information [J]. Review of Financial Studies, 2006 (1): 319 – 355.

[188] Cohen D. A. , Dey A. , et al. . Real and Accrual – based Earnings Management in the Pre – and Post – Sarbanes – Oxley Periods [J]. Accounting Review, 2008, 83 (3): 757.

[189] Cohen D. , Zarowin P. Accrual – Based and Real Earnings Management Activities Around Seasoned equity Offerings [J]. Journal of Accounting Economics, 2010, 50 (1): 2 – 19.

[190] Cornett M M, Marcus A J, Tehranian H. Corporate governance and pay – for – performance: The impact of earnings management [J]. Journal of Financial Economics, 2008, 87 (2): 357 – 373.

[191] Chauvin, K. , Hirschey, M. Advertising R&D Expenditures and the Market Value of the Firm [J]. Financial Management, 1993 22 (4): 128 – 140.

[192] CHARLES E. WASLEY, JOANNA W. Why Do Managers Voluntarily

Issue Cash Flow Forecasts? [J]. Journal of Accounting Research, 2006, 44 (2): 389 – 429.

[193] Clatworthy M., Jones M. J.. Financial reporting of good news and bad news: evidence from accounting narratives [J]. Accounting and business research, 2003 (3): 171 – 185.

[194] Cole C. J., Jones C. L.. The usefulness of MD&A disclosures in the retail industry [J]. Journal of Accounting, Auditing & Finance, 2004 (4): 361 – 388.

[195] Courtis J. K.. Colour as visual rhetoric in financial reporting [J]. Accounting Forum, 2004 (3): 265 – 281.

[196] Cowen A., Groysberg B., Healy P.. Which types of analyst firms are more optimistic? [J]. Journal of Accounting and Economics, 2006 (1): 119 – 146.

[197] Casey J. Variation in Accounting Information Load: the Effect on Loan Officers' Predictions of Bankruptcy [J]. Accounting Review, 1980 (1)

[198] Ding, Y., Entwistle, G., Stolowy, H. International Differences In Research And Development Reporting Practices: A French And Canadian Comparison [J]. Advances in International Accounting, 2004 (17): 55 – 72.

[199] Davis A K, Piger J M, Sedor L M. Beyond the numbers: Measuring the information content of earnings press release language [J]. Contemporary Accounting Research, 2012a, 29 (3): 845 – 868.

[200] Davis, A. K., Ge, W., Matsumoto, D., & Zhang, J. L. The Effect of Manager – specific Optimism on the Tone of Earnings Conference Calls [J]. Review of Accounting Studies, 2015, 20 (2): 639 – 673.

[201] Davis A. K., Tama – Sweet I.. Managers' use of language across alternative disclosure outlets: Earnings press releases versus MD&A [J]. Contemporary Accounting Research, 2012 (3): 804 – 837.

[202] Dechow P. M., Sloan R. G.. Detecting Earnings Management [J]. The Accounting Review, 1995, 70 (2): 193 – 225.

[203] Dechow P., Hutton A., Sloan R.. The Relation Between Analysts' Long – Term Earnings Forecasts and Stock Price Performance Following Equity Offerings. Contemporary Accounting Research, 2000 (17): 1 – 32.

[204] Della V S., Pollet J M.. Investor inattention and Friday earnings an-

nouncements [J]. The Journal of Finance, 2009 (2): 709 – 749.

[205] DeFond M. L. and M. Hung. An Empirical Analysis of Analysts' Cash Flow Forecasts [J]. Journal of Accounting and Economics, 2003, 35 (1): 73 – 100.

[206] Doyle J. T., Magilke M. J.. The timing of earnings announcements: An examination of the strategic disclosure hypothesis [J]. The Accounting Review, 2009 (1): 157 – 182.

[207] Dreman D. N., Berry M. A.. Analyst forecasting errors and their implications for security analysis [J]. Financial Analysts Journal, 1995 (3): 30 – 41.

[208] Dugar A., Nathan S.. The effect of investment banking relationships on financial analysts' earnings forecasts and investment recommendations [J]. Contemporary Accounting Research, 1995 (1): 131 – 160.

[209] Ding, Y., Entwistle, G., Stolowy, H. International Differences In Research And Development Reporting Practices: A French And Canadian Comparison [J]. Advances in International Accounting, 2004 (17): 55 – 72.

[210] Doyle, J. T., Jennings, J. N., & Soliman, M. T. Do managers define non – gaap earnings to meet or beat analyst forecasts?. Journal of Accounting and Economics, 2013, 56 (1), 40 – 56.

[211] Eames M. J., Glover S. M.. Earnings predictability and the direction of analysts' earnings forecast errors [J]. The accounting review, 2003 (3): 707 – 724.

[212] Entwistle, G. M. Exploring the R&D disclosure environment [J]. Accounting Horizons, 1999, 13 (4): 321 – 341.

[213] Francis J., Philbrick D.. Analysts' decisions as products of a multi – task environment [J]. Journal of Accounting Research, 1993 (2): 216 – 230.

[214] Feldman R, Govindaraj S, Livnat J, et al. Management's tone change, post earnings announcement drift and accruals [J]. Review of Accounting Studies, 2010, 15 (4): 915 – 953.

[215] FRIEDLAN JOHN M. Accounting Choices of Issuers of Initial Public Offerings [J]. Contemporary Accounting Research, 1994, 11 (1): 1 – 31.

[216] Fields M, Keys Phyllis. The Emergence of Corporate Governance from

Wall St. to Main St. : Outside Directors, Board Diversity, Earnings Management, and Managerial Incentives to Bear Risk [J]. The Financial Review, 2003, 38 (1): 1 – 24.

[217] Franzen, L. , Radhakrishnan, S. The value relevance of R&D across profit and loss firms [J]. Journal of Accounting and Public Policy, 2009, 28 (1): 16 – 32.

[218] Graham J. , Harvey C. , Rajgopal S. The economics implications of corporate financial reporting [J]. Journal of Accounting and Economics, 2005, 40 (1): 3 – 73.

[219] Gunny K. A.. The Relation Between Earnings Management Using Real Activities Manipulation and Future Performance: Evidence from Meeting Earnings Benchmarks [J]. Contemporary Accounting Research, 2010, 27 (3): 855 – 888.

[220] Guellec D, Van Pottelsberghe B. The impact of public R&D expenditure on business R&D [J]. Economics of innovation and new technology, 2003, 12 (3): 225 – 243.

[221] Grandi, A. , B. H. Hall. , and R. Oriani. R&D and financial investor. Evaluation and Performance Measurement of Research and Development, 2009, 42 (2), 143 – 165.

[222] Hanley K. W. , Hoberg G.. The information content of IPO prospectuses [J]. Review of Financial Studies, 2010, 23 (7): 2821 – 2864.

[223] Healy P. M. , Palepu K. G.. Information asymmetry, corporate disclosure, and the capital markets: A review of the empirical disclosure literature [J]. Journal of accounting and economics, 2001 (1): 405 – 440.

[224] Henry E.. Are investors influenced by how earnings press releases are written? [J]. Journal of Business Communication, 2008 (4): 363 – 407.

[225] Huang X. , Teoh S. H. , Zhang Y.. Tone management [J]. The Accounting Review, 2014 (3): 1083 – 1113.

[226] Haw I. M. , Hu B. , Hwang L. S. , Wu W. Ultimate Ownership, Income Management, and Legal and Extra – legal Institutions [J]. Journal of Accounting Research, 2004, 42 (2): 423 – 462.

[227] Harris, M. S. The Association between Competition and Managers' Bus-

iness Segment Reporting [J]. Journal of Accounting Research, 1998, 36 (1): 111 – 128.

[228] Healy, P. M., Palepu, K. G. Information asymmetry, corporate disclosure, and the capital markets: A review of the empirical disclosure literature [J]. Journal Of Accounting & Economics, 2001, 31 (1 – 3): 405 – 440.

[229] HUTTON P, STOCKEN C. Effect of Reputation on the Credibility of Management Forecasts [J]. Social Science Electronic Publishing, 2007, 80 (4): 1233 – 1260.

[230] HRIBAR P, YANG H. CEO overconfidence and Management Forecasting [J]. Contemporary Accounting Research, 2016 (33): 204 – 227.

[231] Hoberg G, Phillips G M. Product market synergies and competition in mergers and acquisitions: A text – based analysis [J]. Review of Financial Studies, 2010, 23 (10): 3773 – 3811.

[232] Joos, P., Plesko, G. A. Valuing loss firms [J]. The Accounting Review, 2005, 80 (30): 847 – 870.

[233] John McInnis, Daniel W. Collins. The effect of cash flow forecasts on accrual quality and benchmark beating [J]. Journal of Accounting and Economics, 2011, 51 (3): 219 – 239.

[234] Jegadeesh N, Wu D. Word power: A new approach for content analysis [J]. Journal of Financial Economics, 2013, 110 (3): 712 – 729.

[235] James, S. D., Shaver, J. M. Motivations for Voluntary Public R&D Disclosures [J]. Academy of Management Discoveries, 2016, 2 (3): 290 – 312.

[236] Kasznik R., Lev B.. To warn or not to warn: Management disclosures in the face of an earnings surprise [J]. The Accounting Review, 1995 (1): 113 – 134.

[237] Kothari S P, Li X, Short J E.. The effect of disclosures by management, analysts, and business press on cost of capital, return volatility, and analyst forecasts: A study using content analysis [J]. The Accounting Review, 2009, 84 (5): 1639 – 1670.

[238] Kimbrough M. D.. The effect of conference calls on analyst and market underreaction to earnings announcements [J]. The Accounting Review, 2005

(1): 189-219.

[239] Kothari S. P., Li X., Short J. E.. The Effect of Disclosures by Management, Analysts, and Business Press on Cost of Capital, Return Volatility, and Analyst Forecasts: A Study Using Content Analysis [J]. Accounting Review, 2008 (5): 1639-1670.

[240] Kross W., Ro B., Schroeder D.. Earnings expectations: The analysts' information advantage [J]. The Accounting Review, 1990 (2): 461-476.

[241] Kimbrough M. D.. The effect of conference calls on analyst and market underreaction to earnings announcements [J]. The Accounting Review, 2005 (1): 189-219.

[242] Kuo J M, Ning L T, Song X Q. The real and accrual-based earnings management behaviors: evidence from the split share structure reform in China [J]. The International Journal of Accounting, 2014 (49): 101-136.

[243] Kothari, S. P., Laguerre, T. E., & Leone, A. J. Capitalization versus expensing: evidence on the uncertainty of future earnings from capital expenditures versus r&d outlays. Review of Accounting Studies, 2002, 7 (4), 355-382.

[244] Li F.. Annual report readability, current earnings, and earnings persistence [J]. Journal of Accounting and economics, 2008 (2): 221-247.

[245] Li F, Lundholm R, Minnis M. A measure of competition based on 10-K filings [J]. Journal of Accounting Research, 2013, 51 (2): 399-436.

[246] Li F. The information content of forward-looking statements in corporate filings-a naive Bayesian machine learning approach [J]. Journal of Accounting Research, 2010, 48 (5): 1049-1102.

[247] Li F. Textual analysis of corporate disclosures: A survey of the literature [J]. Journal of Accounting Literature, 2010 (29): 143-165.

[248] Larcker D F, Zakolyukina A A. Detecting deceptive discussions in conference calls [J]. Journal of Accounting Research, 2012, 50 (2): 495-540.

[249] Linck J S, Netter J, Shu T. Can managers use discretionary accruals to ease financial constraints? Evidence from discretionary accruals prior to investment [J]. The Accounting Review, 2013, 88 (6): 2117-2143.

[250] Lev, B., Sougiannis, T. The capitalization, amortization, and value-

relevance of R&D [J]. Journal of Accounting & Economics, 1996 (21): 107 – 138.

[251] Larcker D. F., Zakolyukina A. A.. Detecting deceptive discussions in conference calls [J]. Journal of Accounting Research, 2012 (2): 495 – 540.

[252] La Rosa, F., Liberatore, G. Biopharmaceutical and chemical firms' R&D disclosure, and cost of equity: The impact of the regulatory regime [J]. European Management Journal, 2014, 32 (5): 806 – 820.

[253] Lee T. The changing form of the corporate annual report [J]. The Accounting Historians Journal, 1994 (1): 215 – 232.

[254] Lehavy R., Li F., Merkley K.. The effect of annual report readability on analyst following and the properties of their earnings forecasts [J]. The Accounting Review, 2011 (3): 1087 – 1115.

[255] Lim T.. Rationality and analysts' forecast Bias [J]. Journal of Finance, 2001 (1): 369 – 385.

[256] Loughran T., McDonald B.. When is a liability not a liability? Textual analysis, dictionaries, and 10 – Ks [J]. The Journal of Finance, 2011 (1): 35 – 65.

[257] Leuz C., Nanda D., Wysocki P. D. Earnings Management and Investor Protection: An International Comparison [J]. Journal of Financial Economics, 2003, 11 (3): 505 – 527.

[258] Lee, C. M & Wang, C. C. Search based peer firms: Aggregating investor perceptions through internet co – searches. Journal of Financial Economics, 2015, 116 (2): 410 – 431.

[259] Ma – chunguang, Bei – hongjun, Wang – chuner. Accelerated Depreciation Tax Credit and Corporate Financialization Based on the PSM – DID Model [J]. Wireless Communications and Mobile Computing（SSCI 收录）2020 DOI: 10. 1155/2020/6622900, 2020. DEC 7. ORCID 号: Ma, Chunguang/0000 – 0002 – 1177 – 404X, ISSN: 1530 – 8669, eISSN: 1530 – 8677

[260] Michael Kirschenheiter, Nahum D. Melumad. Can Big Bath and Earnings Smoothing Co – Exist as Equilibrium Financial Reporting Strategies? [J]. Journal of Accounting Research, 2002, 40 (3): 761 – 796.

[261] McNichols M. R., Stubben S. R.. Does earnings management affect

firms' investment decisions? [J]. The Accounting Revie, 2008, 83 (6): 1571-1603.

[262] Mark D., Hung M., Trezevant R.. Investor Protection and the Information Content of Annual Earnings Announcements: International Evidence [J]. Journal of Accounting and Economies, 2007, 43 (1): 37-67.

[263] Malmendier U., Shanthikumar D. M.. Do security analysts speak in two tongues? [J]. 2007 (5): 1287-1322.

[264] Merkley, K. J. Narrative Disclosure and Earnings Performance: Evidence from R&D Disclosures [J]. The Accounting Review, 2014, 89 (2): 725-757.

[265] Muslu V., Radhakrishnan S., Subramanyam K. R., et al. Forward-looking MD&A disclosures and the information environment [J]. Management Science, 2014 (5): 931-948.

[266] Morsfield Suzanne G., Tan Christine E. L.. Do Venture Capitalists Influence the Decision to Manage Earnings in Initial Public Offerings? [J]. The Accounting Review, 2006, 81 (5): 1119-1150.

[267] Nekhili, M., Hussainey, K., Cheffi, W., Chtioui, T., Tchakoute-Tchuigoua, H. R&D Narrative Disclosure, Corporate Governance And Market Value Evidence From France [J]. Journal of Applied Business Research, 2016, 32 (1): 111-128.

[268] Patell J. M., Wolfson M. A.. Good news, bad news, and the intraday timing of corporate disclosures [J]. The Accounting Review, 1982 (3): 509-527.

[269] Palmon, D. A. N., Yezegel, A. R. I., R&D Intensity and the Value of Analysts' Recommendations [J]. Contemporary Accounting Research, 2012, 29 (2): 621-654.

[270] Papineni, K., Roukos, S., Ward, T & Zhu, W. Bleu: a method for automatic evaluation of machine translation. Computational Linguistics, 2002, 32 (2), 113-119.

[271] Qiang C, Warfield T D. Equity Incentives and Earnings Management [J]. Accounting Review, 2005, 80 (2): 441-476.

[272] Ralf Ewert, Alfred Wagenhofer. Economic Effects of Tightening Ac-

counting Standards to Restrict Earnings Management [J]. Accounting Review, 2005 (4): 1101 - 1124.

[273] Rennekamp K.. Processing fluency and investors' reactions to disclosure readability [J]. Journal of Accounting Research, 2012 (5): 1319 - 1354.

[274] Robert L., Hunton J. E., Tan H., et al. Retracted: Relationship Incentives and the Optimistic/Pessimistic Pattern in Analysts' Forecasts [J]. Journal of Accounting Research, 2015 (4): 911 - 912.

[275] Roychowdhury, S. Earnings management through real activities manipulation. Journal of Accounting and Economics, 2006, 11 (2): 225 - 370.

[276] Savický P., Hlaváčová J.. Measures of word commonness [J]. Journal of Quantitative Linguistics, 2002 (3): 215 - 231.

[277] Schipper K.. Analysts' forecasts [J]. Accounting Horizons, 1991 (4): 105 - 121.

[278] Sedor L. M.. An explanation for unintentional optimism in analysts' earnings forecasts [J]. The Accounting Review, 2002 (4): 731 - 753.

[279] Soffer L. C., Thiagarajan S. R., Walther B. R.. Earnings preannouncement strategies [J]. Review of Accounting Studies, 2000 (1): 5 - 26.

[280] Sankar M, Subramanyam K. R. Reporting Discretion and Private Information Communication through Earnings [J]. Journal of Accounting Research, 2001, 39 (2): 365 - 386.

[281] Shinong W, Nianhang X, Qingbo Y. State Control, Legal Investor Protection, and Ownership Concentration: Evidence from China [J]. Corporate Governance: An International Review, 2009 (2): 176 - 192.

[282] Siew Hong Teoh, Welch Ivo, Wong T. J.. Earnings management and the underperformance of seasoned equity offerings [J]. Journal of Financial Economics, 1998, 50 (1): 63 - 99.

[283] Schipper K. Commentary on earnings management [J]. Accounting Horizons, 1989, 56 (12): 339 - 356.

[284] Sanjeev B, Bhaskaran S. How does the corporate bond market value capital investments and accruals [J]. Review of Accounting Studies, 2009, 14 (1): 31 - 62.

[285] Skinner, D. J. Why firms voluntarily disclose bad news. Journal of Accounting Research,? 1994, 32 (1), 38 – 60.

[286] Teoh S. H. , Wong T. J.. Why New Issues and High – Accrual Firms Underperform: The Role of Analysts' Credulity [J]. Review of Financial Studies, 2002, 15 (3): 869 – 900.

[287] Tetlock P. C. , Saar – Tsechansky M. , Macskassy S.. More than words: Quantifying language to measure firms' fundamentals [J]. The Journal of Finance, 2008 (3): 1437 – 1467.

[288] Tassey G. Underinvestment in public good technologies [J]. The Journal of Technology Transfer, 2004, 30 (1 – 2): 89 – 113.

[289] Tian, X & Wang, T. Y. Tolerance for failure and corporate innovation. Review of Financial Studies, 2014, 27 (1): 211 – 255

[290] Wang I. Private Earnings Guidance and Its Implication for Disclosure Regulation [J]. The Accounting Review, 2007, 5 (82): 1299 – 1332.

[291] Wu Y. The effects of state R&D tax credits in stimulating private R&D expenditure: A cross – state empirical analysis [J]. Journal of Policy Analysis & Management, 2005, 24 (4): 785 – 802.

[292] Weiner B. , Frieze I. , Kukla A. , et al. Perceiving the causes of success and failure. [J]. Journal of Cross – Cultural Psychology, 1989 (20): 191 – 213.

[293] Yang C H. Tax incentives andR&D activity: Firm – level evidence from Taiwan [J]. Research Policy, 2012, 41 (9): 1578 – 1588.

[294] Zeghal, D. , Mouelhi, R. , Louati, H. An ananlysis of the determinants of research&development voluntary disclosure by canadian firms [J]. The Irish Accounting Review, 2007, 14 (2): 61 – 89.

[295] Zang, Y. Evidence on the Trade – Off between Real Activities Manipulation and Accrual – Based Earnings Management. The Accounting Review, 2012, 87 (2) 675 – 703.

[296] Zhang. L, Hall. M, Bastola D. Utilizing twitter data for analysis of chemotherapy [J]. International Journal of Medical Informatics. 2018, 120: 92 – 100.

[297] Zhang T, Stough R R. Entrepreneurship and Economic Growth in China [M]. Singgapore: World Scientific Publishing, 2013.